中國學術思想 研究輯刊

三一編
林慶彰 主編

第 3 冊

胡一桂《周易啓蒙翼傳・外篇》研究
——以卜筮、丹道類六部典籍爲探討對象

陳詠琳 著

花木蘭文化事業有限公司

國家圖書館出版品預行編目資料

胡一桂《周易啓蒙翼傳・外篇》研究——以卜筮、丹道類六
部典籍為探討對象／陳詠琳 著 — 初版 — 新北市：花木蘭文
化事業有限公司，2020〔民 109〕
目 6+198 面；19×26 公分
（中國學術思想研究輯刊 三一編；第 3 冊）
ISBN 978-986-485-993-1（精裝）
1. 胡一桂 2. 易經 3. 研究考訂
030.8   109000220

ISBN-978-986-485-993-1

中國學術思想研究輯刊
三一編　第三冊　　　　　　　ISBN：978-986-485-993-1

胡一桂《周易啓蒙翼傳・外篇》研究
——以卜筮、丹道類六部典籍爲探討對象

作　　　者　陳詠琳
主　　　編　林慶彰
總 編 輯　杜潔祥
副總編輯　楊嘉樂
編　　　輯　許郁翎、張雅淋　美術編輯　陳逸婷
出　　　版　花木蘭文化事業有限公司
發 行 人　高小娟
聯絡地址　235 新北市中和區中安街七二號十三樓
　　　　　　電話：02-2923-1455／傳眞：02-2923-1452
網　　　址　http://www.huamulan.tw 信箱 hml810518@gmail.com
印　　　刷　普羅文化出版廣告事業
封面設計　劉開工作室
初　　　版　2020 年 3 月
全書字數　184422 字
定　　　價　三一編 25 冊（精裝）新台幣 50,000 元

胡一桂《周易啓蒙翼傳・外篇》研究
——以卜筮、丹道類六部典籍爲探討對象

陳詠琳　著

作者簡介

陳詠琳，高雄人，天主教輔仁大學統計資訊系學士，後轉入中文學界發展，應屆考上國立高雄師範大學經學研究所，在黃忠天教授的指導下，完成碩士論文《姚配中〈周易姚氏學〉研究》。而後進入國立成功大學中國文學研究所攻讀博士班，在林朝成教授的指導下，完成博士論文《胡一桂〈周易啓蒙翼傳・外篇〉研究——以卜筮、丹道類六部典籍爲探討對象》。本論文獲得106年科技部「獎勵人文與社會科學領域博士候選人撰寫博士論文」獎項，特此感謝。

提　要

　　南宋術數學說蔚爲風潮，甚至出現讀書人編寫占卜書籍的現象，加上圖書易學家對部分術數學的汲取，造成宋代象數易學被術數學說所滲入。元代易學家胡一桂承襲朱熹《易學啓蒙》與《周易本義》，撰有《周易啓蒙翼傳》與《周易本義附錄纂註》。其中，《周易啓蒙翼傳》分爲〈上篇〉、〈中篇〉、〈下篇〉、〈外篇〉四個部分，前面三篇發揚朱熹易學，〈外篇〉闡釋十二部「非易學類」典籍。本論文從《周易啓蒙翼傳》〈外篇〉切入，探討書中記載的《易緯》、《焦氏易林》、《京氏易傳》、《周易參同契》、《龍虎經》、《郭氏洞林》、《衛氏元包》，上述典籍皆援用《周易》卦畫符號，卻脫離易學體系，被後人歸入「術數類」。本論文依循《周易啓蒙翼傳・外篇》之論述，逐一探討上述「非易學類」典籍與「易學」之間的關係。本論文分爲九個章節，第一章〈緒論〉、第九章〈結論〉，第二章對〈外篇〉典籍的文獻狀況進行檢視，其他章節分別探討〈外篇〉七部典籍，藉此分析每部典籍與「易學」之間的關聯。上述「非易學類」典籍對於《周易》的襲取，表面上僅爲卦畫符號，但眞正成爲諸多術數學說主軸的應當是陰陽二元的演化體系。而後，上述「非易學類」典籍又回頭影響易學史的發展與脈動，尤其反映在宋代圖書易學系統中。

目

次

圖目次

第一章 緒 論

第一節 研究背景與目的

一、研究背景

胡一桂（1247～1315）爲宋末元初的徽州學者，當時士人歷經「政權鼎革」與「科舉停擺」兩大劇變，驟然失去晉升管道。〔註1〕在仕進式微的情況下，推崇程朱學說的「新安理學」〔註2〕卻逐漸萌芽、成長，於元末明初達到極盛，〔註3〕享有「東南鄒魯」之美譽。〔註4〕胡一桂爲新安前期代表

〔註1〕正如楊亮所描繪：「宋末元初儒士，逢社會巨變，科舉廢除，儒士讀書不能謀生，而本身地位低微。……人生的美好理想似乎全部幻滅，剩下的就是謀生的艱辛。」引自楊亮：〈從拒絕到認同——以宋元易代之際南方文士立場轉變爲中心〉，《贛南師範學院學報》2009 年第 4 期，頁 55。

〔註2〕周曉光曾闡述「新安理學」被視爲學派之過程：「明初新安學者趙汸在〈商山書院學田記〉中最早注意到新安理學的學派特徵。此後，正德、嘉靖年間新安人程曈編纂《新安學繫錄》16 卷，成爲新安派『學案』性質的著作。清初著名學者趙吉士在其筆記《寄園寄所寄》中，專列『新安理學』一條，最終肯定了新安理學作爲一支地方理學流派在歷史上的存在。」引自周曉光著：《新安理學·序言》（安徽：安徽人民出版社，2005 年 5 月），頁 1。

〔註3〕李霞：〈論新安理學的形成、演變及其階段性特徵〉，《中國哲學史》2003 年第 1 期，頁 101。

〔註4〕讚譽元代新安地區爲「東南鄒魯」一詞，可見於元末明初趙汸（1319～1369）〈汪古逸行狀〉：「新安自朱子後，儒學之盛稱天下，號『東南鄒魯』。」及〈商山書院學田記〉：「新安自南遷後，人物之多、文學之盛，稱於天下。……四方謂『東南鄒魯』。」依序收錄於〔明〕程曈撰：《新安學繫錄》卷 13，收入《叢書集成三編》之二十《安徽叢書》第二函（臺北：藝文印書館，1971 年）葉六

人物，〔註5〕撰有《周易本義附錄纂註》、《周易啓蒙翼傳》、《詩集傳附錄纂注》、《十七史纂古今通要》、《人倫事鑒》、《歷代編年》〔註6〕等著作。審視前三部書名，可知胡一桂經學著作以增訂、詮解朱熹（1130～1200）之經義爲宗旨。朱熹於易學撰有《周易本義》、《易學啓蒙》，於詩學撰有《詩集傳》，胡一桂依循而作：《周易本義附錄纂註》、《周易啓蒙翼傳》、《詩集傳附錄纂注》，足見其對朱熹的尊崇。至於，新安前期學者爲何如此推崇朱子學？除了延續南宋的理學脈絡之外，朱開宇指出：鼎革之際的新安學者，之所以轉換心志深邃於朱子學，理當是爲了彰明故國文化。〔註7〕另外，史甄陶分析胡一桂鑽研朱子易學，實有助於延續昔日的家族聲望。〔註8〕兩學者分別由世變與宗族所造成的外在因素切入，說明宋末元初的胡一桂標舉朱子學之緣由，卻尚未從學術本身的內在因素進行討論。

至元八年（1271），元世祖忽必烈（1215～1294）頒布〈建國號詔〉：「建國號曰『大元』，蓋取《易經》『乾元』之義。」〔註9〕再看清代于敏中（1714～1779）奉敕編纂的《日下舊聞考》：「元建國曰『大元』，取『大哉〈乾〉元』之義也；建元曰『至元』，取『至哉〈坤〉元』之義也；殿曰『大明』、曰『咸寧』；門曰『文明』、曰『健德』、曰『雲從』、曰『順承』、曰『安貞』、曰『厚載』，皆取諸〈乾〉、〈坤〉二卦之辭。……元之建國、建元，以及宮門之名，多取《易》〈乾〉、〈坤〉之文。」〔註10〕可知元代朝廷遵奉易學，上行而下效，故元儒白珽（1248～1328）曰：「邇年以來，談《易》者莽莽藉藉。」〔註11〕

一七；〔元〕趙汸撰：《東山存稿》卷4，收入〔清〕永瑢、紀昀等纂修：《文淵閣四庫全書》第1221冊（臺北：臺灣商務印書館，1986年3月），頁287。

〔註5〕 朱玉龍：〈安徽社會科學學術史回顧與思考〉，《江淮論壇》2000年第4期，頁108。

〔註6〕 〔明〕程敏政輯撰；何慶善、于石點校：《新安文獻志・汪路教〈胡玉齋方平傳子一桂〉》卷70（合肥：黃山書社，2004年12月），頁1724～1725。

〔註7〕 朱開宇著：《科舉社會、地域秩序與宗族發展——宋明間的徽州，1100～1644》（臺北：國立臺灣大學出版委員會，2004年8月），頁72～75。

〔註8〕 史甄陶著：《家學經學和朱子學——以元代徽州學者胡一桂、胡炳文和陳櫟爲中心》（上海：華東師範大學出版社，2012年12月），頁37～40。

〔註9〕 〔明〕宋濂撰：《元史・世祖本紀》卷7（北京：中華書局，1987年11月），頁138。

〔註10〕 〔清〕于敏中、英廉等編：《欽定日下舊聞考・宮室元一》卷30，收入〔清〕永瑢、紀昀等纂修：《文淵閣四庫全書》第497冊，頁417～418。

〔註11〕 〔元〕白珽〈大易集說序〉，收錄於李修生主編：《全元文》卷460，第13冊（南京：江蘇古籍出版社，2000年5月），頁292。

元朝國祚雖然未達百年，此段期間卻出版了至少215種《易》類著作，〔註12〕足見元代易學之昌盛，可惜元代學術向來不受後世學者認可，晚清皮錫瑞（1850～1908）曰：「論宋、元、明三朝之經學，元不及宋，……元人則株守宋儒之書，而於注疏所得甚淺。」〔註13〕同爲晚清的杭辛齋（1869～1942）更是評判元、明兩朝易學曰：「元、明兩代之言易學，無甚發明，著錄者大抵盤旋於程、朱腳下爲多，……不能成一家之言。」〔註14〕劉成群指稱新安前期學者：「普遍氾濫於經纂、訓釋，表面上看似株守朱學，實則已背離了朱學的精神。」〔註15〕雖然前賢對元代的易學與新安前期學者多所批駁，但筆者實際檢視胡一桂《周易啓蒙翼傳》之後，發現書中〈日月爲易〉、〈文王改易先天爲後天圖〉、〈文王十二月卦氣圖〉等圖式，〔註16〕爲《周易本義》卷首九張《易》圖〔註17〕所未見，乃是胡一桂自行繪製。除此之外，胡一桂又於《周易啓蒙翼傳》增益朱熹在取象方面的不足、整頓易學中「理、數、卦、象」四者關係、重探古《易》版本的流傳與恢復，尤其對朱熹《周易本義》卷首輯錄九張《易》圖進行匡正、修補與增添，促使朱子學更加完善。在在可見胡一桂對朱熹易學的梳理、統整與重建，絕非墨守陳規而毫無創見。就此看來，皮錫瑞、杭辛齋、劉成群等等學者之貶抑，未必適用於胡一桂及其《周易啓蒙翼傳》。

〔註12〕雒竹筠遺稿、李新乾編補：《元史藝文志輯本》（北京：北京燕山出版社，1999年10月），頁1～21。

〔註13〕〔清〕皮錫瑞著；周予同注釋：《經學歷史·經學積衰時代》（北京：中華書局，2014年6月），頁283。

〔註14〕〔清〕杭辛齋撰：《學易筆談》卷1，收入林慶彰主編：《民國時期經學叢書（第二輯）》第21冊（臺中：文听閣圖書，2008年7月），頁11。

〔註15〕劉成群：〈元代新安理學的四個「轉向」〉，《漢學研究》第29卷第4期（2011年12月），頁169。

〔註16〕〈日月爲易〉、〈文王改易先天爲後天圖〉、〈文王十二月卦氣圖〉分別參照〔元〕胡一桂撰：《周易啓蒙翼傳·上篇》，收入〔清〕納蘭性德刊刻：《通志堂經解》第7冊（臺北：大通書局，1970年2月），頁3979、3994、4000。（本論文所徵引胡一桂《周易啓蒙翼傳》內容，皆援用此版本，餘不再贅述。）

〔註17〕朱熹《周易本義》卷首輯錄的《易》圖有九，依序爲〈河圖〉、〈洛書〉、〈伏羲八卦次序〉、〈伏羲八卦方位〉、〈伏羲六十四卦次序〉、〈伏羲六十四卦方位〉、〈文王八卦次序〉、〈文王八卦方位〉、〈卦變圖〉。〔宋〕朱熹撰：《周易本義·易圖》卷首，收入〔宋〕朱熹撰：朱傑人、嚴佐之、劉永翔主編：《朱子全書》第1冊（上海：上海古籍出版社；合肥：安徽教育出版社，2002年12月），頁17～28。

本論文以胡一桂《周易啟蒙翼傳》爲探討對象，四庫館臣評議曰：「其書專發明《圖》、《書》、卦畫之旨。……說者謂《啟蒙》爲《本義》之階梯，而是書又《啟蒙》之羽翼。」〔註18〕肯定《周易啟蒙翼傳》對《易學啟蒙》確實具有增益之功。在文獻學方面，《周易啟蒙翼傳》臚列出先秦至南宋三百餘家《易》類書籍，並且逐一爲諸書撰寫「提要」。回顧胡一桂最初蒐集諸家《易》書之目的，旨在表彰朱熹《周易本義》、《易學啟蒙》爲歷代易學集大成之作，〔註19〕此舉對於易學文獻的保存與目錄學的進步予以莫大貢獻，清儒朱彝尊（1629～1709）《經義考》與紀昀（1724～1805）等編纂的《四庫全書總目》多有採納胡一桂所撰寫的《易》書「提要」。〔註20〕除此之外，胡一桂書又被明朝選爲官修《周易大全》底本，行之於科舉考試，再次鞏固了朱子學地位，是知胡一桂對於後世學術的開展，具有相當影響性。可惜目前學術界對胡一桂易學的著墨並不多，以「胡一桂易學」爲題目的近代學術論著，僅能搜得七項，〔註21〕分別爲李秋麗《胡一桂易學研究》〔註22〕、何子皿

〔註18〕〔清〕永瑢、紀昀等纂修：《摛藻堂四庫全書薈要目錄·周易啟蒙翼傳提要》第1冊（臺北：世界書局，1988年2月），頁276。

〔註19〕胡一桂曰：「魏晉以下談玄，无庸論矣。猶幸先代周、程、張、邵諸大賢勃興其於象數理義之學，直接千載不傳之祕，而集厥大成於我朱夫子。作爲《本義》、《啟蒙》二書，以繼往聖開來學。」引自〔元〕胡一桂撰：《周易啟蒙翼傳·中篇》葉七十三，頁4043。

〔註20〕此處以《經義考》卷16載錄的宋代《易》書爲例。《經義考·陳氏摶〈易龍圖〉》徵引胡一桂之語：「〈龍圖序〉，希夷正以五十五數爲《河圖》，則劉牧以四十五數爲《圖》，托言出於希夷者，蓋亦妄矣。」他者如《經義考》闡述《王氏昭素易論》、《易數鈎隱圖》、《王劉易辨》等等，皆有援用胡一桂所撰寫諸書「提要」之處。參閱〔清〕朱彝尊原著；許維萍、馮曉庭、江永川點校：《點校補正經義考·易》卷16，第1冊（臺北：中央研究院中國文哲研究所，2004年12月），頁347～371。再以《四庫全書總目》卷2爲例，見《四庫全書總目·紫巖易傳提要》：「胡一桂議其專主劉牧，今觀所論《河圖》，信然。」他者如《四庫全書總目》論及《東坡易傳》、《了翁易說》、《漢上易集傳》等亦然，參閱〔清〕永瑢、紀昀等纂修：《四庫全書總目·經部》卷1，第1冊（臺北：藝文印書館，2004年10月），頁71～80。

〔註21〕筆者搜查範圍爲兩岸三地的學術論著資料庫，包含「臺灣期刊論文索引系統」、「臺灣博碩士論文知識加值系統」、「臺灣文史哲論文集篇目索引系統」、「臺灣書目整合查詢系統」、「全國圖書書目資訊網」、「Airiti library華藝線上圖書館」、「中國知識資源總庫cnki系列數據庫」、「香港中文期刊論文索引」、「港澳期刊網」、「HKLIS Dissertations and Theses Collection」等。

〔註22〕李秋麗著：《胡一桂易學研究》（山東大學博士學位論文，2006年）。

《胡一桂易學思想研究》〔註23〕兩本學位論文；李秋麗〈胡一桂易學觀研究〉〔註24〕、〈胡一桂「四聖易象說」探研〉〔註25〕、〈論胡一桂占筮識度下的易象觀〉〔註26〕、謝輝〈元儒胡一桂兩注《易本義》考實〉〔註27〕四篇期刊論文；以及鍾彩鈞〈胡方平、一桂父子對朱子《易》學的詮釋〉〔註28〕乙篇發表於《元代經學國際研討會論文集》。相對於胡一桂對後世易學的貢獻與影響，近代學術界在對於「胡一桂易學」的研究成果數量上，確實顯得稍微不足。

　　《周易啓蒙翼傳》分爲〈上篇〉、〈中篇〉、〈下篇〉、〈外篇〉四部分。〈上篇〉承襲朱熹《周易本義》脈絡，將「易」的形成步驟，依序分爲：「天地自然之易」、「伏羲易」、「文王周公易」、「孔子易」四個階段；〈中篇〉闡述《周易》成書與文本的流衍、易學的傳授、歷代《易》類傳注；〈下篇〉評析、辨疑各式《易》例及其筮法；〔註29〕〈外篇〉篇目包含了：〈緯書〉、〈焦氏易林〉、〈京氏易傳〉、〈太玄經云〉、〈參同契〉（筆者案：該篇包含《龍虎經》）、〈郭氏洞林〉、〈洞極眞經〉、〈衛氏元包〉、〈潛虛〉、〈皇極經世書〉、〈皇極內篇〉總計 11 篇，大抵囊括西漢至南宋期間較爲聞名的「《易》之支流」。〔註30〕《周易啓蒙翼傳·外篇》揀選出的上述 12 部著作，諸如《易緯》、《焦氏易林》、《太玄》、《周易參同契》、《皇極經世書》等典籍，大多與易學史的發展產生交互性的激盪與摩擦，實在不容小覷。〔註31〕不應以其爲術數之

〔註23〕何子皿著：《胡一桂易學思想研究》（安徽大學碩士學位論文，2012 年）。

〔註24〕李秋麗：〈胡一桂易學觀研究〉，《周易研究》2008 年第 4 期，頁 25～30。

〔註25〕李秋麗：〈胡一桂「四聖易象說」探研〉，《周易研究》2010 年第 5 期，頁 67～73。

〔註26〕李秋麗：〈論胡一桂占筮識度下的易象觀〉，《東嶽論叢》2010 年第 11 期，頁128～132。

〔註27〕謝輝：〈元儒胡一桂兩注《易本義》考實〉，《周易研究》2016 年第 3 期，頁51～56。

〔註28〕鍾彩鈞：〈胡方平、一桂父子對朱子《易》學的詮釋〉，收錄於楊晉龍主編：《元代經學國際研討會論文集》（臺北：中研院文哲所籌備處，2000 年 10 月），頁195～236。

〔註29〕清儒耿文光介紹《周易啓蒙翼傳》曰：「筮法有以卦名占者，有以卦字占者，有以卦氣占者，有以卦體卦象占者，有以卦爻辭占者，有以世應納甲占者，不一而足。」引自〔清〕耿文光著：《萬卷精華樓藏書記》卷 3（哈爾濱：黑龍江人民出版社，1992 年 11 月），頁89。

〔註30〕〔元〕胡一桂撰：《周易啓蒙翼傳·外篇·題辭》葉一，頁 4087。

〔註31〕此處遂以揚雄《太玄》與魏伯陽《周易參同契》兩例簡要說明：（一）揚雄《太

說、《易》之支流而偏廢。再從時代背景俯瞰，宋代的術數學已出現庶民化、士人化傾向，儒生與術士往來頻繁，〔註 32〕南宋中後期更出現讀書人編寫卜算書籍的現象，〔註 33〕占筮、堪輿、五行等術數學說蔚爲風潮，由周必大（1126～1209）：「今士大夫至田夫野老，人人喜於談命，故其書滿天下。」〔註 34〕張栻（1133～1180）：「近世風俗深泥陰陽家之論。」〔註 35〕陸九淵（1139～1193）：「小命之術其來久矣，於今尤盛。」〔註 36〕等等南宋學者之語可見一斑。再看胡一桂宗主的朱熹，曾以「崆峒道士　鄒訢」一名發表《周易參同契考異》與《陰符經注》兩著作，〔註 37〕又針對《正易心法》、《潛

玄》以卜筮書形式來建構自己的宇宙論，助長了宋代象數易圖的興起；將《老子》的「道學」及「三生萬物」的演化、生成體系採入易學，成爲道家易學之先導；大力發揚儒家哲理，對義理易學的產生一定的啓發作用。（二）魏伯陽將漢代易學菁華融入《周易參同契》，虞翻（164～233）襲取其陰陽消長之論述，間接助長魏晉象數易學的開展。除此之外，邵雍「先天八卦方位」與「牝牡四卦」相仿、陳摶〈無極圖〉潛藏「取〈坎〉填〈離〉」的陰陽互攝觀念，皆可見《周易參同契》對易學的影響。關於《太玄》的見解，可分別參見王青曰：「《太玄》並不是以斷占爲長的筮書，它的價值在於它以一個完整的體系試圖揭示宇宙社會的規律。」；劉韶軍曰：「《太玄》由一至二，至三，至萬物之衍生制約體系，是綜合《周易》與《老子》的新發展。」廖名春曰：「《太玄》繼承《易傳》的傳統，以占筮的形式表達哲理，這對易學義理派有一定的借鑑與啓發作用。」依序引自王青著：《揚雄評傳・《太玄》以及揚雄的哲學體系》，收入匡亞明主編：《中國思想家評傳叢書》第 23 冊（南京：南京大學出版社，2000 年 12 月），頁 129；劉韶軍著：《太玄校注・前言》（武漢：華中師範大學出版社，1996 年 6 月），頁 8～9；廖名春、康學偉、梁韋弦著：《周易研究史・兩漢易學》（長沙：湖南出版社，1991 年 7 月），頁 127。關於《周易參同契》中諸家學說之整理，請參閱拙作：〈《周易參同契》對兩漢易學的繼承與發用〉，《成大宗教與文化學報》總第 23 期（2016 年 12 月），頁 39～60。

〔註 32〕 張永堂編著：《術數藝文論叢・總論》第 1 冊（臺北：新文豐出版公司，2010 年 11 月），頁 22～24。

〔註 33〕 劉祥光著：《宋代日常生活中的卜算與鬼怪・卜算書籍的流通》（臺北：政大出版社，2013 年 3 月），頁 165。

〔註 34〕 〔宋〕周必大撰、周綸編：《文忠集・跋廖中精記》卷 47，收入〔清〕永瑢、紀昀等纂修：《文淵閣四庫全書》第 1147 冊，頁 502。

〔註 35〕 〔宋〕張栻撰：《南軒先生文集・答朱元晦》卷 23，收入〔日〕長澤規矩也編：《和刻本漢籍文集》第 5 輯（東京：古典研究會，1978 年 3 月），頁 421。

〔註 36〕 〔宋〕陸九淵著；鍾哲點校：《陸九淵集・贈黃舜咨》卷 20（北京：中華書局，2008 年 9 月），頁 247。

〔註 37〕 《陰符經注》與《周易參同契考異》兩書，可參閱〔宋〕朱熹撰：朱傑人、嚴佐之、劉永翔主編：《朱子全書》第 30 冊，頁 500～520、頁 522～569。

虛》、《龍虎經》等術數類典籍提出種種辨僞論點。〔註38〕故知朱熹同樣爲時代習染，亦十分關注術數之說。總結上述可知，宋、元時期術數盛行的風氣，以及朱熹對《正易心法》、《潛虛》、《龍虎經》等術數類典籍的討論，皆爲胡一桂《周易啓蒙翼傳》別設〈外篇〉的外緣因素之一。

　　至於胡一桂《周易啓蒙翼傳》別設〈外篇〉的內在因素。筆者試著歸納出三點：（一）保存與易學相關之文獻；（二）劃分象數學與術數學之界線；（三）弘揚北宋邵雍（1011～1077）代表作《皇極經世書》。此三點皆可在《周易啓蒙翼傳·外篇》的〈題辭〉略見梗槩：

　　　　所謂〈外篇〉者，凡非《周易》傳注，而自爲一書，皆入於此。以《緯書》爲首，如《焦氏易林》、《京氏易傳》、《郭氏洞林》，猶皆是《易》卜筮事，然占法、序卦，已非先聖之舊。……若夫邵子《皇極經世書》，直上接伏羲先天易，專用其卦，不用其蓍，立爲推步算法……。特其作用不同於文王、周、孔，列諸〈外篇〉。……如日月行天，星陳極拱，功在萬世，則自元聖以來，一人而已。朱夫子已表章於《本義》、《啓蒙》。〔註39〕

（一）保存與易學相關之文獻：胡一桂戮力輯錄先秦至南宋三百餘家《易》類書籍，並痛心曰：「辭義俱亡者，且不止過半矣。儒先苦心勞思……不幸影響无存。」〔註40〕感嘆眾多《易》書之湮沒，〈外篇〉所探討的 12 部術數類典籍亦然。諸如《易緯》、《焦氏易林》皆爲兩漢遺留之古文獻，胡一桂未能取得其善本，見《周易啓蒙翼傳·緯書》論《通卦驗》曰：「其尚存而未泯，如《鑿度》乃未及見焉，可吁也矣。今姑拾遺，紀一書之槩云爾。」〔註41〕是知《乾鑿度》和《坤鑿度》俱不見於宋末元初的新安地區。再看《周易啓蒙翼傳·焦氏易林》曰：「亡友王浩翁，字浩古。得其書於遠方，而手抄之，且爲之跋。……愚錄其詩數篇于左，……以見一書之大槩云。」〔註42〕胡一桂蒐得的《焦氏易林》爲王浩翁之手抄本，是知當時新安地區並未流傳此書。

〔註38〕關於朱熹辨僞此三部術數類典籍的相關論述，參閱〔宋〕朱熹撰：《朱熹辨僞書語》（臺北：臺灣開明，1969 年 4 月），《正易心法》頁 2～11；《潛虛》頁113～115、《龍虎經》頁 125～127。

〔註39〕〔元〕胡一桂撰：《周易啓蒙翼傳·外篇·題辭》葉一，頁 4087。

〔註40〕〔元〕胡一桂撰：《周易啓蒙翼傳·中篇》葉二十九，頁 4021。

〔註41〕〔元〕胡一桂撰：《周易啓蒙翼傳·外篇·緯書》葉五，頁 4089。

〔註42〕〔元〕胡一桂撰：《周易啓蒙翼傳·外篇·焦氏易林》葉五，頁 4089。

而從「今姑拾遺，紀一書之檗云爾」、「愚錄其詩數篇于左，……以見一書之大檗云。」等描述，在在可見胡一桂對文獻保存之用心。（二）劃分象數學與術數學之界線，《周易啓蒙翼傳・外篇・題辭》曰：「《焦氏易林》、《京氏易傳》、《郭氏洞林》，猶皆是《易》卜筮事，然占法、序卦，已非先聖之舊。」〔註43〕是知上述三部典籍，性質與《周易》相同，均是記載「卜筮事」，如胡一桂記載南宋沈該（？～？）以《焦氏易林》進行占筮；〔註44〕又在《周易啓蒙翼傳・京氏易傳》撰寫〈筮法變卦說〉一篇；〔註45〕並且評議《郭氏洞林》一書曰：「取其事體之重者載之，以見卜筮之有關於國家也如此。」〔註46〕強調此書的卜筮性質，卻又特意把三部「猶皆是《易》卜筮事」之典籍安置在〈外篇〉，即是爲了劃清「內」（易學）與「外」（偏離易占、聖人遺法的「非易學類」卜筮系統）之界線。（三）弘揚北宋邵雍代表作《皇極經世書》：從《周易啓蒙翼傳・外篇・題辭》：「日月行天，星陳極拱，功在萬世，則自元聖以來，一人而已。」足見胡一桂對邵雍的溢美之情。胡一桂之所以如此稱許邵雍及其《皇極經世書》，理當是承襲自朱熹對邵雍的推崇。〔註47〕

綜上所述，從外緣的大環境因素觀察，宋元時期術數學盛行，儒生與術士往來頻繁，周必大、張栻、陸九淵等學者皆有所描述。新安學者宗主的朱熹，不僅撰有術數類著作，亦有諸多對《周易參同契》、《潛虛》、《龍虎經》等術數學方面的個人論點。宋末元初胡一桂受此風氣影響，於《周易啓蒙翼傳》別設〈外篇〉，可視爲時代背景下的產物。再從內在的撰寫動機與緣由檢視，胡一桂除了保存「與易學相關之文獻」、依循朱熹弘揚邵雍《皇極經世書》之外，更是秉持著「劃分象數學與術數學」的理念，逐一探討《焦氏易林》、《京氏易傳》、《郭氏洞林》等術數類典籍的卜筮性質，並試圖廓清易

〔註43〕〔元〕胡一桂撰：《周易啓蒙翼傳・中篇・傳注》葉七十三，頁4043。

〔註44〕〔元〕胡一桂撰：《周易啓蒙翼傳・外篇・焦氏易林》葉七，頁4090。

〔註45〕〔元〕胡一桂撰：《周易啓蒙翼傳・外篇・京氏易傳》葉十四～十六，頁4093～4094。

〔註46〕〔元〕胡一桂撰：《周易啓蒙翼傳・外篇・郭氏洞林》葉五十一，頁4112。

〔註47〕朱熹對邵雍的推崇，詳見於《朱子語類・邵子之書》，此以朱熹稱邵雍「可謂人豪」爲例。見《朱子語類》記載：問：「近日學者有厭拘檢，樂舒放，惡精詳，喜簡便者，皆欲慕邵堯夫之爲人。」曰：「邵子這道理，豈易及哉？他腹裏有這個學，能包括宇宙，終始古今，如何不做得大？放得下？今人卻恃個甚後敢如此。」因誦其詩云：「『日月星辰高照耀，皇王帝伯大鋪舒。』可謂人豪矣！」引自〔宋〕朱熹撰：《朱子語類・邵子之書》卷100，收入〔宋〕朱熹撰；朱傑人、嚴佐之、劉永翔主編：《朱子全書》第17冊，頁3341。

學與此 12 部典籍的相異之處。以上內、外緣因素不僅促發胡一桂《周易啓蒙翼傳‧外篇》對 12 部著作的開展，亦影響《周易啓蒙翼傳》一書的撰寫內容，故在探討胡一桂易學時，應當不可忽略〈外篇〉。然而，回顧以「胡一桂易學」爲題的七部學術論著，〔註48〕唯有李秋麗《胡一桂易學研究》試圖去討論胡一桂對於《易緯》、《焦氏易林》、《京氏易傳》三部典籍在術數學方面的發揮。〔註49〕其他以「胡一桂易學」爲題的六部學術論著，幾乎未嘗涉及〈外篇〉12 部術數類典籍，稍嫌略有偏失。有鑑於此，筆者將以《周易啓蒙翼傳‧外篇》作爲研究主題，冀能探究胡一桂對此 12 部「《易》之支流」的發揮，並從中窺探胡一桂視野下的「象數學」與「術數學」之間的關係。

二、研究目的

本論文將藉由胡一桂《周易啓蒙翼傳‧外篇》的視角，檢視宋末元初新安地區得以搜得的《易緯》、《焦氏易林》、《京氏易傳》、《太玄》、《周易參同契》、《龍虎經》、《洞林》、《洞極眞經》、《元包》、《潛虛》、《皇極經世書》、《皇極內篇》12 部術數類典籍的版本、流傳、眞僞等等文獻概況，以及此 12 部術數類典籍與「象數易學」的關係，並從中窺探朱熹易學在其中所引發的作用。又因目前學術界在「胡一桂易學」研究成果的數量方面，似乎顯得約略不足，是故本論文的寫作目的，大致可歸納爲下列六條脈絡：

（一）評析胡一桂對〈外篇〉12 部典籍之論述

本論文將鑽探《周易啓蒙翼傳‧外篇》所輯錄的《易緯》、《焦氏易林》、《京氏易傳》、《太玄》、《周易參同契》、《龍虎經》、《洞林》、《洞極眞經》、《元包》、《潛虛》、《皇極經世書》、《皇極內篇》12 部術數類著作。細觀〈外篇〉，胡一桂對每部著作皆有個人評議，常以「愚案」、「愚謂」等案語闡明己見。然而，評議自有優劣得失之處，得者如：胡一桂質疑當時所見的《易緯》文獻：「文法造句大奇，非有古人渾厚體。」〔註50〕進而揣測《乾鑿度》與《通卦驗》爲西漢儒者寄託古人之作，頗具見地。失者如：胡一桂評論《焦氏易林》曰：「其（焦延壽）論一卦直一日，與費氏（費直）一爻直一日之說不同。」〔註51〕聲稱西

〔註48〕此七部學術論著，詳見本論文註腳 22～註腳 28。
〔註49〕李秋麗著：《胡一桂易學研究‧易學及易學史觀》，頁 63～74。
〔註50〕〔元〕胡一桂撰：《周易啓蒙翼傳‧外篇‧周易緯》葉四，頁 4088。
〔註51〕〔元〕胡一桂撰：《周易啓蒙翼傳‧外篇‧焦氏易林》葉六，頁 4089。

漢費直（？～？）直日法爲「一爻直一日」。然而，實際上，費直並無此學說，胡一桂乃是受到僞作〈漢焦小黃周易變卦筮敘〉一文所蒙蔽。〔註52〕是知胡一桂對〈外篇〉12 部術數類典籍的討論，固然有其學術價值與貢獻，卻同樣有其缺失與值得商榷處。本論文將會試著評析胡一桂之說，以彰顯其在〈外篇〉方面的特色、成就與不允當之處。

（二）呈現〈外篇〉與「內三篇」之間的關係

　　《周易啓蒙翼傳》分爲〈上篇〉、〈中篇〉、〈下篇〉、〈外篇〉四部分。四庫館臣將〈上篇〉、〈中篇〉、〈下篇〉合稱爲〈內篇〉。〔註53〕〈內篇〉以闡發《周易》爲主，〈外篇〉則以講述「術數典籍」爲主。然而，若是詳讀《周易啓蒙翼傳》全書，即可知兩者之間並非涇渭分明，反而是有諸多互相融通之處。如胡一桂於《周易啓蒙翼傳・上篇》記載程直方（1251～1325）以邵雍《皇極經世書》的〈方圖〉與〈圓圖〉解讀《說卦傳》，不僅開闢另一種對《易傳》的詮釋方式，更提高了邵雍「先天學」的可信度與價值性，可謂相得益彰。除此之外，《周易啓蒙翼傳・中篇》講述古本《易》流變與易學傳授歷程時，亦頻頻提到《焦氏易林》、《太玄》、《洞林》等術數學說。〔註54〕是知胡一桂無法否認象數學與術數學兩者之間，確實具有交互性的激盪，在兩者學術的發展史上，彼此皆佔有一席之地。筆者試著在論述中，多加比對《周易啓蒙翼傳》〈外篇〉與「內三篇」之內容，作爲蠡測宋元時期「象數學」與「術數學」關係的一個樣本。

（三）審視胡一桂對朱熹術數說之詮釋與回應

　　《周易啓蒙翼傳・外篇》共計 11 次提到「朱子」，可見〈外篇〉亦有多處援引朱熹學說，其中最頻密徵引「朱子曰」的篇章乃是〈京氏易傳〉。胡一桂在闡述此篇章的「納甲法」之時，往往會在下方引述朱熹《周易參同契考

〔註52〕 上述〈漢焦小黃周易變卦筮敘〉一文，可見於士禮居校宋本《易林》卷首。清儒丁晏〈書瞿氏牟氏易林校署後〉提出三點有力的論證，指出此文應當爲後人所附益。〈漢焦小黃周易變卦筮敘〉收錄於〔漢〕焦延壽撰：《易林・焦林直日》，收入陸費達總勘：《四部備要》（臺北：臺灣中華書局，1966 年 3 月），葉二。〈書瞿氏牟氏易林校署後〉收錄於〔清〕丁晏撰：《易林釋文》卷末（臺北：廣文書局，1994 年 8 月）葉一一二。

〔註53〕 〔清〕永瑢、紀昀等纂修：《摛藻堂四庫全書薈要目錄》第 1 冊，頁 276。

〔註54〕 〔元〕胡一桂撰：《周易啓蒙翼傳・中篇・古易之復、傳授》葉七一廿八，頁4010～4020。

異》的內容作爲注解。〔註55〕見《周易啓蒙翼傳・外篇・京氏易傳》曰：「三
日暮，〈震〉象，月出庚。朱子曰：三日，第一節之中，月生明之時也。蓋始受一陽之光，
昏見於西方庚地。」「八日，〈兌〉象，月見丁。朱子曰：八日，第二節之中，月上弦之
時。受二陽之光，昏見於南方丁地。」「十五日，〈乾〉象，月盈甲、壬。朱子曰：十
五日，第三節之中，月既望之時。全受日光，昏見於東方甲地，是爲〈乾〉體。」〔註56〕又
《周易啓蒙翼傳・外篇・洞極眞經》曰：「雖无預於《易》，然〈序〉本論述
聖人，本《河圖》以畫卦，朱子《啓蒙》之所援證。」〔註57〕以《易學啓蒙》
來標榜《洞極眞經》，指稱此書〈序〉論述聖人，根本於《河圖》。本論文將
逐一爬梳《周易啓蒙翼傳・外篇》載錄的朱熹術數學之說，冀能從中發掘出
胡一桂對朱熹此類見解的回應與詮釋面貌。

（四）重探胡一桂對朱熹易學之增修與再建構

前文已述，胡一桂對朱熹《周易本義》、《易學啓蒙》兩書並非全盤接受，
而是藉著廓清、匡正、修補等工作，促使其更加完善，相當於重新建構、揭
示朱熹易學。細查《周易啓蒙翼傳》，胡一桂此項工作最有成效處有兩點：第
一、增益朱熹對「取象」之不足；第二、重新檢視對朱熹《易》圖的理解與
詮釋。對於此兩點，《周易啓蒙翼傳・外篇》列舉的 12 部術數類典籍多有滲
入之處。比如：《周易啓蒙翼傳》有〈日、月爲易〉一節，胡一桂把「易」字
拆解爲日、月之象，並曰：「六十四卦之位皆〈坎〉、〈離〉，則六十四卦之位
皆日、月之象。」〔註58〕此概念即是出自《易緯》，胡一桂藉由〈外篇〉的輔
助，彌補了朱熹對「取象」之不足；另見胡一桂記載友人程直方以邵雍〈方
圖〉、〈圓圖〉解讀《周易・說卦傳》，並聲稱此說「發《啓蒙》之所未發」。
〔註59〕是知透過《皇極經世》，亦能重新檢視對朱熹《易》圖的理解與詮釋。
由此可知，《周易參同契》、《皇極經世》等〈外篇〉典籍，同樣具有啓發胡一
桂增訂、修補朱熹易學之功。可惜目前以「胡一桂易學」爲題的學術論著，
未嘗把〈外篇〉12 部術數典籍對胡一桂的影響納入討論，僅以〈內篇〉作爲
研究範圍。本論文試著改善此缺失，納入胡一桂對〈外篇〉12 部術數類典籍

〔註55〕以下引文可對照〔宋〕朱熹撰：《周易參同契考異・上篇》，收入〔宋〕朱熹
　　　　撰；朱傑人、嚴佐之、劉永翔主編：《朱子全書》第 31 冊，頁 537。
〔註56〕〔元〕胡一桂撰：《周易啓蒙翼傳・外篇・京氏易傳》葉十二，頁 4092。
〔註57〕〔元〕胡一桂撰：《周易啓蒙翼傳・外篇・洞極眞經》葉五十七，頁 4115。
〔註58〕〔元〕胡一桂撰：《周易啓蒙翼傳・上篇・天地自然之易》葉二，頁 3979。
〔註59〕〔元〕胡一桂撰：《周易啓蒙翼傳・上篇・四聖之易》葉十六，頁 3986。

的發揮，進而重新闡述胡一桂對朱熹易學的再建構樣貌。

（五）管窺宋、元「術數」與「象數」之關係

　　近人朱伯崑（1923～2007）曾曰：「就《易》學史說，元代的象數之學較爲發達，而且有自己的特色。」〔註60〕宋元之際的丁易東（？～？）將解《易》之義例分爲十二類，第八類爲「以術論《易》」〔註61〕可見元初易學家對術數學的接納，不排斥以「術數」來解讀《周易》經、傳。同爲宋末元初的俞琰（？～？）曰：「世之尚占而宗邵康節者，則以義理爲虛文。」〔註62〕在邵雍《皇極經世書》的影響下，諸多宋元學者崇尚先天之學與卜筮之法，間接助長「象數學」與「術數學」之融通。此現象可見於胡一桂《周易啓蒙翼傳》蒐集的「南宋《易》類書籍」，其中最能凸顯「術數學」與「象數易學」兩者關係密切的著作，應當首推南宋張行成（587～653）的《元包數總義》。胡一桂不僅把張氏此書列爲「南宋《易》類傳注」，並且注解曰：

> 　　（張行成）十年著成《述衍》十八卷，以明伏羲、文王、孔子
> 之《易》；《翼元》十二卷，以明揚雄之《易》；《元包數義》二卷，以
> 明衛元嵩之《易》；《潛虛衍義》十六卷，以明司馬光之《易》；《皇極
> 經世索隱》二卷、《觀物外卷衍義》九卷，以明邵雍之《易》。〔註63〕

張行成將《周易》、《太玄》、《元包》、《潛虛》、《皇極經世書》五部典籍皆視爲「某人之《易》」，而不會把揚雄（前53～18）、衛元嵩（？～？）、司馬光（1019～1086）、邵雍的著作視爲《易》之支流」、「術數之書」，足見當時「象數學」與「術數學」相互混雜的風氣。由於撰寫《周易啓蒙翼傳・外篇》，胡一桂亦深邃於此12部「《易》之支流」，故能給予此類難以辨分「術數學」或是「易學」之著作，一個較爲中肯的評價。因此，胡一桂《周易啓蒙翼傳》對南宋《易》類書籍的種種闡述，頗能作爲釐清宋元時期象數與術數學關係的重要參考文本。

〔註60〕朱伯崑著：《易學哲學史・宋易的繁榮和理學的衰落》第3卷（臺北：藍燈文化事業，1991年9月），頁12。

〔註61〕〔宋〕丁易東撰：《易象義・易統論上》，收入〔清〕永瑢、紀昀等纂修：《文淵閣四庫全書》第21冊，頁479。

〔註62〕〔宋〕俞琰撰：《周易集說・序》，收入〔清〕永瑢、紀昀等纂修：《文淵閣四庫全書》第21冊，頁2。

〔註63〕〔元〕胡一桂撰：《周易啓蒙翼傳・中篇・傳注》葉五十七，頁4035。

（六）增添與「胡一桂易學」相關的研究成果

　　清儒學術論著，時常援引胡一桂《周易啓蒙翼傳》。除了朱彝尊《經義考》與紀昀等編纂的《四庫全書總目》，清初黃宗羲（1610～1695）《易學象數論》、胡渭（1633～1714）《易圖明辨》、胡煦（1655～1736）《周易函書》、惠棟（1697～1785）《易漢學》等著名的清代易學著作，多有徵引胡一桂《易》說之處。〔註64〕反觀近代學術界，以「胡一桂易學」爲題的學術論著僅有兩本學位論文、四篇期刊論文、乙篇研討會論文，甚至尚未出現以「胡一桂」爲研究對象的專書。本論文由《周易啓蒙翼傳·外篇》切入，冀能略盡棉薄之力，藉此抛磚引玉，以待日後的方家學者。

第二節　文獻回顧與評述

　　以「胡一桂易學」爲研究主題的近代學術論著，目前僅能搜得七筆，分別爲：李秋麗《胡一桂易學研究》、何子皿《胡一桂易學思想研究》兩本學位論文；李秋麗〈胡一桂易學觀研究〉、〈胡一桂「四聖易象說」探研〉、〈論胡一桂占筮識度下的易象觀〉、謝輝〈元儒胡一桂兩注《易本義》考實〉四篇期刊論文；鍾彩鈞〈胡方平、一桂父子對朱子《易》學的詮釋〉一篇會議論文；至今尚未出版以「胡一桂易學」爲研究主題的專著。筆者遂由易學通論、易學史、易學目錄等相關文獻查考，茲將所得者載錄於下。

一、專書

　　在橫跨宋、元兩朝的易學史專著中，朱伯崑《易學哲學史》、高懷民《宋

〔註64〕黃宗羲《易學象數論》批判胡一桂講述《太玄》蓍法捨正策而論餘數，未免失之遠矣。胡渭《易圖明辨》曾援引《周易啓蒙翼傳·參同契》提及〈朱文公書參同契考異後〉一節；胡煦於《周易函書》指責胡一桂未知《太玄》揲法；惠棟《易漢學》曾援引《周易啓蒙翼傳·京氏易傳》中〈起月例〉一節。上述文獻分別參閱〔清〕黃宗羲撰；鄭萬耕點校：《易學象數論·太玄蓍法》卷4（北京：中華書局，2011年1月），頁157；〔清〕胡渭撰；鄭萬耕點校：《易圖明辨·象數流弊》卷10（北京：中華書局，2008年2月），頁229；〔清〕胡煦撰；程林點校：《周易函書約存·原古五》卷10，收入〔清〕胡煦著；程林點校：《周易函書附卜法詳考等四種》（北京：中華書局，2013年2月），頁298～299；〔清〕惠棟撰：《易漢學·京君明易下》卷5，收入〔清〕惠棟撰；鄭萬耕點校：《周易述附：易漢學、易例》（北京：中華書局，2007年9月），頁606～607。

元明易學史》、廖名春等《周易研究史》、徐芹庭《易經源流》四部易學史專著，雖有述及胡一桂之處，卻未嘗把「胡一桂易學」作爲一個章節的主題來討論。朱伯崑論及元代象數之學，曾簡單提起胡一桂《周易啓蒙翼傳》，朱伯崑曰：「在其著作中，繼南宋朱震之後，研究了從漢京房到宋劉牧、邵雍的象數之學，雖然貢獻不多。」〔註65〕朱氏並未深入鑽探、考察胡一桂易學。高懷民《宋元明易學史》並未設立元代易學的篇章，唯有第五章〈易圖象之學〉曾提及俞琰、雷思齊（1231～1303）兩位元代易學家，卻未嘗述及胡一桂。〔註66〕廖名春等《周易研究史》於第五章〈宋元易學（下）〉曰：「另一種情況則是以朱爲宗的，如胡一桂的《易本義附錄纂疏》、《易學啓蒙翼傳》。……這種以朱子爲宗的《易》學著作，實際上也是發揮朱熹《易》學中的象數學內容。」此書雖然只是略微帶過，卻能指出胡一桂易學旨在發揮朱熹易學的象數部分。〔註67〕徐芹庭於《易經源流‧元代之易學》介紹胡一桂易學著作、徵引《周易啓蒙翼傳‧序》、列出從朱熹到胡一桂的宋元易學傳承脈絡，可惜未深入探討胡一桂易學本身。〔註68〕唯獨林忠軍《象數易學發展史》慧眼獨具，撰有〈胡一桂象數易學思想〉，〔註69〕本論文將其列爲重要參考文獻詳述於後。再看近代的易學目錄類專著：潘雨廷（1925～1991）《讀易提要》〔註70〕與張善文《歷代易家考略》〔註71〕、《歷代易學要籍解題》，〔註72〕三部專著皆納入《周易本義附錄纂註》、《周易啓蒙翼傳》，潘、張兩氏並爲此兩書撰寫〈提要〉。張善文《歷代易家考略》、《歷代易學要籍解題》應當屬於工具書性質，內容較爲簡略，並且大量引用《四庫全書總目》，故此處僅以潘雨廷《讀易提要》作爲重要參考文獻評述之。

〔註65〕朱伯崑著：《易學哲學史‧宋易的繁榮和理學的衰落》第3卷，頁12。

〔註66〕高懷民著：《宋元明易學史‧易圖象之學》（桂林：廣西師範大學出版社，2007年7月），頁144～209。

〔註67〕廖名春、康學偉、梁韋弦著：《周易研究史‧宋元易學（下）》，頁314。

〔註68〕徐芹庭著：《易經源流‧元代之易學》（北京：中國書店，2008年4月），頁680～682。

〔註69〕林忠軍著：《象數易學發展史‧胡一桂象數易學思想》第2卷（濟南：齊魯書社，1998年7月），頁472～501。

〔註70〕潘雨廷著：張文江整理：《讀易提要‧元》卷6（上海：上海古籍出版社，2006年7月），頁269～273。

〔註71〕張善文著：《歷代易家考略‧元代》卷11（臺北：頂淵文化事業，2006年2月），頁171。

〔註72〕張善文著：《歷代易學要籍解題‧元代》卷5（臺北：頂淵文化事業，2006年2月），頁152～153。

（一）林忠軍《象數易學發展史・胡一桂象數易學思想》

林忠軍《象數易學發展史》第 14 章爲〈胡一桂象數易學思想〉，此章分
爲〈一、胡一桂對象學的研究〉、〈二、胡一桂對數學的研究〉、〈三、胡一桂
對易學史的研究〉、〈四、胡一桂易學的價值及影響〉。在〈胡一桂對象學的研
究〉方面，林忠軍點出：胡一桂接受朱熹「易學四階段」（天地自然之易、伏
羲之易、文王周公之易、孔子之易）的觀點，認爲《易》象應當也要分成四
階段，不同階段，聖人之象各異，如周公取象不同於文王，孔子取象不同於
周公，不可把所有「易象」混爲一談。林忠軍更以表格整理了文王、周公、
孔子對八純卦的取象，而後又申論胡一桂的八種取象法，並指出胡氏特別重
視「互體」之象，最後總結曰：「胡一桂一方面總結研究前人成果，並在此基
礎上著眼於《周易》經傳文辭，對《易》象分門別類，加以概括和總結；另
一方面又以自己的觀點爲據，批判了漢儒象學存在的弊端，這些總結和批判
有益於象數《易》學的發展。」〔註73〕在〈胡一桂對數學的研究〉方面，林
忠軍指出：胡氏繼承朱熹的圖書之學和先天之學，以探索易學起源爲主旨。
雖然在總體上並無巨大建樹，卻能夠對《河圖》、《洛書》畫卦提出新的見解，
並針對「劉牧（1011～1064）以九爲《河圖》」及「歐陽修否定《河圖》、《洛
書》」兩論點提出反駁，故總結曰：「其貢獻在於通過闡述朱子之數學，批判
其異端，正本清源，捍衛和純潔了朱子之易學。」〔註74〕在〈胡一桂對易學史
的研究〉方面，林忠軍剖析胡一桂易學史研究主要分爲「《周易》版本的演變」、
「易學傳承」、「元代以前易學文獻著錄」三方面。林忠軍指出：胡一桂肯定宋
儒對古本《易》的恢復、辨正《周易》版本源流、繪製西漢易學師承圖、批判
王弼（226～249）和費直變亂古本《易》、頌揚朱熹可謂金聲玉振之集大成者，
林忠軍尤其稱譽胡一桂對歷代易學文獻的蒐集與評議，其曰：「胡氏所撰寫的
《易》書提要，其意義在於，一方面爲後世《易》學家研究易學提供了方便，
通過看過這些提要可以掌握宋以前《易》學書大致內容，以便研究時取捨。另
一方面爲後世編寫《易》學著作提要提供了典範。」〔註75〕在〈胡一桂易學的
價值及影響〉方面，林忠軍指出胡一桂對朱熹易學進行全面性的整理，廓清時
人對朱熹易學的篡改和歪曲，以恢復其原貌，使朱熹易學得以發揚光大，林忠

〔註73〕林忠軍著：《象數易學發展史・胡一桂對象學的研究》第 2 卷，頁 473～478。
〔註74〕林忠軍著：《象數易學發展史・胡一桂對數學的研究》第 2 卷，頁 478～481。
〔註75〕林忠軍著：《象數易學發展史・胡一桂對易學史的研究》第 2 卷，頁 481～499。

軍最後總評胡一桂易學曰：「他的象數《易》起到了薪火傳遞的作用，象數《易》學之所以能夠在清代發展，並且占統治地位，這與胡一桂等人的努力是分不開的。」〔註76〕褒揚胡一桂對於朱熹易學，以及後世象數易學的貢獻。

綜觀林忠軍《象數易學發展史》對胡一桂易學的闡發，林忠軍多以正面的視角評論胡一桂易學，稱許胡氏能夠承繼、增補、匡正、釐清朱熹《易》說，尤其認同胡一桂對象數易學的貢獻，卻鮮少提及胡一桂易學之缺失與謬誤。因此，筆者試著從反面的視角切入，列出兩點商榷處：（1）胡一桂確實添加不少「易象」，卻反而在對《周易》的注解上顯得瑣碎。其中又有些許「易象」不見於前人文獻，或許爲胡一桂所自創，如此恐有未安、待討論之處，反觀林忠軍《象數易學發展史》，卻不曾提出對胡一桂「取象」之疑慮。（2）胡一桂志於恢復古本《易》，故在立場上，不免多次抨擊王弼、韓康伯（？～？）、費直等人變亂古本，但所持論並非全然公允，見胡一桂《周易啟蒙易傳·中篇》曰：「弼瑜弱冠而廢死，康伯瑜四十惑於日者而病死，乃敢干亂文王、周公之經而輕訾孔子《十翼》，證以《春秋》斧鉞，誅絕不貸。」〔註77〕事實上，王弼、韓康伯等學者有其改易古本《易》之動機與時代背景，胡一桂此語確實有過當之處。可惜林忠軍不曾對此提出允當的平議，此兩點當爲《象數易學發展史·胡一桂象數易學思想》不足之處。

（二）潘雨廷《讀易提要·胡一桂《周易啟蒙翼傳》提要》

潘雨廷率先敘述胡一桂的家學淵源、理宗朱熹易學等學術背景。而後介紹《周易啟蒙翼傳》一書體例及其內容：〈上篇〉明自然及四聖之易，即朱熹所謂「天地自然之易」、「伏羲易」、「文王易」、「周公易」、「孔子易」四個階段；〈中篇〉申明三代易（即《連山》、《歸藏》、《周易》三者），並綜述先秦至南宋之易學師承傳授及諸家易學傳注；〈下篇〉論易學精要處，又蒐輯《左傳》、《國語》記載的卅七則卜筮案例；〈外篇〉載錄非《周易》傳注而自爲一書者，自《易緯》起至《皇極內篇》，共 12 部典籍。潘雨廷又在首段結尾肯定胡一桂《周易啟蒙翼傳》對朱熹易學的貢獻曰：「全書條例井然，以此翼傳《啟蒙》，殊可無愧。考亭之學盛於胡氏父子，有以也。」〔註78〕潘雨廷在描

〔註76〕林忠軍著：《象數易學發展史·胡一桂易學的價值及影響》第 2 卷，頁 500～501。

〔註77〕〔元〕胡一桂撰：《周易啟蒙翼傳·中篇·傳注》葉三十二，頁 4022。

〔註78〕潘雨廷著；張文江整理：《讀易提要·胡一桂《周易啟蒙翼傳》提要》卷 6，頁 271。

述過《周易啓蒙翼傳》一書體例及其內容後，扼要地對〈上篇〉、〈中篇〉、〈下篇〉、〈外篇〉作出個人評述。在〈上篇〉方面，潘雨廷指出胡一桂「日、月爲易」一說，可以《周易・繫辭傳》：「陰陽之義配日月」一語證之，並且依循《易緯》、《周易參同契》之脈絡，其說可遵從。又稱胡一桂論《河圖》、《洛書》之變及五行主生克等，皆能得象數之自然，對於先天、後天圖式變化，引用南宋董銖（1152～？）等先儒之說，辨論清晰，各有所當。在〈中篇〉方面，潘雨廷大力讚揚胡一桂對易學史流傳與易學文獻蒐輯之功，並曰：「以下述《易》學之傳授及著作，學《易》者宜參閱之。其書已佚者頗多，讀此略見陳跡耳。」〔註79〕認爲《周易啓蒙翼傳》誠有功於後世。然而，潘雨廷對胡一桂抨擊鄭玄（127～200）、王弼、董楷（？～？）等儒者合併《周易》經、傳之謗議，顯得不以爲然，並爲王弼等人平反道：「蓋古《易》十二篇不可不知，合經傳而便於讀亦不可忽。古之康成、王弼，當時之董楷等，未可全非之。」〔註80〕足見潘氏對此頗有微詞。在〈下篇〉方面，潘雨廷認同胡一桂所提出的「易始於理、氣、數」、「太極爲理之原」、「陰陽爲氣之始」、「數爲《圖》、《書》蓍策」等見解，亦肯定《周易啓蒙翼傳・辨疑》不信毛漸之《三墳》、不重文王重卦之說、糾正劉牧以九爲《河圖》之謬等等。潘雨廷又將〈下篇〉的論述重點置於「象類說」。潘雨廷指出胡一桂分《易》象爲三十三類，幾乎已備全《易》之象，但在分類上卻稍嫌叢雜，並舉例曰：「若『元亨利貞』四德及吉凶等斷辭，另作『占類說』，於性命、道德、仁義、太極等屬焉。更合象占爲一而成『卜筮類』，凡分君道天子、臣道……十九類。」〔註81〕說明胡一桂《易》象略有疊床架屋之弊。在〈外篇〉方面，《讀易提要》大部分的篇幅僅是直接徵引胡一桂〈外篇題辭〉，唯有指出胡一桂應當是以邵雍先天學爲宗。

綜觀潘雨廷《讀易提要》對胡一桂《周易啓蒙翼傳》一書的闡發，相較於林忠軍《象數易學發展史》對胡一桂易學幾乎都給予正面的評價，潘雨廷多能公允地提出胡一桂之缺失。第一、胡一桂因爲學術立場不同，片面抨擊鄭玄、王弼、董楷等合併《周易》經傳者；第二、《周易啓蒙翼傳》在「取象」

〔註79〕潘雨廷著；張文江整理：《讀易提要・胡一桂《周易啓蒙翼傳》提要》卷6，頁272。

〔註80〕潘雨廷著；張文江整理：《讀易提要・胡一桂《周易啓蒙翼傳》提要》卷6，頁272。

〔註81〕潘雨廷著；張文江整理：《讀易提要・胡一桂《周易啓蒙翼傳》提要》卷6，頁272。

方面，固然周全詳備，卻也出現繁雜瑣碎之病。上述兩點爲《周易啓蒙翼傳》
弊端，潘雨廷在肯定胡一桂易學之餘，亦能就其不足，闡述持平之論，實屬
難得。可惜的是，《周易啓蒙翼傳》畢竟只是潘雨廷《讀易提要》全書 244 篇
《易》書〈提要〉之一，難以深入而詳盡，故不論在深度上或是廣度上，依
然以林忠軍《象數易學發展史・胡一桂象數易學思想》爲首選。

二、學位論文

以「胡一桂易學」作爲研究主題的學位論文，兩岸三地目前僅有李秋麗
《胡一桂易學研究》〔註 82〕和何子皿《胡一桂易學思想研究》〔註 83〕兩本。
細觀李秋麗《胡一桂易學研究》，當可謂爲林忠軍《象數易學發展史》第 14
章〈胡一桂象數易學思想〉之拓展。林忠軍針對胡一桂「象學」、「數學」、「易
學史」三方面發揮，李秋麗則在《象數易學發展史》的基礎上，進行深化與
擴張之工作，如《胡一桂易學研究》第三章爲〈易學思想體系〉，第一節闡釋
胡一桂對「理」、「太極」、「陰陽」之觀點，而胡一桂對此三者概念，大抵不
脫朱熹易學範疇；第二節探討胡一桂的「數學」，列舉〈河圖洛書說〉、〈伏羲
畫卦〉、〈先天後天說〉、〈辨斥異學〉四者，逐一講述「天地自然之易」、「伏
羲之易」、「文王周公之易」、「孔子之易」四種不同階段之用「數」。第三節探
討胡一桂的「象學」，同樣逐一講述四種不同階段之用「象」，並且援用《象
數易學發展史》所整理「文王、周公、孔子對八純卦之取象」表格，而後介
紹胡一桂的八種取象法，皆同於林氏書之脈絡，在在可見李秋麗《胡一桂易
學研究》對林忠軍《象數易學發展史》之承襲。再看另一本學位論文，何子
皿《胡一桂易學思想研究》分爲〈胡一桂生平簡介及思想淵源〉、〈胡一桂的
易學思想〉、〈胡一桂易學思想的影響〉三個章節，何子皿撰成此學位論文的
時間爲 2012 年，雖然晚於李秋麗《胡一桂易學研究》發表的 2006 年，卻毫
無後出轉精之處，內容多依循李氏書，不僅無所創見，在論述上甚至顯得更
爲簡陋，論文篇幅亦遠不及李秋麗《胡一桂易學研究》一書。

三、期刊論文

以「胡一桂易學」爲研究主題的期刊論文，僅有李秋麗〈胡一桂易學觀

〔註82〕 李秋麗著：《胡一桂易學研究》（山東大學博士學位論文，2006 年）。
〔註83〕 何子皿著：《胡一桂易學思想研究》（安徽大學碩士學位論文，2012 年）。

研究〉〔註84〕、李秋麗〈胡一桂「四聖易象說」探研〉〔註85〕、李秋麗〈論胡一桂占筮識度下的易象觀〉〔註86〕、謝輝〈元儒胡一桂兩注《易本義》考實〉，〔註87〕且其中三篇皆為李秋麗之撰作，足見學術界在「胡一桂易學」研究成果量上的匱乏。檢視李氏此三篇論文，皆改寫自學位論文《胡一桂易學研究》，並無太多的新解與再造，比如〈論胡一桂占筮識度下的易象觀〉一篇，申論伏羲、文王、周公、孔子在不同階段之用「象」，表示不論是卦辭或爻辭，都囊括「象」與「占」。此篇論文第四章標題為〈象又統於占〉，對照李氏學位論文《胡一桂易學研究》第三章第四節，標題同樣為〈象又統於占〉，內容亦無大幅變更。〔註88〕再看此篇論文第二章〈易有象則有占〉，文中耗費諸多筆墨探討：如何理解朱熹的「別討義」，李秋麗剖析胡一桂所援用元儒汪所性（？～？）《占例》一書之〈序言〉，於此篇論文羅列出四項要點加以論述；再以此對照李秋麗《胡一桂易學研究》，亦得見胡一桂所援用汪氏書之〈序言〉，以及內容幾乎全然相同的論述。〔註89〕再看李秋麗〈胡一桂易學觀研究〉，此篇論文旨在陳述胡一桂對「日、月為易」的闡發、對「《易》本為卜筮而作」的解釋、對「恢復古本《易》」的堅持，相似內容皆可見於李秋麗《胡一桂易學研究》第二章〈易學及易學史觀〉。〔註90〕最後見李秋麗〈胡一桂「四聖易象說」探研〉，此篇論文描寫胡一桂對易學四階段（天地自然之易、伏羲之易、文王周公之易、孔子之易）之闡揚，並將焦點置於四聖之「取象」，類似的論述亦可見於《胡一桂易學研究》第三章第三節〈有卦而後有象〉。〔註91〕總

〔註84〕李秋麗：〈胡一桂易學觀研究〉，《周易研究》2008 年第 4 期，頁 25～30。

〔註85〕李秋麗：〈胡一桂「四聖易象說」探研〉，《周易研究》2010 年第 5 期，頁 67～73。

〔註86〕李秋麗：〈論胡一桂占筮識度下的易象觀〉，《東嶽論叢》2010 年第 11 期，頁 128～132。

〔註87〕謝輝：〈元儒胡一桂兩注《易本義》考實〉，《周易研究》2016 年第 3 期，頁 51～56。

〔註88〕請相互對照李秋麗：〈論胡一桂占筮識度下的易象觀〉，頁 131～132；李秋麗著：《胡一桂易學研究·象又統於占》，頁 121～132。

〔註89〕請相互對照李秋麗：〈論胡一桂占筮識度下的易象觀〉，頁 130～131；李秋麗著：《胡一桂易學研究·象又統於占》，頁 126～127。

〔註90〕請相互對照李秋麗：〈胡一桂易學觀研究〉，頁 25～30；李秋麗著：《胡一桂易學研究·易學及易學史觀》之《周易》性質之判定》及《《周易》版本之考辨》兩節，頁 37～53。

〔註91〕請相互對照李秋麗：〈胡一桂「四聖易象說」探研〉，頁 67～73；李秋麗著：《胡一桂易學研究·易學思想體系》，頁 37～53。

而言之，李秋麗〈胡一桂易學觀研究〉、〈胡一桂「四聖易象說」探研〉、〈論胡一桂占筮識度下的易象觀〉三篇期刊論文，大多擷取自其學位論文《胡一桂易學研究》，前後持論大致相同，並無進一步的研究成果。至於，謝輝〈元儒胡一桂兩注《易本義》考實〉討論的議題，與本論文探討的《周易啓蒙外傳》並無密切關聯，故不在此評述。〔註92〕

四、論文集

鍾彩鈞〈胡方平、一桂父子對朱子《易》學的詮釋〉〔註93〕爲兩岸三地目前唯一結合「胡方平（？～？）、一桂父子《易》學」爲主題的學術論著。此篇論文標題依序爲〈朱子《周易本義》與《易學啓蒙》的要旨〉、〈胡方平的《易學啓蒙通釋》〉、〈胡一桂的《周易本義附錄纂註》〉、〈胡一桂的《周易啓蒙翼傳》〉，爲「朱熹－胡方平－胡一桂」的學術脈絡做出完整的輪廓性介紹。鍾彩鈞率先討論胡方平《易學啓蒙通釋》的注解方式；再提出此書的兩點特色：一是陽尊陰卑思想，二是疏通前賢注釋異同；最後指出此書的討論重點乃在辨分邵雍與朱熹之歧見。在簡介胡方平《易學啓蒙通釋》後，鍾彩鈞著眼於胡一桂《周易本義附錄纂註》。鍾彩鈞說明胡一桂以象解《易》，根本於朱熹的方法而更爲徹底，《周易本義附錄纂註》依循朱熹的解釋原理，卻更能從結構、辭義等多方面考量，表現後出轉精的工夫。鍾彩鈞又分析《周易啓蒙翼傳》含有四個特點：1.承襲胡方平對尊卑倫理的重視；2.繼承朱熹易學四階段的觀點；3.不摒棄方外占法、接納卜筮異說的通達；4.自行繪製《易》圖，將象數圖表化。最後在〈結語〉褒揚胡一桂對易學史的梳理。

〔註92〕 胡一桂曾於至元二十五年（1288），首次注釋朱熹《周易本義》，撰成《周易本義附錄纂注》初定本，又在至大元年（1308）再次注釋《周易本義》，成爲重定本《周易本義附錄纂注》。謝輝〈元儒胡一桂兩注《易本義》考實〉即是探討胡一桂兩注《周易本義》的背景與動機，以及初定本、重定本兩者在元、明兩代的流傳與影響。謝輝曰：「重定本《纂注》即約於元末明初散佚」、「作爲胡氏晚年學術成果的重定本《纂注》，內容雖較爲豐富，其流傳卻遠不如初定本時間之長，在學術史上是一個較爲特殊的現象。」引自謝輝：〈元儒胡一桂兩注《易本義》考實〉，頁56。

〔註93〕 鍾彩鈞：〈胡方平、一桂父子對朱子《易》學的詮釋〉，收錄於楊晉龍主編：《元代經學國際研討會論文集》（臺北：中研院文哲所籌備處，2000年10月），頁195～236。

第三節　研究面向

　　《周易啟蒙翼傳·外篇》包含〈緯書〉、〈焦氏易林〉、〈京氏易傳〉、〈太玄經〉、〈參同契〉（包含《龍虎經》）、〈郭氏洞林〉、〈洞極真經〉、〈衛氏元包〉、〈潛虛〉、〈皇極經世書〉、〈皇極內篇〉11 篇，每篇各闡發一部術數典籍。筆者將此 12 部典籍分為「卜筮、丹道、擬易、圖書」四類別。「卜筮類」囊括《易緯》、《焦氏易林》、《京氏易傳》、《郭氏洞林》、《衛氏元包》，此類別雖然各自重新建構新的卜法、卜辭、吉凶論，但因襲了《周易》的卦象、易數、陰陽觀，仍舊屬於「易占」的一環；「丹道類」唯有《周易參同契》暨《龍虎經》，此類別竊取《周易》的卦象符號與陰陽系統，藉以闡明煉丹之法。「卜筮類」與「丹道類」最大共通處在使用八卦符號、河圖之數、陰陽氣化宇宙二分法的易學象數體系；「擬易類」以《太玄》為首，使用自創符號、洛書之數、道家宇宙演進三分法〔註94〕的洪範九疇體系，承繼此脈絡者又有《潛虛》、《洞極真經》、《皇極內篇》；「圖書類」獨以《皇極經世書》為一類別，邵雍開闢先天易學，雖有假借卦象符號，卻儼然已是另外一套宇宙哲學體系。由於術數典籍在文獻方面，時有版本錯亂、後人附會、託名偽造等問題，研究者須先從文獻本身加以稽考。本論文沿著易學之脈絡，闡述「卜筮類」與「丹道類」六部術數典籍，後續之章節，將以此六部術數典籍的作者、版本、真偽、流傳等文獻問題，以掌握胡一桂所援引術數典籍之輪廓與梗槩。在文獻學基礎確立後，再逐一探討：《易緯》、《焦氏易林》、《京氏易傳》、《郭氏洞林》、《衛氏元包》、《周易參同契》在胡一桂易學體系之發揮。以下遂針對「卜筮類」與「丹道類」的性質與界定進行闡釋。

一、《周易啟蒙翼傳·外篇》「卜筮類」性質概述

　　本論文分出的「卜筮類」術數典籍，囊括《易緯》、《焦氏易林》、《京氏易傳》、《郭氏洞林》、《衛氏元包》五部，此類別為《周易啟蒙翼傳·外篇》載錄書目數量最多的類別。見胡一桂〈外篇題辭〉曰：

　　　　〈外篇〉者，凡非《周易》傳注而自為一書，皆入於此。以《緯書》為首，如《焦氏易林》、《京氏易傳》、《郭氏洞林》猶皆是《易》

〔註94〕源自《老子》：「道生一，一生二，二生三，三生萬物。」引自〔魏〕王弼注；樓宇烈校釋：《老子道德經注校釋·四十二章》（北京：中華書局，2009 年 3 月），頁 117。

卜筮事，然占法、序卦已非先聖之舊。《衛氏元包》用京卦序，而卦
辭皆自爲。〔註95〕

指出《易緯》、《焦氏易林》、《京氏易傳》、《郭氏洞林》雖然改革《周易》占
法與傳統卦序，仍舊屬於「易占」的一環；《衛氏元包》則是摹仿《京氏易傳》，
襲用「八宮卦」卦序，並自創一套卜辭。胡一桂〈外篇題辭〉最先言及此五
部「卜筮類」的術數典籍，不獨獨因爲《易緯》、《焦氏易林》、《京氏易傳》
成書時間較早，更是企圖彰顯亟欲「判分象數學與術數學之界線」此一主張。
遍覽《周易啓蒙翼傳》，多處可見胡一桂對「易占」、「卜筮」的重視，《周易
啓蒙翼傳‧《易》爲卜筮書》曰：「《易》所以知爲卜筮書者，以《周禮》三易
皆掌於太卜之官而知之。伏羲易无文字，只是教人隨所占得卦、爻，就卦、
爻之陰陽上看吉凶；文王、周公始有辭，分明說吉凶。」〔註96〕指出「《易》
爲卜筮書」，並徵引《周禮》記載的「大卜掌三易之灋」〔註97〕佐證。然而，
《周禮》的作者與成書時間紛紜雜沓，〔註98〕不得盡信其中史料，如《史記》：
「太卜之起，由漢興而有。」〔註99〕稱此官職起於西漢初，即與《周禮》相
牴觸。是知《周禮》此說，難以上溯至《周易》本源。再看《史記》：「王者
決定諸疑，參以卜筮，斷以蓍龜，不易之道。」〔註100〕故伏羲氏以陰陽、文
王和周公以卦爻辭來判分吉凶。胡一桂曾經對宋朝的易學家批評道：「後之學
者不說《易》爲卜筮書者，以爲卜筮流於技藝，爲《易》恥談，故只就理上
說。雖說得好，但非《易》之本旨，與《易》初不相干。」〔註101〕部分宋朝
學者不承認《易》爲卜筮書，乃因當時的術數學出現庶民化、士人化傾向，
儒生與術士往來頻繁，爲傳統易學家所不齒，遂逐漸導向於純粹以義理哲學
詮釋《周易》，胡一桂則是指責：如此反而偏離經、傳之本旨。胡一桂於《周

〔註95〕 〔元〕胡一桂撰：《周易啓蒙翼傳‧外篇‧題辭》葉一，頁4087。
〔註96〕 〔元〕胡一桂撰：《周易啓蒙翼傳‧下篇‧舉要》葉十二－十三，頁4050～4051。
〔註97〕 〔漢〕鄭玄注；〔唐〕賈公彥疏：《周禮注疏‧春官》卷24，收入〔清〕阮元
刊刻：《十三經注疏》第3冊（臺北：藝文印書館，2007年8月），頁370。
〔註98〕 主要有周公旦作、非盡周公旦作、劉歆偽作、戰國中晚期人作、實爲先秦古
書等五種說法。參閱程元敏作：《先秦經學史‧三禮通論》（臺北：臺灣商務
印書館，2013年11月），頁1018～1025。
〔註99〕 〔漢〕司馬遷撰：《史記‧日者列傳》卷127，第10冊（北京：中華書局，2010
年5月），頁3215。
〔註100〕 〔漢〕司馬遷撰：《史記‧龜策列傳》卷128，第10冊，頁3223。
〔註101〕 〔元〕胡一桂撰：《周易啓蒙翼傳‧下篇‧舉要》葉十二－十三，頁4050～
4051。

易啓蒙翼傳》大力闡揚伏羲、文王、周公、孔子作《易》目的：「大抵爲卜筮」，〔註102〕使民得以決嫌疑、定猶豫，不迷於吉、凶、悔、吝之途，並聲稱朱熹繼承四聖之旨，《周易本義》、《易學啓蒙》全在教人「卜筮」一事。〔註103〕由以上胡一桂對四聖與朱熹的推崇可知其推崇「《周易》之卜筮有其正統地位」，不可與其他「似《易》非《易》」的典籍混爲一談，是故胡一桂將「卜筮類」術數典籍在《周易啓蒙翼傳・外篇》居於首要地位，即是爲了表示自己亟欲「判分象數學與術數學之界線」此一主張。

　　本論文將《易緯》、《焦氏易林》、《京氏易傳》、《郭氏洞林》、《衛氏元包》五部術數典籍，歸入「卜筮類」。最主要的分類依據固然是胡一桂〈外篇題辭〉的論述，筆者又再佐以兩項必要條件：第一、需承襲《周易》的八卦系統，以陰陽二分法來推演其體系；第二、需具備預言吉凶禍福之辭。以下根據《四庫全書總目》所描繪的輪廓，簡述此五部術數典籍皆能符合上列兩項必要條件。首先是《易緯》，《四庫全書總目》：「《易》本卜筮之書，故末派寖流於讖緯。」〔註104〕明確道出「易占」流於「讖語」之現象，讖緯並無卜卦儀式，而是直接發出隱語來表彰吉凶，〔註105〕相當於卜卦後所得出「預言吉凶禍福」的占斷語。《四庫全書總目》又稱「緯書」爲「經之支流」，〔註106〕《易緯》亦爲「易經」支流，自然屬於八卦系統，故將《易緯》概括爲「卜筮類」；次者爲《焦氏易林》，此書以《周易》64卦互相重合，以〈乾之乾〉爲首，〈未濟之既濟〉爲終，共得4096卦，並配置4096條「林辭」預言吉凶禍福，整套體系取自《周易》八卦系統，見《四庫全書總目》：「意卜筮家別有其書，如焦贛《易林》之類。」〔註107〕以此書爲「卜筮家」代表。另見東漢班固（32～92）等編纂的《東觀漢記》，記載王輔（？～？）以《焦氏易林》占得〈震之蹇〉一事，〔註108〕預測大雨將臨，故以此書爲「卜筮類」；次者爲《京氏易

〔註102〕〔元〕胡一桂撰：《周易啓蒙翼傳・下篇・舉要》葉十四，頁4051。

〔註103〕〔元〕胡一桂撰：《周易啓蒙翼傳・下篇・舉要》葉十三，頁4051。

〔註104〕〔清〕永瑢、紀昀等纂修：《四庫全書總目・經部・周易正義》卷1，頁67。

〔註105〕〔清〕永瑢、紀昀等纂修：《四庫全書總目・經部・易緯坤靈圖》卷6，頁166。

〔註106〕〔清〕永瑢、紀昀等纂修：《四庫全書總目・經部・易緯坤靈圖》卷6，頁166。

〔註107〕〔清〕永瑢、紀昀等纂修：《四庫全書總目・經部・易音》卷42，頁894。

〔註108〕〔漢〕班固等撰：《東觀漢記・列傳二》卷7，收入王雲五主編：《叢書集成初編》（北京：中華書局，1985年），頁54。

傳》，此書以《周易》64 卦開創「八宮」學說，《四庫全書總目》：「首論聖人作《易》揲蓍布卦，……蓋後來錢卜之法，實出於此。」〔註109〕指出此書爲後世「金錢卦」之濫觴。《京氏易傳》雖然簡化傳統的「大衍揲蓍法」，〔註110〕卻未曾變革《周易》的八卦系統，另見《漢書・京房傳》曰：「其說長於災變，……各有占驗。」〔註111〕指出京房擅長預測災害變異、吉凶禍福，故《隋書・經籍志》所記載以「易占」爲名之書目，如《周易占事》、《周易占》、《周易逆刺占災異》等，多託名爲「京房撰」。〔註112〕此人、此書可謂爲「卜筮類」之標誌；次者爲《郭氏洞林》，《四庫全書總目》曰：「並郭氏《洞林》，皆主占驗之學者。」〔註113〕胡一桂曰：「林者，自爲韻語，占決之辭也。」〔註114〕《周易啓蒙翼傳》摘錄八則《郭氏洞林》的占卜事例，〔註115〕此書所筮得卦畫形式如〈咸之井〉、〈同人之革〉、〈豫之解〉等，援用《周易》64 卦之卦畫與卦名，並且直接襲取《左傳》「某卦之某卦」之形式，雖然占法儼然不同於《左傳》中的「易占」，也偏離八卦變化體系，但此書使用《周易》符號，以及陰陽二分法系統，故依然把《郭氏洞林》歸入「卜筮類」；次者爲《衛氏元包》，此書宗主《京氏易傳》的「八宮卦」脈絡，故有〈坤〉宮八卦、〈乾〉宮八卦等八宮，八宮八卦共 64 卦，依循《周易》八卦系統，《四庫全書總目》曰：「後周衛嵩《元包》爲《歸藏》著，用三十六策，以三爲揲。」〔註116〕《衛氏元包》是否確實以《歸藏》占法進行揲蓍？《歸藏》占法至今未能究竟，清代的四庫館臣何以判斷《衛氏元包》採用其占法？「《元包》爲《歸藏》著」一說雖然不妥，但能據此確知《衛氏元包》記載占卜之事。《周易啓蒙翼

〔註109〕〔清〕永瑢、紀昀等纂修：《四庫全書總目・子部・京氏易傳》卷 109，頁 2155。

〔註110〕此指《繫辭上傳》記載的：「大衍之數五十，其用四十有九。……觸類而長之，天下之能事畢矣。」引自〔魏〕王弼、〔晉〕韓康伯注；〔唐〕孔穎達正義：《周易正義・繫辭上傳》卷 7，收入〔清〕阮元刊刻：《十三經注疏》第 1 冊（臺北：藝文印書館，2007 年 8 月），頁 152～154。

〔註111〕〔漢〕班固撰；〔唐〕顏師古注：《漢書・眭兩夏侯京翼李傳》卷 75（北京：中華書局，2007 年 10 月），頁 3160。

〔註112〕〔唐〕長孫無忌等撰：《隋書・經籍志》卷 34，收入《二十五史》第 18 冊（臺北：藝文印書館，1982 年），頁 514。

〔註113〕〔清〕永瑢、紀昀等纂修：《四庫全書總目・子部・周易懸鏡》卷 111，頁 2204。

〔註114〕〔元〕胡一桂撰：《周易啓蒙翼傳・外篇・郭氏洞林》葉五十五，頁 4114。

〔註115〕〔元〕胡一桂撰：《周易啓蒙翼傳・外篇・郭氏洞林》葉五十三—五十六，頁 4112～4114。

〔註116〕〔清〕永瑢、紀昀等纂修：《四庫全書總目・經部・易著圖說》卷 10，頁 248。

傳》載錄唐代李江（？～？）〈元包序〉曰：「包者，藏也。言善惡是非、吉凶得失皆藏於書。」〔註117〕顯見此書具有預言吉凶禍福之辭。此五部術數典籍皆「承襲《周易》八卦系統」且「具備預言吉凶禍福之辭」，無怪乎胡一桂《周易啓蒙翼傳》於〈外篇題辭〉首列出《易緯》、《焦氏易林》、《京氏易傳》、《郭氏洞林》、《衛氏元包》五者，以發明「卜筮」，藉此輔翼「易占」。

二、《周易啓蒙翼傳・外篇》「丹道類」性質概述

　　《周易啓蒙翼傳・外篇》囊括的「丹道類」篇章，唯有〈參同契〉一篇。胡一桂此篇除了探討東漢魏伯陽（？～？）《周易參同契》外，兼論《龍虎經》與朱熹《周易參同契考異》。見《周易啓蒙翼傳・參同契》曰：「《參同契》者，後漢魏伯陽之所作也，……大槩借《易》以明火候、煉丹修養之法。」〔註118〕說明魏伯陽借助《周易》來建構煉丹修養之術。此論點早在胡一桂之前，已被諸多學者提出，見晉朝葛洪（283～343）曰：「伯陽作《參同契》、《五行相類》凡三卷，其說似解《周易》，其實假借爻象以論作丹之意。」〔註119〕後蜀彭曉（？～？）曰：「公譔《參同契》者，謂修丹與天地造化同途，故托《易》象而論之。」〔註120〕南宋俞琰（1253～1316）：「《參同契》之學也，人生天地間，首乾腹坤，呼日吸月，與天地同一陰陽，《易》以道陰陽，故伯陽借《易》以明其說。」〔註121〕三人皆表示《周易參同契》假借《周易》闡明煉丹之術，而葛洪強調「爻象」、彭曉明言「《易》象」、俞琰著眼「陰陽」，結合此三名道士之說，可知魏伯陽從《周易》竊取的主要元素是：「《易》象符號」及「陰陽系統」。近人陳國符（1914～2000）列舉《太清金液神丹經》、《九轉流珠神仙九丹經》、《太清金液神氣經》等兩漢流傳的丹道類書籍，推斷《周易參同契》以前的古丹經著作，皆未援用《易》理，〔註122〕直到魏伯陽才首度連接

〔註117〕〔元〕胡一桂撰：《周易啓蒙翼傳・外篇・衛氏元包》葉六十三，頁4118。

〔註118〕〔元〕胡一桂撰：《周易啓蒙翼傳・外篇・參同契》葉四十二，頁4107。

〔註119〕〔晉〕葛洪撰：《神仙傳》卷2，收入〔清〕永瑢、紀昀等纂修：《文淵閣四庫全書》第1059冊，頁265。

〔註120〕〔後蜀〕彭曉著：《周易參同契眞義・自序》，收入蕭天石主編：《道藏精華》第13集之1（臺北：自由出版社，1989年7月），頁2。

〔註121〕〔宋〕俞琰撰：《易外別傳・自序》，收入蕭天石主編：《道藏精華》第12集之2（臺北：自由出版社，1989年7月），頁1。

〔註122〕陳國符著：《道藏源流續攷・中國外丹黃白法經訣出世朝代考》（臺北：明文書局，1987年11月），頁352～353。

易學、丹道兩者，正如賴錫三曰：「在丹經史的發展上，《參同契》將丹道與易理結合的作法，具有其創造性的歷史地位，這個創造性的做法，使得它擺脫了單純只是實驗紀錄，而成爲一部最早的丹經理論之書。」〔註123〕胡一桂於〈外篇題辭〉曰：「魏氏《參同》發明『二用』、『六虛』極爲的當，但借〈坎〉、〈離〉爲修養之術。」〔註124〕肯定魏伯陽對《周易》〈坎〉、〈離〉二卦之發揮，體現了「易學」與「丹道」的融合。

　　「丹道」分爲「外丹」與「內丹」兩條脈絡，見唐代不著人撰《通幽訣》曰：「氣能存生，內丹也；藥能固形，外丹也。服餌長生，莫過於內、外丹。」〔註125〕再看宋代不著人撰《庚道集》：「夫遺軀換殼，坐脫立亡，龍蟠金鼎，虎遶丹田，此內丹也。水火相承，鉛汞至寶，烹之不走，煉之不飛，此外丹也。」〔註126〕以外在爐火燒製、服用丹砂礦石者爲外丹；以己身爲爐灶、修煉體內藥物者爲內丹。〔註127〕近人柳存仁（1917～2009）曾將《周易參同契》的詮釋發展脈絡分成三期：首期爲外丹，中期爲陰丹，後期爲內丹，並且表示：「宋元以降所謂內丹之說，遂崛起而占大部分勢力。」〔註128〕宋元時期的「內丹學」之所以成爲主流，有其外緣與內在因素：外丹失效、破產，服食者多中毒死亡，是爲外緣因素；南北宋心性哲學發達，修煉者嚮往個人精、氣、神的昇華，是爲內在因素。〔註129〕宋末元初的胡一桂，於《周易啓蒙翼傳・參同契》採用後蜀彭曉《周易參同契真義》、南宋朱熹《周易參同契考異》、不著人撰《龍虎經》，此三部典籍的內、外丹理路如下：彭曉《周易參同契真義》雖然有少部分內丹之說，〔註130〕但大致上是從外丹的

〔註123〕賴錫三作：《丹道與易道・《周易參同契》的「先天—後天學」與「內養—外煉—體觀」》（臺北：新文豐出版公司，2010 年 7 月），頁 144。

〔註124〕〔元〕胡一桂撰：《周易啓蒙翼傳・外篇・題辭》葉一，頁 4087。

〔註125〕〔唐〕不著人撰：《通幽訣》，收入白雲觀長春真人編纂：《正統道藏》第 32 冊（臺北：新文豐出版公司，1977 年 10 月），頁 75。

〔註126〕〔宋〕不著人撰：《庚道集・太上靈砂大丹》卷 3，收入白雲觀長春真人編纂：《正統道藏》第 32 冊（臺北：新文豐出版公司，1977 年 10 月），頁 530。

〔註127〕李養正著：《道教概說・道教信行之道術》（北京：中華書局，1990 年 12 月），頁 294。

〔註128〕柳存仁〈朱熹與《參同契》〉，收錄於中央研究院中國文哲研究所《國際朱子學會議論文集》1993 年。

〔註129〕李國來：〈柳存仁《周易參同契》三期衍變說述評〉，《世界宗教文化》2015 年第 3 期，頁 119。

〔註130〕孟乃昌著：《《周易參同契》考辨・《周易參同契》通釋——論古代化學與氣功的搭界》（上海：上海古籍出版社，1993 年 8 月），頁 116。

角度切入；〔註131〕朱熹《周易參同契考異》內、外丹兩者兼注，是一種過渡性注解，〔註132〕但不同於道家修煉者，朱熹著書目的在確立「先天學」的傳授譜系和《周易參同契》在其中的重要地位；〔註133〕《龍虎經》則是屬於外丹系統。是知《龍虎經》與《周易參同契》之間又有許多相連處，唐代劉知古（？～？）〈日月玄樞論〉曰：「《龍虎》所自出者，莫若《參同契》。……又有元光先生，不知何代人也？觀《日月混元經》，其〈序〉云：『徐從事擬《龍虎》之文，撰《參同契》上卷。』」〔註134〕指出《周易參同契》文本內容擬自《龍虎經》。晁公武記載：隋朝蘇元朗（？～？）以《龍虎經》、《周易參同契》、《金碧潛通訣》三書編纂成《龍虎通元要訣》。〔註135〕欽偉剛據此闡發：「從隋唐時代開始，《參同契》和《古文龍虎經》、《金碧潛通訣》被認為是同類丹書，在思想上和文獻上都非常接近，非常容易融合和混同。」〔註136〕是知此兩書性質相近，容易造成後人混淆，甚至被合併編為一書。

第四節　研究創見與貢獻

　　本論文探討之主旨在象數易學與術數學之融攝，故對此用力最深。在此過程中，除了考索兩方交融現象外，亦發掘出以術數詮解《易》之利弊與侷限，以及象數易學條例的延展與變化，此三者俱為前賢鮮少涉足之處，遂將其列為「研究創見與貢獻」前三點。其次，本論文以元初新安易學家胡一桂《周易啟蒙翼傳》為研究對象，遂有三大切入點，在占筮文獻方面：可藉此

〔註131〕蕭漢明、郭東升提出辨別以「外丹」注解《周易參同契》者，具有兩個基本標誌，並且在「引內養性」（後世稱為煉內丹）處，亦以「外丹」詮釋。上述標誌彭曉《周易參同契真義》一書皆符合，應當視為「外丹類」。引自蕭漢明、郭東升著：《《周易參同契》研究‧唐、五代三種注《周易參同契》之作的外丹術異同合論》（上海：上海文化出版社，2001年1月），頁194。

〔註132〕孟乃昌著：《《周易參同契》考辨‧《周易參同契》通釋——論古代化學與氣功的搭界》，頁116。

〔註133〕張宏斈：〈朱熹先天易學思想探析〉，《晉陽學刊》2012年第1期（2012年7月），頁141。

〔註134〕〔唐〕劉知古：〈日月玄樞論〉，收入〔清〕董誥等編：《全唐文》卷334（上海：上海古籍出版社，1990年），頁1496。

〔註135〕〔宋〕晁公武撰；孫猛校證：《郡齋讀書志校證‧神仙類釋書類》卷16，頁763。

〔註136〕欽偉剛：〈南宋初期《參同契》文獻實態的考察（上）〉，《宗教學研究》2003年第4期，頁13。

蒐輯宋元時期尚可見得之筮法；在宋元術數發展史方面：可重新檢視朱熹對
元代術數學發展之影響；最後，學術界對胡一桂易學著力有限，本論文可對
此略盡棉薄之力。

一、窺知象數《易》學與術數學之交融

本論文藉由胡一桂《周易啓蒙翼傳‧外篇》窺探 12 部術數著作所表現出
的象數易學性質，諸如：《焦氏易林》64 卦通變 4096 卦啓發朱熹卦變說、《周
易參同契》月體納甲法爲虞翻納甲說之根基、《皇極經世書》先天圖式爲宋元
圖書易學重要分支等。遵循本論文進展之脈絡，當能陸續挖掘出更多象數易
學與術數學兩者彼此融攝、相互發展之案例。

二、發掘以術數詮解《周易》之有效性

胡一桂《周易啓蒙翼傳》多處援用〈外篇〉12 部術數類著作內容來詮釋
《周易》文本，比如：以《易緯》解析「『周』易」一詞，又以《周易參同契》
之〈坎〉、〈離〉闡發「日月爲易」等。然而，術數類著作往往暗藏後人假托、
文本內容遭到羼入等隱憂，甚至在思想體系上與《周易》具有根本性的不同，
有其不得類比之處。本論文著重文本辨僞與理論體系區隔，將會逐一釐清所
述及〈外篇〉著作之僞造問題，以及兩者在理論體系之異同，進而評議胡一
桂以「術數解《易》」之侷限與待商榷處。

三、拾遺宋元象數《易》與術數筮法說

《周易啓蒙翼傳‧外篇》摘錄《京氏易傳》、《太玄經》、《潛虛》等術數
類著作占筮法，如記載「以錢代著」之趨簡筮法、〔註137〕徵引王薦對《太玄》
揲著之引述，〔註138〕並於《郭氏洞林》詳載卜筮十三例，且分類爲國家、避
難、卜病等類型。〔註139〕凡此種種，胡一桂甚有保存術數類筮法文獻之功，
由《四庫全書總目‧子部‧術數類》多次援用胡一桂之說當可見一斑。本論
文在進行過程中，亦將旁徵、比對諸家對《京氏易傳》、《太玄經》、《潛虛》

〔註137〕〔元〕胡一桂撰：《周易啓蒙翼傳‧外篇‧京氏易傳》葉十四，頁 4093。
〔註138〕〔元〕胡一桂撰：《周易啓蒙翼傳‧外篇‧太玄經云》葉三十六—三十七，頁
4104～4105。
〔註139〕〔元〕胡一桂撰：《周易啓蒙翼傳‧外篇‧郭氏洞林》葉五十一—五十六，頁
4112～4114。

等筮法之論述，以利後續之研究者。

四、重探朱熹對術數著作之考辨與詮解

　　《周易啓蒙翼傳·外篇》收錄許多朱熹對術數之論述，如胡一桂頻繁援引《周易參同契考異》解釋「月體納甲法」，於後再加以評述「鄒訢」之說；又於《周易啓蒙翼傳·潛虛》末尾別立〈朱文公辨證〉，引述朱熹所見「泉州季思侍郎所刻《潛虛》」爲贋本；又曾以《易學啓蒙》援證《洞極眞經》。是知朱熹對術數學亦多所涉獵，並有啓發後人之處。本論文依循胡一桂《周易啓蒙翼傳·外篇》之脈絡一一考索，以探得朱熹對術數著作之辯證與詮釋。

五、增補近五十年胡一桂易學研究成果

　　前文已述，至今尚未出版以「胡一桂易學」爲研究主題之專著。況且，以「胡一桂易學」爲題的單篇論文，亦僅能索得七部學術論著，〔註140〕，對比胡一桂易學在元、明、清三朝的影響力，當前的研究成果，確實未免過於匱乏。筆者冀能略盡綿薄之力，增益近代對胡一桂易學研究之不足。

〔註140〕此七部學術論著，詳見本論文註腳22～註腳28。

第二章 《周易啓蒙翼傳・外篇》術數典籍文獻考述

　　胡一桂《周易啓蒙翼傳》一書，依性質可分爲〈內篇〉（筆者案：〈上篇〉、〈中篇〉、〈下篇〉三篇之合稱）與〈外篇〉兩類。〈內篇〉詮釋易學，〈外篇〉闡微術數。此書特別設立〈外篇〉，可視爲宋元時期術數學與易學交融的一環。胡一桂不僅指出《易緯》、《京氏易傳》、《龍虎經》爲後人附會之作，對其他術數典籍亦有所質問，清代朱彝尊《經義考》與《四庫全書總目》多次援用其說。胡一桂大多蒐集唐宋時的版本，對於術數文獻的保存具有相當貢獻。〈外篇〉載錄的 12 部術數典籍，筆者將之分爲：「卜筮類」、「丹道類」、「擬易類」、「先天類」四類別。本章的第一個主題：「卜筮類」包含《易緯》、《焦氏易林》、《京氏易傳》、《郭氏洞林》、《衛氏元包》；另一個主題「丹道類」包含：《周易參同契》、《龍虎經》。「卜筮類」和「丹道類」最大的共通點，即是同樣承襲了《周易》陰陽二分法的宇宙模型。本章率先針對此七部術數類典籍進行作者、版本、眞僞等文獻學方面的稽考，再結合胡一桂的論述，藉此窺探唐宋以降的術數類文獻流傳現象，以及元初新安學者對術數類文獻之辨析。

第一節　「卜筮類」術數典籍文獻考述

　　「卜筮類」爲《周易啓蒙翼傳・外篇》載錄書目數量最多的類別。胡一桂於〈外篇題辭〉最先闡發卜筮類術數典籍，[註1]不獨獨是因爲《易緯》、《焦氏易林》、《京氏易傳》成書時間較早，更是爲了開門見山地釐清易學與

〔註1〕〔元〕胡一桂撰：《周易啓蒙翼傳・外篇・題辭》葉一，頁4087。

術數學之間的差異（畢竟，在〈外篇〉12 部典籍當中，「卜筮類」是援用易學內涵最多的一個類別）。胡一桂率先指出朱熹曾經說：「《易》本爲卜筮而作。」〔註2〕，並以此批評：「後之學者不説《易》爲卜筮書者，以爲卜筮流於技藝，爲《易》恥談，故只就理上說。雖說得好，但非《易》之本旨，與《易》初不相干。」〔註3〕或許是宋代部分儒者不願易學流於術數、占卜之說，遂逐漸趨向於以義理哲學詮釋《周易》。胡一桂指責：如此反而偏離經、傳本旨，並大力闡揚伏羲、文王、周公、孔子作《易》之目的：「大抵爲卜筮」，〔註4〕使民得以決嫌疑、定猶豫，不迷於吉凶悔吝之途，且聲稱朱熹繼承四聖之旨：《周易本義》、《易學啓蒙》全在教人「卜筮」一事。〔註5〕聲明「卜筮」是易學的本質，但卻被其他術數學家襲取，開創出迥異於易占、聖人遺法的卜筮系統，例如：《易緯》、《焦氏易林》、《京氏易傳》、《郭氏洞林》、《衛氏元包》。然而，此五部術數典籍，依然有文獻方面的問題有待討論，以下將試著考察此五部典籍的作者、眞僞、版本與流傳狀況。

一、《易緯》文獻考述

不同於其他〈外篇〉術數典籍，《易緯》爲纂輯之作，非一人、一時、一地所成，形成時間更是議論紛紛、莫衷一是，〔註6〕僅知其盛行於兩漢時期。近人朱伯崑、林忠軍先生皆以《易緯》爲漢儒詮釋《易》的一脈，〔註7〕稱其對易學史發展具有深遠影響。〔註8〕兩漢之後，緯書屢遭魏晉南北朝帝王禁燬，隋煬帝（569～618）更下令焚燒讖緯相關書籍，造成《易緯》文獻大量

〔註2〕 〔宋〕朱熹撰：《朱子文集・答黎季忱》卷 62，收入〔宋〕朱熹撰：朱傑人、嚴佐之、劉永翔主編：《朱子全書》第 23 冊（上海：上海古籍出版社；合肥：安徽教育出版社，2002 年 12 月），頁 3006。

〔註3〕 〔元〕胡一桂撰：《周易啓蒙翼傳・下篇・舉要》葉十三，頁 4051。

〔註4〕 〔元〕胡一桂撰：《周易啓蒙翼傳・下篇・舉要》葉十四，頁 4051。

〔註5〕 〔元〕胡一桂撰：《周易啓蒙翼傳・下篇・舉要》葉十三─十四，頁 4051。

〔註6〕 關於《緯書》之起源，大致可分爲「緯起於伏羲至孔子」、「緯起於西漢哀平之際」、「緯起於周秦西漢」、「緯出於古史」四類。參閱王令樾著：《緯學探原・緯之源流》（臺北：幼獅文化事業，1984 年 4 月），頁 57～74。

〔註7〕 見朱伯崑曰：「『易緯』是對《周易》經傳文所作的解釋，是漢易中的一個重要流派。」再看林忠軍曰：「『易緯』是漢儒解釋《易經》的系列叢書。」引自朱伯崑著：《易學哲學史・漢代的象數之學》第 1 卷，頁 179；林忠軍著：《象數易學發展史・《易緯》象數易學》第 1 卷（濟南：齊魯書社，1994 年 7 月），頁 120。

〔註8〕 林忠軍著：《象數易學發展史・《易緯》象數易學》第 1 卷，頁 146。

散失。〔註9〕四庫館臣從明代的《永樂大典》輯出八種《易緯》文獻，〔註10〕《周易啓蒙翼傳・緯書》卻只摘取《乾坤鑿度》少部分內容，以及《乾鑿度》：「太一取其數以行九宮」、《通卦驗》：「失之毫釐，差以千里」二句，〔註11〕對於其他五種《易緯》文獻全無著錄。胡一桂引述程龍（？～？）之語：說明隋煬帝之後，《易緯》文獻散亂，唯獨《乾坤鑿度》行世，是知胡一桂未能見得《乾坤鑿度》之外的《易緯》文獻。據晁公武（1105～1180）、黃震（1213～1281）、胡應麟（1551～1602）等宋明學者稽考，當時所見的《乾坤鑿度》出自宋人之手，而非兩漢之古緯。〔註12〕近人張心澂（1887～1973）《僞書通考》定義「僞書之來歷」第二條「蹈古書之名」爲僞書。〔註13〕宋代好事者編纂《乾坤鑿度》，欲依附於「古緯」之列，理當視其爲「僞作」。《周易啓蒙翼傳・緯書》曰：「既自伏羲說至孔子，安得又是孔子以前作？今日出哀、平之世，安知非出當時儒者之手乎？第漢去古未遠，雖秦燼之餘，猶或尚有祖述。」〔註14〕胡一桂明辨緯書絕非孔子以前作品，揣測其爲東漢儒者托古人之名而作，對兩漢古緯的作者已產生質疑，又針對宋末元初的《易緯》文獻曰：「文法造句大奇，非有古人渾厚體。」〔註15〕、「似陰陽卜筮者流，托爲包羲氏書，以自神其說也。」〔註16〕指出宋末元初流傳的緯書內容，在文法上、用字上，與兩漢古緯文體相差甚

〔註9〕　此可見於鍾肇鵬所整理的「歷代讖緯禁燬事件列表」，參閱鍾肇鵬著：《讖緯論略・讖緯的起源和形成》（臺北：洪葉文化事業，1994年9月），頁35。

〔註10〕《四庫全書》蒐集的《易緯》八種包含：《乾坤鑿度》、《周易乾鑿度》、《易緯稽覽圖》、《易緯辨終備》、《易緯通卦驗》、《易緯乾元序制記》、《易緯是類謀》、《易緯坤靈圖》。參閱〔清〕永瑢、紀昀等纂修：《文淵閣四庫全書》第53冊（臺北：臺灣商務印書館，1986年3月）。

〔註11〕〔元〕胡一桂撰：《周易啓蒙翼傳・外篇・緯書》葉二一四，頁4087～4088。

〔註12〕晁公武曰：「《隋》、《唐志》及《崇文總目》皆無之，至元祐《田氏書目》始載焉，當是國朝人依託爲之。」黃震曰：「《鑿度》不知誰所作？矯黃帝而爲之言。……《乾坤鑿度》之言大率詞澀而理寡，又有〈周易乾鑿度〉、〈周易坤鑿度〉二篇，又皆矯孔子而爲之言。」胡應麟曰：「《乾坤鑿度》稱黃帝撰……傳說者咸以好事掇拾類書補綴而成，非漢、魏之舊。」依序引自〔宋〕晁公武撰；孫猛校證：《郡齋讀書志校證・易類》卷1（上海：上海古籍出版社，2005年9月），頁8；〔宋〕黃震撰：《黃氏日抄・乾坤鑿度》卷57，收入〔清〕永瑢、紀昀等纂修：《文淵閣四庫全書》第708冊，頁455；〔明〕胡應麟著：《四部正譌》卷上（臺北：臺灣開明書局，1969年4月），頁6。

〔註13〕張心澂編著：《僞書通考・總論》（臺北：宏業書局，1970年6月），頁3。

〔註14〕〔元〕胡一桂撰：《周易啓蒙翼傳・外篇・緯書》葉四一五，頁4088～4089。

〔註15〕〔元〕胡一桂撰：《周易啓蒙翼傳・外篇・緯書》葉四，頁4088。

〔註16〕〔元〕胡一桂撰：《周易啓蒙翼傳・外篇・緯書》葉三，頁4088。

遠，且題名「包羲氏」，可能爲後人依託之作。清末民初梁啓超（1873〜1929）
稱此類書籍爲「僞中益僞」，〔註17〕實爲中肯之論。

　　《周易啓蒙翼傳‧緯書》結語：「今姑拾遺，紀一書之槩云爾。」〔註18〕
對比《周易啓蒙翼傳》與《四庫全書》分別收錄的《乾坤鑿度》內容，前者比
後者簡略許多，如《周易啓蒙翼傳》記載「四門」：「〈乾〉天門、〈坤〉人門、〈巽〉
風門、〈艮〉鬼門。」〔註19〕僅有四句；《四庫全書》則以〈立乾坤巽艮四門〉
爲題曰：「〈乾〉爲天門，萬靈朝會眾生成。……〈坤〉爲人門，畫〈坤〉爲人
門，萬物蠢然……。〈巽〉爲風門，亦爲地戶。……〈艮〉爲鬼冥門。」〔註20〕
《四庫全書》記載「四門」，除了把「卦」與「門」相對應之外，亦加以闡釋其
中的意義與內涵，可惜所闡釋的內容以大字刊刻，難以判斷其爲宋人僞造的《乾
坤鑿度》原文，或是元、明後人再增添的文字？另一方面，《四庫全書》收錄的
《乾坤鑿度》，在卷首題名「庖犧氏先文，公孫軒轅氏演古籀文，蒼頡修爲上、
下篇」，其後有一段「黃帝曰」引文與〈太古文目〉篇目，歷述上古流傳 14 種
緯書，文中認爲《周易》可能是由上古文字演化而來。〔註21〕相較於《四庫全
書》所輯錄的版本，《周易啓蒙翼傳‧緯書》雖然同樣題名「包羲氏先文，公孫
軒轅氏演古籀文，蒼頡修爲上、下篇」，〔註22〕卻未著錄「黃帝曰」引文與〈太
古文目〉，反而著力描寫歷代《易緯》文獻的流傳情形。

二、《焦氏易林》文獻考述

　　《焦氏易林》舊題西漢焦延壽（？〜？）作。〔註23〕此書以今本《周易》

〔註17〕〔清〕梁啓超著：《古書眞僞及其年代‧僞書的種類及作僞的來歷》（臺北：
　　　　臺灣中華書局，1969 年 8 月），頁 15。
〔註18〕〔元〕胡一桂撰：《周易啓蒙翼傳‧外篇‧緯書》葉五，頁 4089。
〔註19〕〔元〕胡一桂撰：《周易啓蒙翼傳‧外篇‧緯書》葉二，頁 4087。
〔註20〕〔漢〕鄭玄注：《乾坤鑿度》，頁 829〜830。
〔註21〕見《乾坤鑿度‧太古文目》：「上古變文爲字，變氣爲《易》，畫卦爲象，象成
　　　　設位。」引自〔漢〕鄭玄注：《乾坤鑿度》，頁 829。
〔註22〕〔元〕胡一桂撰：《周易啓蒙翼傳‧外篇‧緯書》葉二，頁 4087。
〔註23〕《焦氏易林》作者從兩漢以來便爲歷史公案，諸如鄭曉、顧炎武、四庫館臣、
　　　　丁晏、胡適、尚秉和等學者，皆曾對此議題進行討論。尚秉和提出六條證據，
　　　　論證作者應爲西漢焦延壽。馬新欽、喬家駿二人學位論文匯聚古今各家說法，
　　　　提出有力見解，一致認爲作者爲焦延壽，徐芹庭《焦氏易林新注》亦提出相同
　　　　的研究結果。縱使諸家論述過程不免有所差異，「《焦氏易林》作者應爲西漢焦
　　　　延壽」之說已普遍受到近代學術界認同。在此直接採納學術先進們的成果，不
　　　　再贅述《焦氏易林》作者的爭議問題。參閱尚秉和撰：《焦氏易詁‧易林確爲

64 卦相重，各卦先重本卦後，再依序配上其餘 63 卦，共得 4096 卦。各卦下方配有一條韻語，後世稱之「林辭」。此書雖不見載於《漢書‧藝文志》，卻在東漢至南北朝流行於民間。由魏晉南北朝頻頻出現的《周易守林》、《周新林》、《費氏周易林》、《周易洞林》等摹擬之作，可見一斑。〔註24〕隋朝至元代，《焦氏易林》已逐漸式微，不復曩昔盛行，〔註25〕卻始終未曾亡佚，《隋書》、《新唐書》、《舊唐書》、《宋史》皆有著錄其書目。〔註26〕可惜部分的林辭內容似乎已遭後人贋補，〔註27〕加上歷代版本紛雜、〔註28〕字體訛誤繁多，〔註29〕遂使此書屬入偽說而難以廓清，甚至誤導了胡一桂對「分卦直日法」的理解。

焦氏書》卷 3（臺北：臺灣中華書局，1971 年 10 月），頁 35～36；馬新欽作：《焦氏易林作者版本考》（福建師範大學博士論文，2005 年）；喬家駿著：《《焦氏易林》易學研究》，收入林慶彰主編：《中國學術思想研究輯刊》初編第 2 冊（臺北：花木蘭文化出版社，2008 年 9 月），頁 11～30；徐芹庭著：《焦氏易林新注‧導讀》（北京：中國書店，2010 年 1 月），頁 24～26。

〔註24〕此類摹擬《焦氏易林》之作，大多以「林」字爲書名，又將作者假託京房、費直、郭璞等名士。參閱陳良運：〈漢代《易》學與《焦氏易林》〉，《中州學刊》1998 年第 4 期，頁 67～68。

〔註25〕湯太祥：〈明帝筮雨用書考〉，《常州工學院學報》第 17 卷 5 期（2004 年 10 月），頁 54。

〔註26〕《隋書‧經籍志》著錄「《易林》十六卷焦贛撰」，《新唐書》、《舊唐書》著錄「《焦氏周易林》十六卷焦贛」，《宋史‧藝文志》著錄「《焦贛易林傳》十六卷」。引自〔唐〕長孫無忌等撰：《隋書‧經籍志》卷 34，收入《二十五史》第 18 冊，頁 514；〔後晉〕劉昫等撰：《舊唐書‧經籍志》卷 47，收入《二十五史》第 23 冊，頁 978；〔宋〕歐陽修等撰：《新唐書‧藝文志》卷 59，收入《二十五史》第 25 冊，頁 690；〔元〕脫脫等修：《宋史‧藝文志》卷 206，收入《二十五史》第 32 冊，頁 2471。

〔註27〕四庫館臣曰：「『長城既立，四夷賓服。交和結好，昭君是福』四句，則事在元帝竟甯元年。名字炳然，顯爲延壽以後語。……或方技家輾轉附益，竄亂原文，亦未可定。」引自〔清〕永瑢、紀昀等纂修：《四庫全書總目‧子部‧易林十六卷》卷 109，頁 2153～2154。

〔註28〕歷代版本可參考喬家駿所整理二十五史有關《易林》書籍之著錄表格。參閱喬家駿著：《《焦氏易林》易學研究‧《焦氏易林》作者考辨及成書背景》，頁 9～11。

〔註29〕南宋薛季宣曰：「書屢經傳寫，字多舛誤。以羊爲缶，以快爲決，若此者衆，爲是正其曉然者。其不可知，以喜爲嘉，以鵲爲觀，以鳥爲鳥，一卦兩占之類，並兩存之，無所去取。」同爲南宋的陳振孫亦曰：「頗恨多脫誤。嘉熙庚子從湖守王寺丞侑借本兩相校，十得八九。其中亦多重複，或諸卦數爻共一繇，莫可攷也。」引自〔宋〕薛季宣撰：《浪語集‧敘焦氏易林》卷 30，收入王雲五主編：《四庫全書珍本七集》（臺北：臺灣商務印書館，1977 年），葉二十五；〔宋〕陳振孫撰：《直齋書錄解題‧卜筮類》卷 12，收入韋力編：《古書題跋叢刊》第 2 冊（北京：學苑出版社，2009 年 6 月），頁 204。

　　《周易啓蒙翼傳·焦氏易林》根據題名「東萊人費直字長翁」的〈焦氏易林序〉，〔註30〕指出費直以「一爻直一日」闡釋「分卦直日法」，並將費直「一爻直一日」與焦延壽「一卦直一日」相互比較。〔註31〕清儒丁晏（1794～1875）提出三點推論〈焦氏易林序〉爲後人附益：（一）西漢尚未盛行爲人作序之風氣，費直何以特別爲焦延壽作序？（二）焦延壽爲梁國小黃令，〈焦氏易林序〉何以稱「建信天水焦延壽」？（三）焦延壽存歿時間未達新莽（9～23），〈焦氏易林序〉何以稱「王莽時焦延壽撰」？〔註32〕丁晏此三點質疑頗具見地，〈焦氏易林序〉當爲僞作。可惜胡氏未能明察〈焦氏易林序〉爲後人附會之作，直接以費直的「一爻直一日」對比焦延壽的「一卦直一日」，論述固然有其精闢之處，卻混淆了學術發展史的時空背景。馬新欽曾將《周易啓蒙翼傳·外篇》所收錄的〈乾之乾〉、〈乾之坤〉、〈乾之屯〉、〈乾之蒙〉、〈乾之需〉五條內容，與清嘉慶黃丕烈《士禮居黃氏叢書》校宋刊本、晚明崇禎虞山毛氏汲古閣元抄本、明成化九年彭華刊刻內閣本三種版本的《焦氏易林》相互對比，進而發現胡一桂《周易啓蒙翼傳》援用的《焦氏易林》，不屬於上述任何一種版本。〔註33〕

　　另一方面，近人尚秉和（1870～1950）曾以清嘉慶黃丕烈士禮居黃氏叢書校宋刊本、晚明崇禎虞山毛氏汲古閣元抄本、烏程蔣汝藻密韻樓藏影元本爲《焦氏易林注》的主要校訂本，〔註34〕三種版本文字互有參差，且皆有別於胡一桂載錄的內容。胡一桂稱自己所拾得的《焦氏易林》，來自亡友王浩翁（？～？）於遠方獲取的手抄本，可知在宋末元初的新安地區不易覓得此書，自然也無法詳加檢覈、辨明眞僞。因此，胡一桂未能明察題名爲「東萊人費直字長翁」的〈焦氏易林序〉爲後人僞作，甚至誤以「一爻直一日」爲費直之學，乃是受限於文獻資源之不足。

〔註30〕題名「東萊人費直字長翁」的〈焦氏易林序〉，今可見於〔漢〕焦延壽撰：《易林》卷首，收入陸費逵總勘：《四部備要》，葉二。

〔註31〕〔元〕胡一桂撰：《周易啓蒙翼傳·外篇·焦氏易林》葉六，頁4089。

〔註32〕〔清〕丁晏撰：《易林釋文·書翟氏牟氏易林校署後》卷末，收入嚴靈峯編輯：《無求備齋易經集成》第153冊，頁174～175。

〔註33〕馬新欽作：《焦氏易林作者版本考·元代以前文獻所援引的《焦氏易林》材料之考證》，頁109～110。

〔註34〕尚秉和著：《焦氏易林注·張善文校理述例》卷首，收入尚秉和遺稿，張善文校理：《尚氏易學存稿校理》第2卷（北京：中國大百科全書出版社，2005年6月），頁2。

三、《京氏易傳》文獻考述

　　胡一桂《周易啓蒙翼傳》：「京房，君明，東郡頓丘人，受《易》梁人焦贛延壽。」〔註35〕又曰：「《京氏易傳》，西漢東郡頓丘人，魏郡太守京房之所撰。」〔註36〕然而，直接把西漢東郡頓丘人京房（77B.C.E.～37B.C.E.）視爲元初流傳的《京氏易傳》作者，實際上忽略了兩個問題：（一）西漢東郡頓丘人京房，是否確實爲兩漢流傳的《京房易傳》作者？（二）宋末元初流傳的《京氏易傳》，是否等同於兩漢時期所流傳的版本？關於問題（一）：《漢書》所徵引《京房易傳》的內容，集中於〈五行志〉，多爲災變、機祥之說，此處列舉三例以呈現其樣貌：「君不思道，厥妖火燒宮」、「有始無終，厥妖雄雞自齧斷其尾」、「雞知時，知時者當死。」〔註37〕再以此三例對照《漢書》筆下描寫的京房，〔註38〕見〈儒林傳〉：「房以明災異得幸。」〔註39〕〈京房傳〉：「其說長於災變，……房用之尤精。」〔註40〕強調京房長於災變之術，與〈五行志〉徵引的《京房易傳》內容性質相符合，足以佐證西漢東郡頓丘京房，即爲兩漢流傳的《京房易傳》作者。關於問題（二）：《漢書》、《隋書》、《新唐書》和《舊唐書》四部史書目錄，雖有載錄掛名「京房」「京氏」的術數類書籍（如：《京氏釋五星災異傳》、《京氏日占圖》、《京氏周易四時候》、《京氏周易飛候》等），卻不曾出現「京房易傳」、「京氏易傳」此兩種書名。〔註41〕

〔註35〕〔元〕胡一桂撰：《周易啓蒙翼傳・中篇・傳授》葉十六，頁4014。

〔註36〕〔元〕胡一桂撰：《周易啓蒙翼傳・外篇・京氏易傳》葉九，頁4091。

〔註37〕《京房易傳》在〈五行志〉總共出現69次。以上三段引文引自〔漢〕班固撰；〔唐〕顏師古注：《漢書・五行志》卷27，頁1329、1369、1370。

〔註38〕西漢有兩名京房，皆治《易》。後世分爲前、後京房，前京房爲宣帝時人，爲楊何（？～？）弟子，梁丘賀（？～？）業師，出任齊郡太守；後京房字君明，東郡頓丘人，爲焦延壽弟子，元帝時舉孝廉爲郎。《漢書》唯在〈儒林傳〉的〈梁丘賀傳〉，簡略述及前京房，他處皆記載後京房事蹟，如〈元帝本紀〉、〈眭兩夏侯京翼李傳〉、〈佞幸傳〉等。因此，若無特別標明，本論文所謂的「京房」，皆是指稱後京房君明。參閱〔漢〕班固撰；〔唐〕顏師古注：《漢書》〈元帝本紀〉卷9，頁294、〈公孫劉田王楊蔡陳鄭傳〉卷66，頁2903、〈眭兩夏侯京翼李傳〉卷75，頁3160～3167、〈宣元六王傳〉卷80，頁3318、〈儒林傳〉卷88，頁3600～3602、〈佞幸傳〉卷93，頁3727。

〔註39〕〔漢〕班固撰；〔唐〕顏師古注：《漢書・儒林傳》卷88，頁3601～3602。

〔註40〕〔漢〕班固撰；〔唐〕顏師古注：《漢書・眭兩夏侯京翼李傳》卷75，頁3160。

〔註41〕參閱〔漢〕班固撰；〔唐〕顏師古注：《漢書・藝文志》卷30，頁1703～1704；〔唐〕長孫無忌等撰：《隋書・經籍志》卷32，頁471～472；〔宋〕歐陽修等撰：《新唐書・藝文志》卷59，頁690～692；〔後晉〕劉昫等撰：《舊唐書・經籍志》卷47，頁978～979。

直到北宋晁說之（1059～1129）曰：「自元豐壬戌，偶脱去舉子事業，便有意學《易》。……果得《京氏傳》，而文字顛倒舛訛，不可訓知。」〔註42〕北宋元豐壬戌（1082），晁氏覓得《京氏易傳》一書，目錄類書籍才開始出現「京氏易傳」四字。〔註43〕是知，班固《漢書·五行志》所引述的《京房易傳》，自東漢以來，始終未著錄於目錄類書籍，北宋晚期卻乍見「文字顛倒舛訛，不可訓知」的版本，其眞實性不免令人產生疑寶。

近人沈延國（1914～1985）曾考證三卷本《京氏易傳》曰：「至宋有《京氏易傳》……。考其辭旨，不類宣、元之文；其卜筮之法，又與京房寒溫占驗之學異。今據諸家之書，以證其僞。……經晁氏景迁糾繆，即非景迁僞作，亦必唐、宋間術士之書。」〔註44〕指出三卷本《京氏易傳》爲唐宋時期僞作。胡一桂即是採用三卷本《京氏易傳》，此版本是否爲唐、宋間術士僞造？仍有待商榷，但可知宋末元初流傳的《京氏易傳》，已不同於兩漢所流傳者。《周易啓蒙翼傳·外篇》收錄的《京氏易傳》，爲三國吳陸績（188～219）注解的三卷本，郤積意曰：「《漢書·五行志》所載京房《易傳》，頗類《妖占》，與今三卷本《京氏易傳》明顯有異。」〔註45〕胡一桂雖然未曾指稱所見的三卷本《京氏易傳》爲僞書，但也察覺此書有別於《漢書·五行志》徵引的《京房易傳》：「《京氏易》以八宮卦爲序。……此晁氏《讀書記》所謂星行氣候之學，非章句也。……但如《漢志》所載《京房易傳》語，集中咸无此，豈其所謂章句者？惜乎未之見。」〔註46〕說明三卷本《京氏易傳》以「八宮卦」爲主，被晁公武稱爲「星行氣候之學」，而非對《周易》經傳的解讀，又指出《漢書》援引的《京房易傳》文句，未有一字記載於自己所見的三卷本，是知「宋末元初流傳的三卷本《京氏易傳》」與「《漢書·五行志》所徵引的《京房易傳》」兩者同名而異實。胡一桂格外設立〈集京氏易〉一篇，從《漢書》、《晉書》等漢魏文獻中輯錄出七條徵引《京房易傳》的內容，並於〈集京氏

〔註42〕〔宋〕晁說之撰：《嵩山文集》卷18，收入臺灣商務印書館編審委員會主編：《四部叢刊續編》（上海：上海書店，1985年1月），葉四。

〔註43〕《宋史·藝文志》記載：「《京房易傳算法》一卷、《易傳》三卷」引自〔元〕脱脱等修：《宋史·藝文志》卷206，頁2471。

〔註44〕沈延國：〈京氏易傳證僞〉，收入章炳麟等著：《中國語文學研究》（臺北：臺灣中華書局，1971年3月），頁7～9。

〔註45〕郤積意：〈論三卷本《京氏易傳》兼及京房的六日七分説〉，《中國文哲研究集刊》第33期（2008年9月），頁206。

〔註46〕〔元〕胡一桂撰：《周易啓蒙翼傳·外篇·京氏易傳》葉九，頁4091。

易〉結語曰：「姑集所知，以見《傳》之大槩。」〔註47〕在在可以看見胡一桂對文獻保存之用心。

四、《郭氏洞林》文獻考述

《周易啓蒙翼傳‧郭氏洞林》：「《洞林》上、中、下三卷，晉河東郭璞景純之所撰。」〔註48〕此書歷來題名晉朝郭璞（276～324）爲作者，故稱《郭氏洞林》。見《晉書‧郭璞傳》：「璞撰前後筮驗六十餘事，名爲《洞林》。又抄京、費諸家要最，更撰《新林》十篇，……皆傳於世。」〔註49〕再看《隋書‧經籍志》記載：「《周易新林》四卷郭璞撰」、「《周易新林》九卷郭璞撰」、「《易洞林》三卷郭璞撰」〔註50〕可知郭璞的「林類」相關著作至少包含《洞林》和《新林》兩種，並且流傳至唐代。《郭氏洞林》一書，《新唐書》、《舊唐書》目錄皆作「郭璞《周易洞林解》三卷」，〔註51〕南宋王應麟（1223～1296）《玉海‧藝文》作「《易洞林》三卷」，〔註52〕《周易啓蒙翼傳‧外篇》亦作「《洞林》上、中、下三卷」。從唐朝官修的《隋書》，歷經宋人編纂的《新唐書》、《舊唐書》、《玉海》，再到宋末元初的《周易啓蒙翼傳》，縱使各家目錄載錄《郭氏洞林》的書名略有不同，卻皆爲「上、中、下三卷」的版本，應當屬

〔註47〕 〈集京氏易〉輯錄七條《京房易傳》內容如下：《傳》曰：「《經》稱『觀其生』，〈觀卦‧上九〉爻辭也。言大臣之義：當觀賢人，知其性行，推而貢之，否則爲閒善不與。茲謂不知厥異，黃厥咎聾，厥災不嗣。」西漢〈天文志〉；《傳》曰：「『小人剝廬』，〈剝‧上九〉爻辭也。厥妖山崩，茲謂陰乘陽、弱勝彊。」同上；《傳》曰：「棄正作淫，厥妖木，斷自屬。漢〈五行志〉：建昭五，兗州刺史禁民私所自立社。山陽橐茅鄉社有大槐樹，吏伐斷之。其夜，樹復立其故處，故引注。上陽郡，橐縣；《傳》曰：「興兵妄誅，茲謂无法。厥災霜夏，殺五穀。」同上，武帝元光四年四月，隕霜殺草本，故引；《傳》曰：「聖王在上，總命羣賢，以亮天功，則日之光明，五色備具。」成帝河平元年三月，日出黃，有黑氣大如錢，居日中央云云。觀日之變，足以監矣，同上；《傳》曰：「有消復之救，所以緣咎，而致愛因異而邁政。《晉書》：郭璞因陰陽錯謬，刑獄繁興上疏中引此以進諫；《傳》曰：「河水清，天下平。」不記何書。引自〔元〕胡一桂撰：《周易啓蒙翼傳‧外篇‧京氏易傳》葉十一，頁4092。

〔註48〕 〔元〕胡一桂撰：《周易啓蒙翼傳‧外篇‧郭氏洞林》葉五十一，頁4112。

〔註49〕 〔唐〕房玄齡等撰：《晉書‧列傳》卷72，收入《二十五史》第9冊，頁934。

〔註50〕 〔唐〕長孫無忌等撰：《隋書‧經籍志》卷34，頁514。

〔註51〕 〔後晉〕劉昫等撰：《舊唐書‧經籍志》卷47，頁979；〔宋〕歐陽修等撰：《新唐書‧藝文志》卷59，頁690。

〔註52〕 〔宋〕王應麟撰：《玉海‧藝文》卷35，第2冊（京都：中文出版社，1986年10月），頁711。

於同一本書。胡一桂曰：「撮抄其事之重大者一、二於左，以見一書之大槩。」
〔註53〕遂於《周易啓蒙翼傳‧外篇》抄錄八則《郭氏洞林》內容，並在每一
則後方註明徵引出處，此處以第八則爲例：「余至揚州，……即爲卜之，遇〈豫〉
䷏之〈解〉䷧。其林曰：有釜之象无火形，變見夜光連月精，潛龍在中不游
行。」〔註54〕胡一桂於文末後方註明：「右一則，亦中卷。」〔註55〕其餘的七
則標記如下：「前一則，《洞林》下卷之首；後一則，《洞林》下卷之終。」「右
二則：前一則，上卷之首；後一則，亦上卷。」「此一則，係上卷。」「右二
則：前一則在上卷，此一則在中卷。」〔註56〕由上述標記的徵引出處可知：
胡一桂援用的《郭氏洞林》版本，乃是自隋、唐流傳至宋末元初的「三卷本」。

　　胡一桂《周易啓蒙翼傳》曰：「世皆罕有其書，余從王浩古仲氏楚翁才古
得《洞林》書。」〔註57〕可知當時的新安地區，儼然已難以尋覓《郭氏洞林》
一書。宋元之際，《郭氏洞林》在文獻的流傳上似乎發生了變化，脫脫（1314
～1355）等元代大臣編修的《宋史‧藝文志》記載曰：「郭璞《周易洞林》一
卷」，〔註58〕從《隋書‧經籍志》記載以來的「三卷」轉變成「一卷」。倘若《宋
史‧藝文志》記載的「一卷」非刊刻之誤，《郭氏洞林》在宋元之際的文獻流
傳，可能是出現以下兩種情形：（一）篇幅部分散佚，迫使「三卷本」銳減爲
「一卷本」；（二）有好事者僞造出另一部不同於《隋書》、《新唐書》、《舊唐書》、
《玉海》、《周易啓蒙翼傳》記載的「一卷」版本。明朝時期的《郭氏洞林》文
獻已殘破不堪，甚至全書散失，清朝王謨（1731～1817）更是直稱：「全書散
軼，無可考。」〔註59〕是知《郭氏洞林》應當散亂於元、明時期。值得注意的
是，明朝陶宗儀（1329～1410）編纂、陶珽（1576～1635）重新輯錄的一百二
十卷《說郛》本，其所收錄的八條《郭氏洞林》文獻內容，〔註60〕竟然與胡一

〔註53〕〔元〕胡一桂撰：《周易啓蒙翼傳‧外篇‧郭氏洞林》葉五十一，頁4112。
〔註54〕〔元〕胡一桂撰：《周易啓蒙翼傳‧外篇‧郭氏洞林》葉五十六，頁4114。
〔註55〕〔元〕胡一桂撰：《周易啓蒙翼傳‧外篇‧郭氏洞林》葉五十六，頁4114。
〔註56〕〔元〕胡一桂撰：《周易啓蒙翼傳‧外篇‧郭氏洞林》葉五十三－五十六，頁
　　　　4113～4114。
〔註57〕〔元〕胡一桂撰：《周易啓蒙翼傳‧外篇‧郭氏洞林》葉五十一，頁4112。
〔註58〕〔元〕脫脫等修：《宋史‧藝文志》卷206，收入《二十五史》第32冊，頁
　　　　2471。
〔註59〕〔清〕王謨輯：《漢魏遺書鈔‧周易洞林序錄》（京都：中文出版社，1976年
　　　　7月），頁45。
〔註60〕〔明〕陶宗儀、陶珽編：《說郛三種‧說郛一百二十卷本‧《易洞林》一卷》
　　　　第3冊（上海：上海古籍出版社，1989年1月），頁210～211。

桂抄錄的八則《郭氏洞林》文獻內容全無契合處。一百二十卷《說郛》輯錄的八條《郭氏洞林》文獻雖有些許訛誤（案：清朝馬國翰（1794～1857）已逐條糾舉），〔註61〕但在扣除謬誤後，尚且能夠得出四條明代流傳的《郭氏洞林》文獻內容。〔註62〕此四條卻與胡一桂《周易啓蒙翼傳》抄錄的八則文獻內容全然不同，不免令人質疑明代流傳的《郭氏洞林》版本眞實性。清代王謨《漢魏遺書鈔》曰：「不知此書元時果存否也？」〔註63〕懷疑《郭氏洞林》在元朝時可能早已亡佚。若是如此，一百二十卷《說郛》本援用的《郭氏洞林》版本，即爲好事者之僞作，實不同於《隋書》、《新唐書》、《舊唐書》、《玉海》、《周易啓蒙翼傳》記載的「三卷本」。

五、《衛氏元包》文獻考述

　　《衛氏元包》首見於《新唐書・藝文志》書目，北宋宋祁（998～1061）、歐陽修（1007～1072）載錄：「衛元嵩《元包》十卷蘇源明傳，李江注。」〔註64〕又見南宋楊楫（1142～1213）〈元包舊序〉：「唐蘇源明、李江爲之傳、注。」〔註65〕兩者皆是記載：唐代蘇源明（？～764）傳、李江注。明人胡應麟《四部正譌》據此判斷：《衛氏元包》恐怕不得爲僞書。〔註66〕楊楫〈元包舊序〉曰：「自後周歷隋、唐，迄今五百餘載，世莫得聞。項因楊公元素內翰傳秘閣本俾鏤板，以貽諸同志。」〔註67〕指出此書已沉寂五百餘年，直到北宋楊繪（字元素，1027～1088）鏤版刊刻，才從宮廷秘閣流出。然而，楊楫之說受

〔註61〕明顯指出陶氏謬誤者，如「太子洗馬，荀子驥家中，以龍銅魁作食欻鳴」下方注文：「……李龍〈羹魁銘〉曰：『羊羹不偏，駟馬長驅。』案：此乃《御覽・魁篇》另節文，陶氏誤收。」又見「日爲流珠，青龍之俱」下方注文：「……《說郛》載《洞林》第六節。案：此條出魏伯陽《參同契》，《太平御覽》卷三引亦作《參同契》，陶氏收入《洞林》，未知所據。」引自〔清〕馬國翰輯：《玉函山房輯佚書・雜占類・易洞林》第3冊（上海：上海古籍出版社，1990年12月），頁2913。

〔註62〕魏代富：〈郭璞《洞林》的版本及價值〉，《周易研究》總134期（2015年第6期），頁68。

〔註63〕〔清〕王謨輯：《漢魏遺書鈔・周易洞林序錄》，頁45。

〔註64〕〔宋〕歐陽修等撰：《新唐書・藝文志》卷57，頁652。

〔註65〕〔後周〕衛元嵩撰：《元包經傳・楊楫元包舊序》卷首，收入嚴靈峯編輯：《無求備齋易經集成》第155冊（臺北：成文出版社，1976年），頁3。

〔註66〕胡應麟曰：「唐〈藝文志〉有《元包》十卷，撰人、注者皆同，此書恐不得爲僞。」引自〔明〕胡應麟著：《四部正譌・元命包》卷上，頁22。

〔註67〕〔後周〕衛元嵩撰：《元包經傳・楊楫元包舊序》卷首，頁1。

到《四庫全書總目》駁斥：「此書《唐志》、《崇文總目》竝著錄，何以云：『五百餘年，世莫得聞？』」〔註68〕況且，歐陽修《新唐書》及楊楫〈元包舊序〉皆聲稱唐代蘇源明與李江爲之傳、注，何來「世莫得聞」一說？故知此書在唐代或許鮮少流通，卻絕不至於無聞於世。《周易啓蒙翼傳》曰：「《元包》者，後周衛元嵩之所作。……凡十卷，唐蘇源明傳，李江注。」〔註69〕同樣以「唐蘇源明傳，李江注」題名，且在〈外篇〉載錄了李江〈元包序〉全文，可見胡一桂應當是沿用自唐代以來流傳的版本。見近人張心澂《僞書通考》論「僞之程度」的第五點：「眞僞疑者：如《潛虛》爲後人贗補而成，其中孰眞孰僞相雜，而在疑似之間，《元包》、《孔叢》亦此類也。」〔註70〕將《衛氏元包》作爲眞、僞混雜的「僞書」範例，認爲此書部分內容爲後人附會而成。從《新唐書》、〈元包舊序〉的呈現可知：自唐代以來流傳的《衛氏元包》乃是「十卷」本，北宋晁公武《郡齋讀書志》〔註71〕、陳振孫（1179～1262）《直齋書錄解題》〔註72〕、南宋王應麟《玉海》、〔註73〕胡一桂《周易啓蒙翼傳》皆作「十卷」。由此看來，《衛氏元包》從唐代流傳到宋末元初這段時間，似乎未嘗發生文獻脫落、散亂、版本雜沓等問題，大幅降低好事者僞造的可能性。《僞書通考》指稱的眞、僞混雜問題，大抵是發生於元、明兩朝，見清代錢曾（1629～1701）《讀書敏求記》〔註74〕、丁丙（1832～1899）《善本書室藏書志》〔註75〕皆作「五卷」。從「十卷本」到「五卷本」的文獻流傳過程中，多少難免出現紊亂失序、後人穿鑿之處。

另一方面，關於《衛氏元包》作者衛元嵩所處的時代，北宋王堯臣（1003～1058）《崇文總目》〔註76〕、晁公武《郡齋讀書志》、陳振孫《直齋書錄解

〔註68〕〔清〕永瑢、紀昀等纂修：《四庫全書總目・子部・元包五卷附元包數總義二卷》卷108，頁2133。

〔註69〕〔元〕胡一桂撰：《周易啓蒙翼傳・外篇・衛氏元包》葉六十三，頁4118。

〔註70〕張心澂編著：《僞書通考・總論》，頁2。

〔註71〕〔宋〕晁公武撰：孫猛校證：《郡齋讀書志校證・易類》卷1，頁24。

〔註72〕〔宋〕陳振孫撰：《直齋書錄解題・易類》卷1，頁9。

〔註73〕〔宋〕王應麟撰：《玉海・藝文》卷36，頁723。

〔註74〕〔清〕錢曾著；管庭芬、章鈺校證、余彥焱標點：《讀書敏求記校證・經》卷1（上海：上海古籍出版社，2007年12月），頁10。

〔註75〕〔清〕丁丙撰：《善本書室藏書志・子部七》卷17，收入韋力編：《古書題跋叢刊》第19冊，頁204。

〔註76〕〔宋〕王堯臣等編；〔清〕錢東垣等輯釋：《崇文總目・易類》，收入王雲五主編：《叢書集成初編》（北京：中華書局，1985年），頁2。

題》誤以衛元嵩爲唐僧。《周書》記載：「蜀郡衛元嵩者，亦好言將來之事，蓋江左寶誌之流。天和中，著詩預論周、隋廢興及皇家受命，並有徵驗。」〔註77〕此段記載與《北史》相同。〔註78〕再看《隋書》：「周武帝時，蜀郡沙門衛元嵩上書，稱僧徒猥濫，武帝出詔，一切廢毀。」〔註79〕描述蜀郡沙門衛元嵩，作詩預知國事，獻策請汰僧徒，深受宇文邕（543～578）敬重，再對照楊楫〈元包舊序〉：「先生名元嵩，……獻策後周，賜爵持節蜀郡公。武帝尊禮，不敢臣之。」〔註80〕內容皆相符，顯見衛元嵩爲北周時人，《崇文總目》、《郡齋讀書志》、《直齋書錄解題》俱誤。胡一桂《周易啓蒙翼傳》稱此書爲「後周衛元嵩之所作」，則無此舛誤。見宋代張行成（？～？）曰：「衛先生《元包》，其法合於《火珠林》。……《火珠林》之用，祖於京房易。」〔註81〕胡一桂承襲此說，同樣指出《衛氏元包》宗主《京房易傳》，〔註82〕明代胡應麟、清初黃宗羲、胡煦亦主張此書發軔於《京房易傳》。〔註83〕《四庫全書總目》：「是書體例近《太元》，序次則用《歸藏》，首〈坤〉而繼以〈乾〉、〈兌〉、〈艮〉、〈離〉、〈坎〉、〈巽〉、〈震〉卦，凡七變合本卦，共成八八六十四。」〔註84〕《衛氏元包》以〈坤〉爲首，〈太陰〉第一，〈太陽〉第二，故張行成稱其「義祖《歸藏》」。〔註85〕〈太陰〉第一，以〈坤〉爲首，依次爲〈復〉、〈臨〉、〈泰〉、〈大壯〉、〈夬〉、〈需〉、〈比〉，變卦方式摹仿《京房易

〔註77〕 〔唐〕令狐德棻等撰：《周書‧藝術‧褚該傳》卷47，收入《二十五史》第17冊，頁352。
〔註78〕 〔唐〕李延壽等撰：《北史‧藝術‧強練傳》卷89，收入《二十五史》第21冊，頁1313。
〔註79〕 〔唐〕長孫無忌等撰：《隋書‧經籍志》卷35，頁538。
〔註80〕 〔後周〕衛元嵩撰：《元包經傳‧楊楫元包舊序》卷首，頁3。
〔註81〕 〔宋〕張行成述：《元包數總義‧原序》卷首，收入〔清〕永瑢、紀昀等纂修：《文淵閣四庫全書》第803冊，頁242。
〔註82〕 〔元〕胡一桂撰：《周易啓蒙翼傳‧外篇‧衛氏元包》葉六十三，頁4118。
〔註83〕 胡應麟曰：「其數即《火珠林》，與京房《易》懸合。」黃宗羲曰：「《元包》祖京氏以爲書，分純卦爲八宮。」胡煦曰：「《元包》所序則全本京房。」依序引自〔明〕胡應麟著：《四部正譌‧元命包》卷上，頁22。〔清〕黃宗羲撰；鄭萬耕點校：《易學象數論‧元包》卷4，頁174；〔清〕胡煦著：《周易函書約注》卷18，收入〔清〕胡煦著；程林點校：《周易函書附卜法詳考等四種》，頁854。
〔註84〕 〔清〕永瑢、紀昀等纂修：《四庫全書總目‧元包五卷附元包數總義二卷》卷108，頁2133。
〔註85〕 〔宋〕張行成述：《元包數總義‧原序》卷首，頁242～243。

傳》的本宮、一世、二世、三世、四世、五世、遊魂、歸魂，故胡一桂稱其
「祖《京房易傳》八宮卦」。〔註86〕

第二節　「丹道類」術數典籍文獻考述

　　《周易啓蒙翼傳‧外篇》囊括的「丹道類」篇章，唯有〈參同契〉、〈龍
虎上經〉兩篇。胡一桂除了探討東漢魏伯陽《周易參同契》之外，兼論《龍
虎經》。近人陳國符列舉兩漢流傳的煉丹書，推斷《周易參同契》以前的古
丹經著作，皆未援用易理，〔註87〕直到魏伯陽才首度連接易學、丹道兩者。
正如賴錫三曰：「在丹經史的發展上，《參同契》將丹道與易理結合的作法，
具有其創造性的歷史地位。」〔註88〕另一方面，《周易參同契》其實與《龍
虎經》有許多相連處，唐代劉知古〈日月玄樞論〉曰：「《龍虎》所自出者，
莫若《參同契》。……又有元光先生，不知何代人也？覩《日月混元經》，其
〈序〉云：『徐從事擬《龍虎》之文，撰《參同契》上卷。』」〔註89〕指出
《周易參同契》的文本內容擬自《龍虎經》。再看晁公武《郡齋讀書志》：隋
朝蘇元朗將《龍虎經》、《周易參同契》、《金碧潛通訣》合編成《龍虎通元要
訣》一書。〔註90〕欽偉剛評論此事曰：「從隋唐時代開始，《參同契》和《古
文龍虎經》、《金碧潛通訣》被認爲是同類丹書，在思想上和文獻上都非常接
近，非常容易融合和混同。」〔註91〕是知《周易參同契》與《龍虎經》性
質相近，容易造成混淆，甚至被合併編纂。以下遂就《周易啓蒙翼傳‧外篇》
摘錄的《周易參同契》（筆者案：包含後蜀彭曉《周易參同契真義》與南宋
朱熹《周易參同契考異》），以及《龍虎經》兩部術數典籍之文獻問題進行探
討。

〔註86〕〔元〕胡一桂撰：《周易啓蒙翼傳‧外篇‧衛氏元包》葉六十三，頁4118。
〔註87〕陳國符著：《道藏源流續攷‧中國外丹黃白法經訣出世朝代考》，頁352～353。
〔註88〕賴錫三作：《丹道與易道‧《周易參同契》的「先天－後天學」與「內養－外
　　　　煉－體觀」》，頁144。
〔註89〕〔唐〕劉知古：〈日月玄樞論〉，收入〔清〕董誥等編：《全唐文》卷334（上
　　　　海：上海古籍出版社，1990年），頁1496。
〔註90〕〔宋〕晁公武撰；孫猛校證：《郡齋讀書志校證‧神仙類》卷16，頁763。
〔註91〕欽偉剛：〈南宋初期《參同契》文獻實態的考察（上）〉，《宗教學研究》2003
　　　　年第4期，頁13。

一、《參同契》文獻考述

如同諸多術數典籍，《周易參同契》同樣有後人作僞爭議。最早質問《周易參同契》作者的是南宋黃震，黃震曰：「《參同契》者，本漢世上虞人魏伯陽所造。其說出於《神仙傳》，不足憑。」〔註92〕世人稱魏伯陽撰寫《周易參同契》，但此說出自葛洪《神仙傳》。《神仙傳》所記未必核實，《四庫全書總目》對此書有「未免附會」、「尤爲虛誕」之語。〔註93〕黃震此段批判實爲灼見，可惜言盡於此，並未再深入鑽探。馬宗軍考察，在黃震之後，南宋趙希弁（？～？）《郡齋讀書後志》、元代馬端臨（1245～1322）《文獻通考》、清朝胡渭《易圖明辨》等都留有懷疑《周易參同契》成書年代的文字，〔註94〕但直到清末民初馬敘倫（1885～1970）才著力完備「《周易參同契》爲僞書」之見解。馬敘倫在一番論述後總結曰：「可證古自有『易緯』名『參同契』，仲翔所注，是彼非此，僞作者既冒其名，後人轉採而一之，適爲所欺矣。」〔註95〕指出「古緯」中有「參同契」一名，屬於《易緯》，內容固然與今日所見的魏伯陽《周易參同契》不同，今本乃是後人僞造而成，此說受到近人陳國符的支持，〔註96〕認爲今本《周易參同契》爲僞書。近代《周易參同契》研究者皆知此書有僞造之疑慮，但宋元時期對於「《周易參同契》爲僞書」的存疑者寥若晨星，檢視《周易啓蒙翼傳・參同契》，亦無任何質疑「魏伯陽是否確實爲作者？」、「所見本是否等同於古本？」等等相關文字，反而在篇章開頭曰：「《參同契》者，後漢魏伯陽之所作。」〔註97〕胡一桂對《周易參同契》的認識，全然來自彭曉及朱熹。彭曉直探煉丹本身、朱熹意在釋出定本，均未嘗對作者與成書問題提出質疑。

《周易啓蒙翼傳・參同契》：「五代末孟蜀彭曉爲之分章解義，朱文公又隱名爲之注、釐定、考辨正文，復爲上、中、下三篇，今錄〈序〉文及上、中、下數節以見一書之體。」〔註98〕在考究《周易參同契》丹道理論方面，胡一桂

〔註92〕〔宋〕黃震撰：《黃氏日抄・周易參同契》卷57，頁456。

〔註93〕〔清〕永瑢、紀昀等纂修：《四庫全書總目・子部・神仙傳十卷》卷146，頁2888。

〔註94〕馬宗軍著：《《周易參同契》研究・《周易參同契》及其作者考略》（濟南：齊魯書社，2013年10月），頁28。

〔註95〕馬敘倫：《讀書小記》卷2（上海：商務印書館，1933年9月），頁35。

〔註96〕陳國符：《道藏源流續攷・中國外丹黃白法經訣出世朝代考》，頁352～354。

〔註97〕〔元〕胡一桂撰：《周易啓蒙翼傳・外篇・參同契》葉四十二，頁4107。

〔註98〕〔元〕胡一桂撰：《周易啓蒙翼傳・外篇・參同契》葉四十二，頁4107。

主要參酌彭曉《周易參同契眞義》和朱熹《周易參同契考異》兩書。對照《周易啓蒙翼傳・外篇》收錄的《周易參同契》上、中、下三篇內容，即可知胡一桂採用的版本爲彭曉《周易參同契眞義》。〔註99〕朱伯崑曾曰：「今傳《道藏》中，關于《參同契》的注解，有十一種。最早的注解是五代彭曉的《周易參同契分章通眞義》和《周易參同契鼎器歌明鏡圖》。」〔註100〕朱氏稱彭曉本爲最早的注解本，此說源自《四庫全書總目・周易參同契通眞義三卷》：「《通志・藝文略》始別立『參同契』一門，載《註》本一十九部、三十一卷，今亦多佚亡。獨曉此本尚傳，共分九十章，……諸家註《參同契》者，以此本爲最古。」〔註101〕根據現有的文獻看來，首位對《周易參同契》進行注解者，可能是漢末虞翻（164～233），見唐代陸德明（556～627）《經典釋文》解釋「易」字時，以小字注解：「虞翻注《參同契》云：『字從日下月。』」〔註102〕南宋俞琰又曰：「然則晉以前，已有人注《參同契》矣，如虞翻注、陰長生注，惜皆不傳于世。」〔註103〕同樣指出虞翻曾經注解《周易參同契》，近人胡適（1891～1962）則曰：「大概唐以前有一種本子，稱爲『虞翻注本』。《隋書・經籍志》不載此書，〈虞翻本傳〉也不說他有《參同契注》。」〔註104〕表示「虞翻注本」或許只是某一種注解本的普遍通稱。眞正確切的是陳國符從《道藏》考證出的兩部唐代注解本，其一題名「長生陰眞人註」，其二爲「容字號無名氏註」，證明了唐代確實至少有兩部《周易參同契》注本；〔註105〕孟乃昌又在其基礎上，對廿六種唐宋煉丹書籍詳加考訂，再次印證了陳國符之說。〔註106〕雖然陳國符、孟乃昌以實例推翻了「彭曉本爲魏伯陽《周易參同契》最早注本」之論點，但宋元時期流

〔註99〕 此處以彭曉《周易參同契眞義》、朱熹《周易參同契考異》兩書對比《周易啓蒙翼傳》。胡氏收錄的〈下篇〉《周易參同契》內容，不見於朱熹《周易參同契考異》。此三篇內容，皆見於彭曉《周易參同契眞義》，故知胡一桂採用的版本爲彭曉《周易參同契眞義》。〈下篇〉內容可對照：〔後蜀〕彭曉著：《周易參同契眞義・先白後黃章第八十三》卷下，頁129。

〔註100〕 朱伯崑著：《易學哲學史・漢代的象數之學》第1卷，頁250～251。

〔註101〕 〔清〕永瑢、紀昀等纂修：《四庫全書總目・子部》卷146，頁2883。

〔註102〕 〔唐〕陸德明撰；〔清〕盧文弨校：《經典釋文・周易音義》卷2（臺北：漢京文化事業，1980年2月），頁18。

〔註103〕 〔宋〕俞琰撰：《席上腐談》卷下，收入王雲五主編：《叢書集成初編》，頁18。

〔註104〕 胡適撰：《胡適文存四集・〈參同契〉的年代》，收入歐陽哲生編：《胡適文集》第5冊（北京：北京大學出版社，1998年11月），頁492。

〔註105〕 陳國符著：《道藏源流續攷・中國外丹黃白法經訣出世朝代考》，頁377。

〔註106〕 孟乃昌著：《〈周易參同契〉考辨・〈周易參同契〉通考》，頁2～4。

傳最廣泛的版本，確實是彭曉《周易參同契眞義》。〔註107〕是知胡一桂以彭曉本作爲《周易啓蒙翼傳·參同契》之底本，乃是當時相當普遍的作法。

　　《周易啓蒙翼傳·參同契》另一部主要參考本爲朱熹《周易參同契考異》。其以「空同道士　鄒訢」署名，〔註108〕此書開卷曰：「《周易參同契》五代彭曉《解義·序》曰：『魏伯陽，會稽上虞人……。得古文《龍虎經》，盡獲妙旨，乃約《周易》，撰《參同契》三篇。』」〔註109〕朱熹摘錄了彭曉的〈序〉，又以彭曉本爲考訂《周易參同契》的文本依據，〔註110〕故胡一桂以《周易參同契眞義》爲底本，除了彭曉本在宋元流傳廣泛外，也因爲此版本受到朱熹肯定。朱熹闡述《周易參同契》曰：「詞韻皆古，奧雅難通。讀者淺聞，妄輒更改，故比他書尤多舛誤。今合諸本，更相讎正，其間尚多疑晦未能盡祛。姑據所知寫成定本，其諸同異，因悉存之，以備參訂。」〔註111〕可知朱熹撰寫此書的動機在於提供一部《周易參同契》的標準版本。《四庫全書總目》指出：「朱子所自校者，亦祇六、七處。其餘每節之下，隨文詮釋，實皆箋、注之體，不盡訂正文字。」〔註112〕是知此書應是以注解爲主，清朝周中孚（1768～1831）：「然其書雖多所正定……其校同異者不過數處，餘皆注解也。」〔註113〕同樣聲稱朱熹以注解爲主，胡一桂曰：「朱文公又隱名爲之注、讎定、考辨正文」〔註114〕此書名曰「考異」，看似重視校訂、辨正，實質上則是側重於「詮釋」。

　　在「卜筮類」方面：兩漢緯書遭到歷代帝王禁燬，《易緯》文獻大量散失，致使胡一桂僅能獲得宋人僞造之《乾坤鑿度》，其在〈外篇〉闡明《易緯》文獻的流傳，並質疑其眞僞。魏晉南北朝《焦氏易林》盛行，摹擬之作蜂湧而出，直到隋朝才漸趨衰微，胡一桂所得《焦氏易林》手抄本，卷首有託名費

〔註107〕蕭漢明、郭東升著：《《周易參同契》研究·唐、五代三種注《周易參同契》之作的外丹術異同合論》，頁198。

〔註108〕〔宋〕朱熹撰：《周易參同契考異·讚序》，收入〔宋〕朱熹撰：朱傑人、嚴佐之、劉永翔主編：《朱子全書》第13冊，頁565～566。

〔註109〕〔宋〕朱熹撰：《周易參同契考異》，頁529。

〔註110〕郭芳如：〈朱熹的《周易參同契考異》〉，《哲學與文化》第39卷第5期（2012年5月），頁153。

〔註111〕〔宋〕朱熹撰：《周易參同契考異·讚序》，頁565～566。

〔註112〕〔清〕永瑢、紀昀等纂修：《四庫全書總目·子部·周易參同契考異一卷》卷146，頁2884。

〔註113〕〔清〕周中孚撰：《鄭堂讀書記補逸·周易參同契考異一卷》卷30，收入韋力編：《古書題跋叢刊》第11冊，頁540。

〔註114〕〔元〕胡一桂撰：《周易啓蒙翼傳·外篇·參同契》葉四十二，頁4107。

直撰寫的〈焦氏易林序〉，該序文實爲後人附益，胡氏未能明察，導致論述產生謬誤。〈外篇〉採用的三卷本《京氏易傳》，與《漢書・五行志》所徵引者，不論是在文獻內容或思想脈絡上，皆大異其趣，或以爲唐、宋時期僞作，故胡一桂另設〈集京氏易〉輯錄出曾經徵引《京房易傳》的漢魏文獻。唐宋目錄皆記載「《郭氏洞林》一卷」，〈外篇〉亦作一卷，時至明清，《郭氏洞林》殘破不可考，今日留存的《郭氏洞林》三卷本，已不同於原來的版本。《衛氏元包》於唐宋目錄皆作「十卷」，胡一桂所收錄版本亦是「十卷」，但在清代目錄類書籍中，幾乎都是被記載爲「五卷」，是知《衛氏元包》於元明時期，可能發生篇章脫落、散亂等現象。

二、《龍虎經》文獻考述

　　胡一桂《周易啓蒙翼傳・參同契》稱《龍虎經》爲《龍虎上經》。〔註115〕此書稱謂繁多，較常見者爲：《龍虎經》、《龍虎上經》、《古文龍虎經》、《金碧經》、《金碧龍虎經》。汪登偉檢視隋朝以前的文獻，未嘗發現有記載《龍虎經》者，故推測此書大約出現於隋唐之際。〔註116〕唐初，劉知古〈日月玄樞論〉描述《周易參同契》摹擬《龍虎經》撰成。此說法逐漸演變爲：《周易參同契》起初稱作「龍虎經」，而後被魏伯陽改名爲「周易參同契」，是將兩者視爲同一部著作。此現象可見於陳國符從《道藏》蒐出的兩部唐代注本，見題名長生陰眞人註的《周易參同契・序》：「蓋聞《參同契》者，昔是《古龍虎上經》，本出徐眞人。……魏伯陽造《五相類》以解前篇，遂改爲《參同契》。」〔註117〕以及容字號無名氏《周易參同契註》卷首：「《參同契》，昔眞人號曰《龍虎上經》。……後魏君改爲《參同契》。」〔註118〕皆秉持《龍虎經》爲《周易參同契》前身的說法，故近人蕭漢明（1940～2011）曰：「在唐代，以《參同契》爲《古龍虎上經》或《龍虎經》之說風行一時。」〔註119〕是知唐朝修煉者多

〔註115〕〔元〕胡一桂撰：《周易啓蒙翼傳・外篇・參同契》葉四十六、葉五十，頁4109、4111。

〔註116〕汪登偉：〈《龍虎經》考〉，《弘道》總第43期（2010年第2期），頁63。

〔註117〕〔唐〕長生陰眞人註：《周易參同契・序》，收入白雲觀長春眞人編纂：《正統道藏・映字號》第34冊（臺北：新文豐出版公司，1977年10月），頁153。

〔註118〕〔唐〕無名氏註：《周易參同契註》卷首，收入白雲觀長春眞人編纂：《正統道藏・容字號》第34冊（臺北：新文豐出版公司，1977年10月），頁304。

〔註119〕蕭漢明、郭東升著：《《周易參同契》研究・《周易參同契》的流傳及作者歸屬考》，頁29。

把此兩書視爲同一部著作。直到後蜀彭曉《周易參同契眞義·序》：「按《神仙傳》，眞人魏伯陽者，⋯⋯不知師授誰氏，得《古文龍虎經》，盡獲妙旨。⋯⋯撰《參同契》三篇。」〔註120〕其指出魏伯陽獲取《龍虎經》要旨，進而撰寫《周易參同契》一書。由此可知，後蜀時期已有修煉者將《龍虎經》與《周易參同契》區分爲兩種不同的著作。

時至南宋，朱熹從義理角度切入，批判當時流傳的《龍虎經》爲僞書，〔註121〕見《朱子語錄》記載：「義剛問：曾景建謂《參同》本是《龍虎上經》，果否？（朱熹）曰：不然。蓋是後人見〈魏伯陽傳〉有『龍虎上經』一句，遂僞作此經。大概皆是體《參同》而爲。」再看《朱子語錄》的另一段記載：「世有《龍虎經》，或以爲在《參同契》之先。嘗見季通說好。及觀之，不然，盡是橐括《參同契》爲之。」〔註122〕由以上兩段對話可窺：南宋仍有不少儒者承襲唐代盛行的觀點，認爲《周易參同契》原本是《龍虎經》。朱熹則是直接點出《龍虎經》爲好事者摹仿《周易參同契》撰成，兩者不僅不是同一部著作，《龍虎經》甚至只是後人依託之作。胡一桂《周易啓蒙翼傳》援引了上述兩則《朱子語錄》的記載，〔註123〕乃是依循朱熹，同樣以《龍虎經》爲僞書。近人王明（1911～1992）將北宋《雲笈七籤》收入的《金丹金碧潛通訣》一書，與《龍虎經》相對照，發現兩書字句幾乎全然相同，王明斥責曰：「唐、五代間，好事之徒，既以《古文龍虎經》之空名，冒濫《金丹金碧潛通訣》之實錄。」〔註124〕認爲《龍虎經》的文獻內容，悉竊取自《金丹金碧潛通訣》。再看晁公武《郡齋讀書志》記載隋朝蘇元朗以《周易參同契》、《龍虎經》、《金碧潛通訣》編纂成《龍虎通元要訣》；〔註125〕陳振

〔註120〕〔後蜀〕彭曉著：《周易參同契眞義·自序》，頁1。

〔註121〕朱熹曰：「後人見〈魏伯陽傳〉有『龍虎上經』一句，遂僞作此經。大概皆是體《參同》而爲，故其間有說錯了處。如《參同》中云：『二用無爻位，周流行六虛。』「二用」者，即《易》中〈用九〉、〈用六〉也。〈乾〉、〈坤〉六爻，上、下皆有定位，唯〈用九〉、〈用六〉無位，故周流行於六虛。今《龍虎經》卻錯說作虛危去。蓋討頭不見，胡亂牽合一字來說。」引自〔宋〕朱熹撰：《朱子語類·老氏》卷125，收入〔宋〕朱熹撰：朱傑人、嚴佐之、劉永翔主編：《朱子全書》第18冊，頁3916。

〔註122〕上述兩段文獻引自〔宋〕朱熹撰：《朱子語類·老氏》卷125，頁3616～3917。

〔註123〕〔元〕胡一桂撰：《周易啓蒙翼傳·外篇·參同契》葉五十，頁4111。

〔註124〕王明著：《道家和道教思想研究·《周易參同契》考證》（北京：中國社會科學出版社，1990年8月），頁218。

〔註125〕〔宋〕晁公武撰：孫猛校證：《郡齋讀書志校證·神仙類》卷16，頁763。

孫《直齋書錄解題》載有《金碧古文龍虎上經》、《金碧上經古文龍虎傳》兩書，〔註126〕書名結合「金碧」、「古文龍虎」兩詞彙，是知當時的《龍虎經》和《金丹金碧潛通訣》在文獻及思想脈絡上，應當具有一定的關聯性，〔註127〕是以造成《龍虎經》、《金碧潛通訣》混淆不清的狀況，汪登偉曰：「大約因人們不瞭解其文本實情，只觀題名而產生混亂認識。」〔註128〕而此般文獻混同現象，由隋朝一直延續至北宋。〔註129〕陳國符列舉六種曾經徵引《金碧潛通訣》內容的宋元道教典籍，此六種宋元道教典籍稱呼《金碧潛通訣》一書，或稱「龍虎經」，或稱「龍虎上經」，或稱「古文龍虎上經」，或稱「潛通訣」，又或稱「金碧」，或稱「金碧歌」，或稱「金碧經」等；南宋俞琰則稱呼《古文龍虎經註疏》爲「金碧古文龍虎經註疏」，足見以上名稱彼此互相貫通，故陳國符論斷：《龍虎經》與《金碧潛通訣》當爲同一部著作。〔註130〕

《龍虎經》原書早已不可見，僅存三部後人註疏本流傳，分別爲：南宋王道（？～？）《古文龍虎經註疏》三卷、無名氏《古文龍虎上經註》一卷，收入《正統道藏》；〔註131〕明朝彭好古（？～？）《金碧古文龍虎上經》一卷，收入《道藏輯要》。〔註132〕《四庫全書》僅收錄王道《古文龍虎經註疏》一書，不載《古文龍虎上經註》及《金碧古文龍虎上經》，並於《四庫全書總目》評議《古文龍虎經註疏》：「註疏中多引《參同契》語。蓋爐火之説自魏伯陽始有書，猶彼法中之六經也。……此書《宋史・藝文志》不著錄，或疑出羽流依託。」〔註133〕認爲王道注本不見載於《宋史・藝文志》，或許爲支流託名之作。筆者核對《周易啓蒙翼傳》援用的《龍虎經》底本，撇除明朝的彭好古注本後，發現胡一桂所採用的《龍虎經》文獻內容，符合無名氏《古文龍虎上經註》一

〔註126〕〔宋〕陳振孫撰：《直齋書錄解題・神仙類》卷 12，頁 191、194。

〔註127〕曾召南：〈古文龍虎上經〉，《宗教學研究》1983 年第 2 期，頁 31。

〔註128〕汪登偉：〈《龍虎經》考〉，《弘道》總第 43 期（2010 年第 2 期），頁 74。

〔註129〕欽偉剛：〈南宋初期《參同契》文獻實態的考察（上）〉，《宗教學研究》2003
年第 4 期，頁 13。

〔註130〕陳國符著：《道藏源流攷・附錄二　道藏劄記》（臺北：明文書局，1975 年 3
月），頁 288～289。

〔註131〕《古文龍虎經註疏》三卷、《古文龍虎上經註》一卷，依序收入白雲觀長春眞
人編纂：《正統道藏・映字號》第 34 冊，頁 107～143、頁 144～152。

〔註132〕《金碧古文龍虎上經》一卷，收入彭文勤纂輯：《道藏輯要》第 8 冊（臺北：
新文豐出版公司，1986 年 2 月），頁 3093～3102。

〔註133〕〔清〕永瑢、紀昀等纂修：《四庫全書總目・子部・古文龍虎經註疏三卷》卷
146，頁 2893。

書，當屬於此脈絡之版本，而非後世較爲盛行的王道《古文龍虎經註疏》版本。

　　在「丹道類」方面：南宋早已有學者提出《周易參同契》作者與成書時間之疑慮，可惜未能受到元、明、清三朝學者重視。胡一桂主要援用的彭曉《周易參同契眞義》、朱熹《周易參同契考異》亦不曾對《周易參同契》的成書問題進行討論。〈外篇〉稱《龍虎經》爲「龍虎上經」，採用的文字則是屬於無名氏《古文龍虎上經註》的版本脈絡，陳國符考證《龍虎經》編纂者乃是竊取《金碧潛通訣》文獻內容，並冠上「龍虎經」之名。總結以上，胡一桂《周易啓蒙翼傳・外篇》，保存了唐宋時期的術數類文獻，尤其是《郭氏洞林》和《衛氏元包》兩書，今日可見的版本，已非原貌。胡一桂對此兩書的保存，具有相當的文獻價值。除此之外，胡一桂對《易緯》、《京房易傳》、《龍虎經》在作者、流傳與眞偽上的辨說，往往成爲日後明、清學者的立論基礎與依據。

第三節　「擬易類」術數典籍文獻考述

　　「擬易類」以西漢揚雄《太玄》爲首，此類別的術數典籍使用自創符號、〈洛書〉之數、《老子》三分演進法〔註134〕的宇宙生成模型，屬於《尙書・洪範》的「九疇」體系。〔註135〕南宋鄭樵（1104～1162）《通志・藝文略》已出現「擬易」之目錄學分類，其列舉的第一部典籍即是《太玄經》。〔註136〕明代朱睦㮮（1518～1587）《授經圖》亦揭示《太玄經》爲「擬易類」之首、〔註137〕同爲明代的祁承㸁（1563～1628）《澹生堂藏書目》於〈易〉大類當中有〈擬易〉小類，同樣列有《太玄經》一書。〔註138〕清代朱彝尊（1639

〔註134〕《老子》：「道生一，一生二，二生三，三生萬物。」引自〔魏〕王弼注；樓宇烈校釋：《老子道德經注校釋・四十二章》，頁117。

〔註135〕「九疇」爲上古政治理想中，治國安民之大法，分爲：五行、五事、八政、五紀、皇極、三德、稽疑、庶徵、五福，共計九個類別，故稱「九疇」。參閱舊題〔漢〕孔安國傳；〔唐〕孔穎達等正義：《尙書正義・洪範》卷12，收入〔清〕阮元校勘：《十三經注疏》（臺北：藝文印書館，2007年8月），頁168。

〔註136〕〔宋〕鄭樵撰：《通志・藝文略》卷63，收入〔清〕永瑢、紀昀等纂修：《文淵閣四庫全書・史部・別史類》第374冊，頁304。

〔註137〕〔明〕朱睦㮮著：《授經圖・易》卷4，收入王雲五主編：《叢書集成初編》（北京：中華書局，1985年），頁30。

〔註138〕〔明〕祁承㸁藏並撰：《澹生堂藏書目・經部》，收入《續修四庫全書》編纂委員會編：《續修四庫全書・史部・目錄類》第919冊（上海：上海古籍出版社，2002年3月），頁561。

～1709）《經義考》將「擬易類」擴大爲「擬經類」，專門用來記載各種經史典籍之擬作，並將《太玄》置於〈擬經篇〉的起始書目，〔註139〕足見朱彝尊對於此書之定位。以現存文獻看來，《太玄》不僅爲首部摹擬《周易》之作，更是首部摹擬五經之書，堪稱「擬經」著作模式之鼻祖。雖稱「摹擬」，但《太玄》絕非全面仿製，反而開創了與《周易》不同的哲學體系與卜筮方式，北宋甚至出現摹擬《太玄》而作的《潛虛》一書。正如《太玄》之於《周易》，《潛虛》之於《太玄》，名義雖爲「摹擬」，實質上則是「創發」，處處體現出揚雄與司馬光宏大的思想。相同地，《洞極眞經》和《皇極內篇》也各自有一套自創符號、理論架構來展現原作者的思想脈絡，縱使在體式上有所因襲、模仿，但仍然應該把《太玄》、《潛虛》、《洞極眞經》、《皇極內篇》四者，視爲原創、獨立的著作。

一、《太玄》文獻考述

《太玄》爲西漢哀帝時，揚雄摹擬《周易》而作。〔註140〕根據北宋司馬光的記載：東漢宋衷（？～？）始爲《太玄》作《解詁》，陸績（188～219）作《釋失》，晉朝范望（？～？）作《解贊》。〔註141〕除了上述司馬光列舉的注釋本之外，劉韶軍先生更是蒐集出十三部兩漢至唐朝的注釋本，〔註142〕是知魏晉、隋唐注解《太玄》的學者並不在少數。再看鄭萬耕先生《揚雄及其太玄》曰：

> 魏晉時期，形成了一股研究《太玄》的熱潮。隋蔡文郡，唐王
> 涯又因舊發新，爲《太玄》作注解。至宋，爲《太玄》作注的人甚
> 多，只有司馬光撰寫的《太玄經集注》十卷保存下來。……作注者
> 多，流傳自然也廣。邵雍、朱震、張載、程頤、朱熹、蘇軾、張行

〔註139〕 〔清〕朱彝尊原作：侯美珍、黃智明、陳恆嵩點校：《點校補正經義考・擬經》卷268，第8冊（臺北：中央研究院中國文哲研究所，2004年12月），頁71。

〔註140〕 《漢書》記載：「哀帝時……時雄方草《太玄》，有以自守。」引自〔漢〕班固撰；〔唐〕顏師古注：《漢書・揚雄傳》卷87（北京：中華書局，2007年10月），頁3565。

〔註141〕 〔漢〕揚雄撰；〔宋〕司馬光集注；劉韶軍點校：《太玄集注・太玄集注序》（北京：中華書局，2010年3月），頁1。

〔註142〕 十三部《太玄》注釋本，分別爲：侯芭注本、張衡注本、崔瑗注本、宋衷注本、李譔《太玄指歸》本、陸績注本、虞翻注本、王肅注本、陸凱注本、蔡文邵注本、范寧注本、員俶注本、王涯注本。參閱劉韶軍著：《揚雄與《太玄》研究・《太玄》版本考》（北京：人民出版社，2011年8月），頁71～80。

成等均有所評論。〔註143〕

由鄭氏之語，可見兩宋時期，《太玄》受到儒者重視，文獻流傳十分廣泛，顯然並未落入西漢劉歆（前46～23）憂心之言：「恐後人用覆醬瓿。」〔註144〕反而有眾多注解者、評論者。《太玄》雖流行於兩宋，但處於宋、元之際的胡一桂卻已表示難以尋覓《太玄》一書，見《周易啓蒙翼傳·太玄經云》曰：「其學不傳，世罕有其書，余得之友人查顏叔。抄首末數首贊及日星候撰法等于左，以見一書之大槪。」〔註145〕可知當時的新安地區，罕見《太玄》文本，胡一桂乃是輾轉得之於友人查顏叔。

　　《太玄》由西漢末至元初，流傳狀況自然有其消長，但始終未曾出現篇章散亂、全書亡佚等問題，遂使好事者無從羼入，亦不曾見學者指稱此書有僞造之嫌。因此，若純粹由文獻學的僞書條例檢視，〔註146〕《太玄》並非僞作，但此書在性質與內容方面，卻造成歷代儒者極大爭議。晚清皮錫瑞界定漢武帝時期爲「經學昌明時代」，〔註147〕《漢書·藝文志》又稱《易》爲六藝、五常之原，〔註148〕是知《周易》在西漢具有崇高的經典地位，揚雄「擬《周易》而作」〔註149〕不僅是對經文的「竊取」，更是對聖人的「僭越」。此由《漢書·揚雄傳》的記載：「諸儒或譏以爲雄非聖人而作經，猶春秋吳、楚之君僭號稱王。」〔註150〕即可感受到西漢儒者的譏諷與不齒。此觀念甚至延續到清中葉章學誠（1738～1801）：

　　　　儒者僭經以擬六藝，妄也。……六藝皆周公之政典，故立爲

〔註143〕鄭萬耕著：《揚雄及其太玄·揚雄的生平和著作》（臺北：藍燈文化事業，1992年9月），頁16～17。

〔註144〕〔漢〕班固撰；〔唐〕顏師古注：《漢書·揚雄傳》卷87，頁3585。

〔註145〕〔元〕胡一桂撰：《周易啓蒙翼傳·外篇·太玄經云》葉二十五，頁4099。

〔註146〕近人張心澂曾經列舉九種「僞書之來歷」：託古人之名、蹈古書之名、傳古人之名、擬古人之事、挾古人之文、竊取成作、無撰人而僞託、亡撰人而僞題、誤認撰人，《太玄》皆無此九種狀況。參閱張心澂編著：《僞書通考·總論》，頁2～4。

〔註147〕皮錫瑞曰：「經學至漢武始昌明，而漢武時之經學爲最純正。」引自〔清〕皮錫瑞著；周予同注釋：《經學歷史·經學昌明時期》，頁70。

〔註148〕《漢書》：「六藝之文：樂以和神，仁之表也；詩以正言，義之用也；禮以明體，明者著見，故無訓也；書以廣聽，知之術也；春秋以斷事，信之符也。五者，蓋五常之道，相須而備，而《易》爲之原。」引自〔漢〕班固撰；〔唐〕顏師古注：《漢書·藝文志》卷30，頁1723。

〔註149〕〔漢〕班固撰；〔唐〕顏師古注：《漢書·揚雄傳》卷87，頁3583。

〔註150〕〔漢〕班固撰；〔唐〕顏師古注：《漢書·揚雄傳》卷87，頁3585。

經。……其大可異者，作《太玄》以準《易》，人僅知謂僭經爾，
不知《易》乃先王政典而非空言，雄蓋蹈於僭竊王章之罪，弗思甚
也。〔註151〕

至少在西漢與清中葉時期，「擬六藝而作」普遍被視爲「僭越」之舉，此段文
字更是連續提及三次「僭」字。章學誠又點出：六藝爲先王政事之書，遂被
後世立爲「經」，揚雄「竊取」經書內容，襲用王章禮法，未免過於狂妄。值
得一提的是，肯定朱熹「伏羲、文王、周公、孔子四聖人作《易》說」〔註152〕
的胡一桂，〔註153〕對於揚雄「擬《易》而作」一事，竟然未嘗予以「竊取」
或者是「僭越」等責難，僅僅就《太玄》裡的「卦氣說」提出質疑。〔註154〕

　　胡一桂《周易啓蒙翼傳·外篇》首先對比《太玄》與《周易》兩者，而
後列出《太玄》相關圖表、引述揲蓍法、發揮其中的星數、五行數等等，所
闡發項目總計有七種，共分爲七篇，〔註155〕爲〈外篇〉12部術數典籍中，胡
一桂論述篇幅最多者。由〈太玄經云〉的七篇內容可知：胡一桂最爲注重的
是《太玄》與「易學」的關係，且不限定於《周易》經傳本身，更多是在探
討「卦氣」、「五行」等兩漢象數易學。除此之外，胡一桂亦重視《太玄》占
法，於〈太玄經云〉作〈揲蓍法〉一篇，試圖爲《太玄》「三揲餘數不爲七、
八、九」的現象提供一個解答。〔註156〕胡一桂之說固然有其待商榷處，黃宗

〔註151〕〔清〕章學誠撰；葉瑛校注：《文史通義校注·經解下》卷1（北京：中華書
　　　　局，2014年7月），頁129。

〔註152〕朱熹《周易本義》：「有天地自然之『易』，有伏羲之『易』，有文王、周公之
　　　　『易』，有孔子之『易』。自伏羲以上，皆無文字，只有圖畫。」引自〔宋〕
　　　　朱熹撰：《周易本義》卷首，收入〔宋〕朱熹撰；朱傑人、嚴佐之、劉永翔主
　　　　編：《朱子全書》第1冊（上海：上海古籍出版社；合肥：安徽教育出版社，
　　　　2002年12月），頁28。

〔註153〕〔元〕胡一桂撰：《周易啓蒙翼傳·上篇·四聖之易》葉九一五十三，頁3983
　　　　～4005。

〔註154〕揚雄「卦氣說」奠基於《易緯》的「卦氣起〈中孚〉」一說，北宋宋成（？～？）
　　　　曾指出此說非聖人之旨，胡一桂作〈專論卦氣起中孚之非〉對此加以申論，
　　　　並結語曰：「使〈咸〉之說得行，房與雄之言皆可寢矣。」參閱〔元〕胡一桂
　　　　撰：《周易啓蒙翼傳·外篇·京氏易傳》葉二十二一二十三，頁4097～4098。

〔註155〕篇目包含：〈太元方州部家八十一首圖〉、〈太元擬卦日星節候圖〉、〈揲蓍法〉、
　　　　〈數配五行〉、〈泰中積數〉、〈星數〉、〈先儒論太玄〉。參閱〔元〕胡一桂撰：
　　　　《周易啓蒙翼傳·外篇·太玄經云〉葉二十五，頁4099～4017。

〔註156〕〔元〕胡一桂撰：《周易啓蒙翼傳·外篇·太玄經云〉葉三十六一三十七，頁
　　　　4104～4105。

義、胡煦等清初學者已有所批評，[註157]但由此可見胡一桂對於《太玄》具有相當程度的鑽研，故能闡發自己的論點，絕非只是謄錄文獻內容而已。總括上述，胡一桂未採取西漢儒者駁斥揚雄「竊取經文」、「僭越聖人」之語，而是根據《太玄》中的思想內容、學說理論不足之處，進行客觀性的評議。

二、《洞極眞經》文獻考述

北魏關朗（字子明，？～？）生平不見載於史傳，其相關事蹟僅可見於隋朝王通（584～617）《中說・關朗篇》，[註158]和清朝官修《全唐文》所收錄的李延壽（？～？）〈關朗傳〉[註159]、王福時（？～？）〈錄關子明事〉。[註160]舊傳關朗在易學史上的代表作爲《關朗易傳》（筆者案：或稱《關氏易傳》、《關子明易傳》），但此書大抵已被學術界公認爲僞書，北宋陳師道（1053～1101）曰：「世傳《王氏元經》、《薛氏傳》、《關子明易傳》、《李公對問錄》皆阮逸所著。」[註161]指出此書爲北宋阮逸（？～？）寄託僞造，朱熹認同陳師道之說，遂表示：「《關子明易》是阮逸作，《陳無己集》中說得分明。」[註162]但陳師道和朱熹並未進一步詳加論證，僅止於提出「《關朗易傳》實爲阮逸託名僞作」一說，乃至明代胡應麟（1551～1602）、清代姚際恆（1647～1715）、《四庫全書總目》編纂者旁徵博引、逐步剖析，方成定讞。[註163]是知朱熹未嘗深入考究《關朗易傳》的眞、僞問題，而是直接援用陳師道之說，胡一桂曰：「晦菴先生朱子，……及辨麻衣子、華

〔註157〕黃宗羲《易學象數論》批判胡一桂講述《太玄》著法捨正策而論餘數，未免失之遠矣；胡煦於《周易函書》指責胡一桂未能知《太玄》揲法。參閱〔清〕黃宗羲撰；鄭萬耕點校：《易學象數論・太玄著法》卷4，頁157；〔清〕胡煦撰；程林點校：《周易函書約存・原古五》卷10，頁298～299。

〔註158〕〔隋〕王通撰；〔宋〕阮逸注：《中說・關朗篇》卷10（臺北：廣文書局，1975年4月），頁91～110。

〔註159〕〔清〕董誥等輯：《欽定全唐文・李延壽〈關朗傳〉》卷154，收入《續修四庫全書》編纂委員會編：《續修四庫全書・集部・總集類》第1636冊，頁461～462。

〔註160〕〔清〕董誥等輯：《欽定全唐文・王福時〈錄關子明事〉》卷161，頁541～544。

〔註161〕〔宋〕陳師道著：《後山談叢》卷2，收入王雲五主編：《叢書集成初編》，頁13。

〔註162〕〔宋〕朱熹撰：《朱子語類・易三》卷67，收入〔宋〕朱熹撰；朱傑人、嚴佐之、劉永翔主編：《朱子全書》第16冊，頁2252。

〔註163〕參閱〔明〕胡應麟著：《四部正譌》卷上（臺北：臺灣開明書局，1969年4月），頁23～24；〔清〕姚際恆著：《古今僞書考・經類》（臺北：臺灣開明書局，1969年4月），頁3；〔清〕永瑢、紀昀等纂修：《四庫全書總目・經部・易類存目》卷7，頁169。

子、關子明諸家易學之僞。」〔註164〕若從朱熹對《關朗易傳》的辨正情形
看來，此語恐怕未免過譽。

胡一桂《周易啓蒙翼傳》：「《洞極眞經》莫知作者，而元魏關朗子明之
所傳次也。」〔註165〕見〈外篇〉載錄《洞極眞經・序》：「自六代祖淵會鼎
國之亂，徙家于汾河。所藏之書，散逸幾盡，其秘而存者，唯《洞極眞經》
而已。」〔註166〕描述《洞極眞經》爲關氏家族六世秘傳，顯見此書的來源
甚是可議。再看〈外篇〉所載錄《洞極眞經・原名》末尾的胡一桂案語：「此
唐韓文公〈原人〉之文也，豈崆峒山人先得？其所欲言者乎，愚不能无疑。」
〔註167〕指出〈原名〉內容與唐代韓愈（768～824）〈原人〉相同，〔註168〕
對《洞極眞經》的眞實性提出質疑。在史傳記載方面，《洞極眞經》不見載
於《隋書・經籍志》，《新唐書》、《舊唐書》同樣未見「洞極」之名，直到元
代編纂的《宋史・藝文志》才出現：「關朗《洞極元經傳》五卷」。〔註169〕
《宋史》之後，《遼史》、《金史》、《元史》無藝文、經籍志，《明史》則是不
曾出現「洞極」二字，直到《清史・藝文志》才又記載：「關朗《洞極眞經》
一卷」。〔註170〕此書自北魏傳承，卻唯獨《宋史》、《清史》有相關記載，加
上書名、卷數均有所分歧，不免令人產生眞僞上的疑寶。再從史傳之外的兩
宋目錄類書籍檢視，北宋王堯臣等編《崇文總目》、南宋晁公武《郡齋讀書
志》、陳振孫《直齋書錄解題》都曾經闡述《關朗易傳》一書，卻依然隻字
未提《洞極元經傳》或是《洞極眞經》，〔註171〕獨有南宋王應麟（1223～1296）

〔註164〕〔元〕胡一桂撰：《周易啓蒙翼傳・中篇・傳授》葉二十七，頁4020。

〔註165〕〔元〕胡一桂撰：《周易啓蒙翼傳・外篇・洞極眞經》葉五十七，頁4115。

〔註166〕〔元〕胡一桂撰：《周易啓蒙翼傳・外篇・洞極眞經》葉五十七，頁4115。

〔註167〕〔元〕胡一桂撰：《周易啓蒙翼傳・外篇・洞極眞經》葉六十一，頁4117。

〔註168〕筆者對比〈原名〉與〈原人〉兩者，確認除了句子排列有些許錯綜外，文字
內容皆同。參閱〔清〕董誥等輯：《欽定全唐文・韓愈〈原人〉》卷558，頁
209；〔元〕胡一桂撰：《周易啓蒙翼傳・外篇・洞極眞經》葉六十一，頁4117。

〔註169〕〔元〕脫脫等修：《宋史・藝文志》卷205，收入《二十五史》第32冊，頁
2445。

〔註170〕彭國棟纂修：《重修清史藝文志・子部・道家類》（臺北：臺灣商務印書館，
1968年6月），頁267。

〔註171〕依次參閱〔宋〕王堯臣等編；〔清〕錢東垣等輯釋：《崇文總目・儒家類》卷
3，收入王雲五主編：《叢書集成初編》，頁130；〔宋〕晁公武撰；孫猛校證：
《郡齋讀書志校證・易類》卷1（上海：上海古籍出版社，2005年9月），頁
17～18；〔宋〕陳振孫《直齋書錄解題・易類》卷1，收入韋力編：《古書題
跋叢刊》第2冊（北京：學苑出版社，2009年6月），頁9。

《玉海》記載:「《洞極元經傳》五卷」。〔註172〕然而,關氏爲北魏儒者,爲何《隋書》、《新唐書》、《舊唐書》、《崇文總目》、《郡齋讀書志》、《直齋書錄解題》悉數不載錄「洞極」相關書目,直到南宋晚期王應麟《玉海》才特別記載「《洞極元經傳》五卷」?《洞極元經傳》與《洞極眞經》兩者關係究竟爲何?是否屬於同一部著作?是否爲唐、宋時期的好事者託名僞作?目前尚無其他文獻可供檢覈。〔註173〕但不論如何,從《周易啓蒙翼傳》的記載,當能窺見宋、元之際的新安地區,確實流傳著題名爲「關朗」、「關子明」的《洞極眞經》或《洞極元經傳》。

朱熹《易學啓蒙‧本圖書》援引「關子明云」:「〈河圖〉之文,七前六後,八左九右;〈洛書〉之文,九前一後,三左七右,四前左,二前右,八後左,六後右。」〔註174〕即是出自於《洞極眞經》。可見此書內容述及〈河圖〉、〈洛書〉,而在朱熹與胡一桂兩人的易學體系中,〈河圖〉、〈洛書〉乃是「作《易》之原」。〔註175〕對於《洞極眞經》對易學的滲入,胡一桂《周易啓蒙翼傳‧外篇》評斷曰:「雖无預於《易》,然〈序本論〉述聖人本〈河圖〉以畫卦,朱子《啓蒙》之所援,證其爲《極》也,又起於〈洛書〉之數。」〔註176〕清楚表示:《洞極眞經》與《周易》無涉,堪稱「《易》之支流、餘裔,可謂外之又外者矣。」〔註177〕頗能見胡一桂對〈內篇〉與〈外篇〉、「易學」與「術數學」之分際。

三、《潛虛》文獻考述

胡一桂曰:「《潛虛》者,宋太師溫國公司馬光君實之所作也。公雅好《太玄》,自謂《玄》以準《易》,《虛》以擬《玄》,其作書之意可見矣。」〔註178〕開宗明義指出《潛虛》作者司馬光喜好《太玄》而擬作此書。可惜司馬光此書

〔註172〕筆者以爲,此或許即爲《宋史‧藝文志》:「關朗《洞極元經傳》五卷」之文獻來源、依據。引自〔宋〕王應麟撰:《玉海‧藝文》卷36,頁719。

〔註173〕李小成先生未經考證,直接聲稱《洞極元經傳》:「大概是僞托之作」,恐怕過於武斷。參閱李小成:〈關朗易學考論〉,《周易研究》總第70期(2005年第2期),頁31。

〔註174〕〔宋〕朱熹撰:《易學啓蒙‧本圖書》卷1,收入〔宋〕朱熹撰:朱傑人、嚴佐之、劉永翔主編:《朱子全書》第1冊,頁211。

〔註175〕〔元〕胡一桂撰:《周易啓蒙翼傳‧上篇‧天地自然之易》葉一,頁3979。

〔註176〕〔元〕胡一桂撰:《周易啓蒙翼傳‧外篇‧洞極眞經》葉五十七,頁4115。

〔註177〕〔元〕胡一桂撰:《周易啓蒙翼傳‧外篇‧題辭》葉一,頁4087。

〔註178〕〔元〕胡一桂撰:《周易啓蒙翼傳‧外篇‧潛虛》葉六十六,頁4119。

未成而病，生前雖以手藁囑咐門生晁說之續成，但晁氏遜謝不敢。〔註179〕爾後，
司馬光逝世，《潛虛》闕文甚多，〔註180〕司馬氏家中留存的殘卷，不久後散落
民間，遺稿內容在南宋時已被廣泛流傳。〔註181〕朱熹曾經偶得「泉州季思侍郎
刻本」，該版本無一字闕漏，朱熹乍見以爲完書，詳讀方知其中所增補文句未能
「協韻」，體例明顯與原書不同，是以斷定「泉州本」爲贋本。〔註182〕清人錢
大昕反駁曰：「予謂考亭不喜楊子雲，而溫公是書全學《太玄》，故有意抑之，
非定論也。」〔註183〕朱熹僅以未能「協韻」，旋即宣判「泉州本」《潛虛》爲僞
書，考證方法確實稍嫌粗略，但錢氏此語包含過多臆測，不可盡信。《四庫全書
總目》表示北宋之後，又有「孫氏闕本」、「許氏闕本」等等版本流傳，故曰：「然
於闕本中亦不全取，究無以知某條爲贋本。蓋世無原書久矣，姑以源出於光而
存之。」〔註184〕說明《潛虛》原書亡佚許久，已無法逐條分辨其眞僞，晚清王
梓材（1792～1851）附和：「溫公本未成書，今亦無從審其何者爲闕？」〔註185〕
是知《潛虛》原書已不可見，並且有諸多後人加添之處，正如近人張心澂曰：「《潛
虛》爲後人贋補而成，其中孰眞、孰僞相雜，而在疑似之間。」〔註186〕綜上所
述，可知今日所見《潛虛》之版本，勢必爲眞、僞夾雜。近人潘雨廷曰：「今已
不辨何者爲溫公原著？何者爲後人所補？然其原則，仍宜視爲溫公自著，不可
以略有後人補足，即以全書爲贋品。」〔註187〕此語可謂眞切。事實上，《潛虛》
全書骨幹已在司馬光手上確立，內容亦大體具備，唯有少數闕文，遺憾未能完
全。倘若因此全面否決此書，實在過於武斷。

〔註179〕〔清〕黃宗羲原著，全祖望補修；陳金生、梁運華點校：《宋元學案·景迂學
案》卷22，第2冊（北京：中華書局，2013年3月），頁860。
〔註180〕〔宋〕朱熹撰：《晦庵先生朱文公文集·書張氏所刻潛虛圖後》卷81，收入
〔宋〕朱熹撰；朱傑人、嚴佐之、劉永翔主編：《朱子全書》第24冊，頁3831。
〔註181〕陳克明著：《司馬光學述·關於《潛虛》》（武漢：湖北人民出版社，1990年4
月），頁366。
〔註182〕〔宋〕朱熹撰：《晦庵先生朱文公文集·書張氏所刻潛虛圖後》卷81，頁3831
～3832。另一方面，《周易啓蒙翼傳·潛虛》末尾有〈朱文公辨證〉，即是記載
此事，參閱〔元〕胡一桂撰：《周易啓蒙翼傳·外篇·潛虛》葉七十四，頁4123。
〔註183〕〔清〕錢大昕撰；呂友仁標校：《潛研堂文集·跋潛虛》卷27（上海：上海
古籍出版社，1989年11月），頁841。
〔註184〕〔清〕永瑢、紀昀等纂修：《四庫全書總目·子部·術數類》卷108，頁2134。
〔註185〕〔清〕黃宗羲原著，全祖望補修；陳金生、梁運華點校：《宋元學案·涑水學
案》卷8，第1冊，頁295。
〔註186〕張心澂編著：《僞書通考·總論》，頁2。
〔註187〕潘雨廷著；張文江整理：《讀易提要·司馬光《潛虛》提要》，頁115。

《四庫全書》版本的《潛虛》，內有〈氣圖〉、〈體圖〉、〈性圖〉、〈名圖〉、〈行圖〉、〈變圖〉、〈解圖〉、〈命圖〉八種圖式，並在圖式後面予以文辭解釋。對比可知，「四庫本」《潛虛》與《周易啓蒙翼傳・潛虛》摘錄的圖式、文辭、體例皆一致，〔註188〕理當屬於同一套版本脈絡。另一方面，「四庫本」《潛虛》末尾附載宋代張敦實（？～？）《潛虛發微論》，《四庫全書總目》曰：「張敦實〈論〉凡十篇，據吳師道〈後序〉，則元時已附刻於後，今亦併存。」〔註189〕可見元代刊行的《潛虛》版本，多有附載張敦實《潛虛發微論》。清代藏書家瞿鏞（1794～1846）曰：「然當時建陽、邵武俱有刻本。邵武惟缺繇辭……合張氏《發微論》以刊者云。」〔註190〕將附載《潛虛發微論》的《潛虛》版本刊行時間，從元代上推至南宋。然而，胡一桂《周易啓蒙翼傳・潛虛》卻未著錄《潛虛發微論》，甚至不曾提及此書與張敦實之名，應當能推測胡一桂使用的《潛虛》版本未有附載《潛虛發微論》。

今日通行的《潛虛》版本，內容乃是眞偽混雜，目前僅能釐清下列三點：（一）〈氣圖〉、〈體圖〉、〈性圖〉、〈名圖〉及其文辭，歷代未有學者指出有關於闕文、偽造等文獻上的弊病，故方誠峰先生曰：「可視爲完帙，與之相應的文辭也當出自司馬光之手。」〔註191〕認爲此四者確實爲司馬光手稿；（二）〈行圖〉、〈變圖〉、〈解圖〉〔註192〕此三種圖式的部分文辭內容爲宋代張行成所附益，見朱熹曰：「《潛虛》後截是張行成績，不押韻見得。」〔註193〕以及南宋

〔註188〕 參閱〔宋〕司馬光撰：《潛虛》，收入永瑢、紀昀等纂修：《文淵閣四庫全書・子部・術數類》第803冊，頁263～282；〔元〕胡一桂撰：《周易啓蒙翼傳・外篇・潛虛》葉六十六－七十四，頁4119～4123。

〔註189〕 〔清〕永瑢、紀昀等纂修：《四庫全書總目・子部・術數類》卷108，頁2134。

〔註190〕 〔清〕瞿鏞編纂：《鐵琴銅劍樓藏書目錄・子部・術數類》卷15（上海：上海古籍出版社，2000年9月），頁381。

〔註191〕 方誠峰：〈司馬光《潛虛》的世界〉，《清華大學學報（哲學社會科學版）》總第32卷（2017年第1期），頁170。

〔註192〕 〈行圖〉、〈變圖〉、〈解圖〉爲一套圖組，或分別稱爲〈行圖〉、〈變圖〉、〈解圖〉三者，或以整體稱爲〈行圖〉（包含〈變圖〉及〈解圖〉）。例如，宋末元初熊朋來（1246～1323）《經說》曰：「《潛虛》有〈氣圖〉，其次〈體圖〉，又其次〈性圖〉，又其次〈名圖〉，又其次〈行圖〉，又其次〈命圖〉，其目凡六。」即是以〈行圖〉爲總稱，實際囊括〈變圖〉及〈解圖〉。引自〔宋〕熊朋來撰：《經說・評潛虛揲法》卷7，收入永瑢、紀昀等纂修：《文淵閣四庫全書・經部・五經總義類》第184冊，頁337。

〔註193〕 〔宋〕朱熹撰：《朱子語類・易三》卷67，收入〔宋〕朱熹撰：朱傑人、嚴佐之、劉永翔主編：《朱子全書》第16冊，頁2245。

樓鑰（1137～1213）曰：「張公兵部行成所補……《潛虛》之書，章分句析，
尤爲詳盡。……非此人亦不能補此書。」〔註194〕兩人俱稱張行成增補《潛虛》。
至於增補的部分，從朱熹〈書張氏所刻潛虛圖後〉得以稍稍窺見：「凡非溫公
之舊者，悉朱識以別之。凡〈行〉之全者七，補者二十有六，〈變〉百八十有
八，〈解〉二百一十有二。」〔註195〕朱熹以「范仲彪家藏別本」對照「泉州
本」，對比出兩版本的差異，大多出自〈行圖〉、〈變圖〉、〈解圖〉。足見此三
種圖式的文辭，包含諸多張行成增補的文句，導致司馬光原文與張行成增補
的內容相互混雜。（三）〈命圖〉蓋爲後人添加，恐非出自司馬光之手：南宋
晁公武《郡齋讀書志》：「首有〈氣〉、〈體〉、〈性〉、〈名〉、〈行〉、〈變〉、〈解〉
七圖。」〔註196〕並未列出〈命圖〉，是故《四庫全書總目》曰：「〈命圖〉爲
後人所補。」〔註197〕司馬光生前託付門生晁說之續作《潛虛》一書，晁說之
即爲晁公武從父，是故晁公武對於《潛虛》原書內容的描述，理當具有一
定的可信程度。朱熹描述「范仲彪家藏別本」和「泉州本」兩版本時，皆有
論及〈命圖〉，〔註198〕是知南宋刊行本已有〈命圖〉呈現。至今，依然無法
推知此圖式爲司馬光後人據其遺稿增益？或爲後世好事者所竄入？

四、《皇極內篇》文獻考述

　　胡一桂《周易啓蒙翼傳》曰：「《皇極內篇》者，蔡九峰先生之所作也。」
〔註199〕南宋蔡沈（1167～1230）隱居九峰，學者稱之九峰先生。其父蔡元定
（1135～1198）獨自修習失傳已久的「〈洪範〉之數」，可惜未及編寫成書，故
託付季子蔡沈。蔡沈潛心苦讀數十年，終能克就。〔註200〕此書雖然沒有後人
僞作疑慮，但後世目錄記載的書名卻莫衷一是，南宋王應麟《玉海》作《洪
範數》，〔註201〕明代解縉（1369～1415）主編的《永樂大典》、胡廣（1369～

〔註194〕〔宋〕樓鑰撰：《攻媿集・跋張德深辨虛》卷72，收入永瑢、紀昀等纂修：《文
　　　　淵閣四庫全書・集部・別集類》第1153冊，頁186～187。
〔註195〕〔宋〕朱熹撰：《晦庵先生朱文公文集・書張氏所刻潛虛圖後》卷81，頁3832。
〔註196〕〔宋〕晁公武撰；孫猛校證：《郡齋讀書志校證・儒家類》卷10，頁450。
〔註197〕〔清〕永瑢、紀昀等纂修：《四庫全書總目・子部・術數類》卷108，頁2134。
〔註198〕〔宋〕朱熹撰：《晦庵先生朱文公文集・書張氏所刻潛虛圖後》卷81，頁3832。
〔註199〕〔元〕胡一桂撰：《周易啓蒙翼傳・外篇・皇極內篇》葉八十，頁4126。
〔註200〕〔清〕黃宗羲原著，全祖望補修；陳金生、梁運華點校：《宋元學案・九峯
　　　　學案》卷67，第3冊，頁2138～2139。
〔註201〕〔宋〕王應麟撰：《玉海・藝文》卷37，頁754。

1418）主編的《性理大全》皆作《洪範內篇》，〔註202〕王圻（1530～1615）《續文獻通考》則作《書經洪範皇極內外篇》，〔註203〕清代朱彝尊《經義考》作《洪範內外篇》，〔註204〕《四庫全書總目》又作《洪範皇極內外篇》。〔註205〕由上述書目看來，「洪範」二字似乎才是此書核心，〔註206〕但蔡沈原書已不可考，亦無從判斷何者為此書真正名稱。〔註207〕獨見《宋元學案・九峯學案》記載黃瑞節（？～？）之語：「九峯蔡氏撰《皇極內篇數》為一書。」〔註208〕與《周易啟蒙翼傳》作「皇極內篇」一名最為相近。胡一桂、黃瑞節兩人同為宋末元初的學者，蓋為當時所流傳的版本中，確實有以《皇極內篇》、《皇極內篇數》作為書名者。

南宋姚鎔（1191～？）曰：「九峯先生獨能闡神禹不傳之祕……惜也不壽，而數之辭未備，豈天亦靳此書之全耶？」〔註209〕是知蔡氏《皇極內篇》未竟而死，「數」辭部分未能完成，又見朱彝尊《經義考》所載錄的清代謝無棨（？～？）〈序〉：「享數弗遑，釋數未備，尚不能無俟於後之君子，是則猶有餘憾焉。」〔註210〕同樣指出蔡沈未能完成釋「數」之處，僅能等待後人補全。筆

〔註202〕〔清〕永瑢、紀昀等纂修：《四庫全書總目・子部・術數類》卷108，頁2139～2140。

〔註203〕〔明〕王圻撰：《續文獻通考・經籍考》卷173，收入文海出版社編輯：《元明史料叢編（第一輯）》（臺北：文海出版社，1984年9月），頁10531。

〔註204〕〔清〕朱彝尊原作；侯美珍、黃智明、陳恆嵩點校：《點校補正經義考・擬經》卷273，第8冊，頁235。

〔註205〕〔清〕永瑢、紀昀等纂修：《四庫全書總目・子部・術數類》卷108，頁2139。

〔註206〕蔡沈〈洪範皇極內篇原序〉：「體天地之撰者，《易》之象；紀天地之撰者，〈範〉之數。……《易》更四聖而象已著，〈範〉錫神禹而數不傳。……先君子曰：『〈洛書〉者，數之原也。』予讀〈洪範〉而有感焉，上稽天文，下察地理，中參人事，……然有天地萬物各得其所之妙。」在在可見蔡氏此書以發揮〈洪範〉之數為主旨。引自〔宋〕蔡沈撰：《洪範皇極內篇》卷首，收入永瑢、紀昀等纂修：《文淵閣四庫全書・子部・術數類》第805冊，頁699～700。

〔註207〕《朱子語類》講述〈洪範〉是個大綱目，總括天下之事；「皇極」意旨為人君以己身為標準、榜樣。參閱〔宋〕朱熹撰：《朱子語類・尚書二》卷79，收入〔宋〕朱熹撰；朱傑人、嚴佐之、劉永翔主編：《朱子全書》第17冊，頁2708～711。

〔註208〕〔清〕黃宗羲原著，全祖望補修；陳金生、梁運華點校：《宋元學案》卷67，頁2211。

〔註209〕〔宋〕蔡沈撰：《洪範皇極內篇》卷5，頁751。

〔註210〕〔清〕朱彝尊原作；侯美珍、黃智明、陳恆嵩點校：《點校補正經義考・擬經》卷273，第8冊，頁239。

者查找《四庫全書》，發現明清時期多有補正、詮釋蔡沈《皇極內篇》者，諸
如：明代熊宗立（1409～1482）《洪範九疇數解》、韓邦奇（1479～1556）《洪
範圖解》；清朝劉世衞（？～？）《洪範皇極補》、潘士權（1701～1772）《洪
範補註》等等，〔註211〕《四庫全書總目》曰：「自沈以後，又開演〈範〉之一
派。……踵而爲之者頗多。」〔註212〕由此觀之，《皇極內篇》的增補者、注解
者大半集中於明、清兩朝。相較之下，南宋、元代鮮有繼踵蔡氏書者。值得
注意的是，增補、注解之作容易出現摻入原文的情況，比如《四庫全書總目》
論《洪範九疇數解》曰：

> （熊）宗立訓釋其書，復因（蔡）沈之法而廣之。……排定緝
> 綴，遂爲完書。……惟不註孰爲沈之原文？孰爲宗立之續補？體例
> 龐雜，茫無端緒，非沈原書尚存，幾不知是書爲誰作？是亦自明以
> 來，刊古書者之積習矣。〔註213〕

熊宗立因循蔡沈之法完備《皇極內篇》，但未註明何處爲蔡氏所寫？何處爲熊氏
所書？造成此書原文、注文混雜不堪。所幸《皇極內篇》尚存，否則實在難以
辨識兩者。至於，胡一桂使用的版本，《周易啓蒙翼傳‧皇極內篇》：「惜變數之
法不傳，莫能適諸用也。」〔註214〕感嘆蔡氏書「變數之法」未備，可知胡一桂
所見的《皇極內篇》，並非後人增訂、注解本，而是直接摘錄蔡沈的原書版本。

《周易啓蒙翼傳》曰：「蔡氏《皇極內篇》演〈洛書〉之數，《易》、〈範〉
並立天地。」〔註215〕格外標舉此書，是知〈洛書〉、〈洪範〉在胡一桂學術系
統中，具有較高的地位。黃宗羲《宋元學案》載錄《皇極內篇》的全文內容
與圖式，甚至於〈西山蔡氏學案〉之外，特別設立〈九峯學案〉，故清代全祖
望（1705～1755）、王梓材皆稱蔡沈獨以《皇極內篇》「自爲一家」。〔註216〕

〔註211〕〔清〕永瑢、紀昀等纂修：《四庫全書總目‧子部‧術數類存目》卷110，頁
2174～2176。

〔註212〕〔清〕永瑢、紀昀等纂修：《四庫全書總目‧子部‧術數類》卷108，頁2140
～2141。

〔註213〕〔清〕永瑢、紀昀等纂修：《四庫全書總目‧子部‧術數類存目》卷110，頁
2175。

〔註214〕〔元〕胡一桂撰：《周易啓蒙翼傳‧外篇‧皇極內篇》葉八十，頁4126。

〔註215〕〔元〕胡一桂撰：《周易啓蒙翼傳‧外篇‧題辭》葉一，頁4087。

〔註216〕全祖望曰：「文正之《皇極》又自爲一家」；另見王梓材：「九峯二兄並見〈西
山蔡氏學案〉。謝山以九峯《皇極》自爲一家，故別爲〈九峯學案〉。」引自
〔清〕黃宗羲原著，全祖望補修；陳金生、梁運華點校：《宋元學案‧九峯
學案》卷67，第3冊，頁2138。

若以此書在明、清兩朝的流傳與發展盛況而言，誠如清代《四庫全書總目》所謂：「開演〈範〉之一派。」〔註217〕再看晚清張兆鹿（？～？）《蔡子洪範皇極名數》曰：「蔡子後邵子《皇極經世》，而撰《皇極名數》以傳〈範〉。……與邵子《皇極經世》，殊途同歸，而不遺奇零，於數較備。」〔註218〕直接把蔡沈《皇極內篇》與邵雍《皇極經世書》並列，認爲兩者殊途而同歸：試圖窮盡其「數」，以通天地萬物之「理」。張兆鹿又指出《皇極內篇》並無殘餘畸零數，故在「數」論方面，恐怕較邵雍《皇極經世書》更爲完備。

「擬易」、「擬經」的著作模式發軔於《太玄》，縱使時常招致「竊取經文」和「僭越聖人」等爭議，卻也出現不少承襲者。北宋司馬光《潛虛》即爲摹擬《太玄》之作，《洞極眞經》和《皇極內篇》則是援用其道家三分演進法的宇宙生成模型、〈洛書〉之數、自創符號，屬於〈洪範〉「九疇」體系。《太玄》流行於兩宋，但元代初期的新安地區，竟然已經難以覓尋《太玄》文本，足見當時的文獻傳播受到干擾，未能暢通；另一方面，《太玄》未曾發生篇章散亂、全書散失等厄難，遂使好事者無從竄入，亦不曾見學者詬病《太玄》有僞造之弊。相較於《太玄》具有明確的作者，《洞極眞經》的來源甚是可議，陳師道、朱熹皆指稱爲北宋阮逸寄託之作，胡一桂更是披露此書的〈原名〉與韓愈〈原人〉內容相互重疊，對《洞極眞經》的眞實性提出質疑，再加上歷代史傳、目錄類書籍又幾乎不記載此書，大抵可推斷：託名於關朗的《洞極眞經》當爲僞書。《潛虛》則被判定爲「眞、僞夾雜」之作，此書七種圖式當中：置於〈行圖〉、〈變圖〉、〈解圖〉三種圖式後方的司馬光原文，在流傳過程中混入宋代張行成增補的文辭；〈命圖〉更是後人所增益，司馬光原稿並未繪製此種圖式。《皇極內篇》的作者蔡沈未成而死，雖然踵繼其書者頗多，但多集中於明、清兩朝，其中不免出現增補、注解文字摻入原文的現象，例如明朝熊宗立的《洪範九疇數解》，儼然難以分辨原文與注文。胡一桂《周易啓蒙翼傳‧外篇》間接保留了宋代刊行的《太玄》、《洞極眞經》、《潛虛》、《皇極內篇》四部術數典籍原文，即使只是少部分的摘錄，但依然有其文獻學上的價值。

<hr>

〔註217〕〔清〕永瑢、紀昀等纂修：《四庫全書總目‧子部‧術數類》卷108，頁2140。

〔註218〕〔清〕張兆鹿註釋：《蔡子洪範皇極名數‧自敘》，收入林慶彰等主編：《晚清四部叢刊‧第一編》（臺中：文听閣圖書，2010年11月），頁6～8。

第四節 「先天類」術數典籍文獻考述

朱熹《周易本義》卷首羅列四張題名爲「伏羲」的圖式，並加以注解曰：「右伏羲四圖，其說皆出邵氏。……所謂先天之學。」〔註219〕指稱《皇極經世書》爲「先天之學」。南宋樓鑰曰：「先天千載絕學，麻衣得之，傳於希夷，累傳至康節而後盛行。」〔註220〕表示「先天絕學」失傳已久，麻衣道者得其學，並於方外秘傳。五代陳摶（？～？）得之，三傳而至邵雍，〔註221〕邵雍遂將「先天之學」揭示於《皇極經世書》，自此盛行於兩宋。胡一桂《周易啓蒙翼傳》曰：「邵子《皇極經世書》直上接伏羲先天易。……特其作用不同於文王、周、孔，列諸〈外篇〉。」〔註222〕胡氏極爲肯定邵雍的「先天易」，認爲《皇極經世書》確實能夠彰明伏羲聖人之易，只是作用不同於文王以來的「後天易學」，故置於〈外篇〉闡發。

一、《皇極經世書》文獻考述

邵雍《皇極經世書》在文獻學方面的紛擾，反映在此書卷數之演變。北宋程顥（1032～1085）〈邵堯夫先生墓誌銘〉曰：「先生有書六十二卷，命曰《皇極經世》。」〔註223〕可知邵雍生前最後遺留的手稿應當爲「62 卷」。邵雍辭世後，其子邵伯溫（1057～1134）整理出《皇極經世書》「12 卷本」刊行，但此版本儼然已不同於邵雍原先遺留的版本。邵伯溫乃是把邵雍的《觀物篇》和《皇極經世書》兩本書合併，〔註224〕並將邵雍門生張崏（？～？）抄錄的課堂筆錄編入書中，且再增添祖父邵古（？～？）的律呂聲音之學，

〔註219〕〔宋〕朱熹撰：《周易本義・易圖》卷首，收入〔宋〕朱熹撰；朱傑人、嚴佐之、劉永翔主編：《朱子全書》第 1 冊，頁 20。

〔註220〕〔宋〕樓鑰撰：《攻媿集・邵康節《觀物篇》》卷 76，頁 233～234。

〔註221〕邵雍之子邵伯溫曰：「先君受《易》於青社李之才……師事汶陽穆修伯長……師事華山處士陳摶圖南。」足見其「三傳」的師承傳授：陳摶→穆修→李之才→邵雍。引自〔宋〕邵伯溫撰：《易學辨惑》卷 1，收入永瑢、紀昀等纂修：《文淵閣四庫全書・經部・易類》第 9 冊，頁 403～404。

〔註222〕〔元〕胡一桂撰：《周易啓蒙翼傳・外篇・題辭》葉一，頁 4087。

〔註223〕〔宋〕程顥、程頤著；王孝魚點校：《二程集・河南程氏文集》卷 4（北京：中華書局，2008 年 7 月），頁 503。

〔註224〕黃宗羲《宋元學案・康節邵堯夫先生雍》記載：「所著有《觀物篇》、《漁樵問答》、……《皇極經世》等書。」是知《觀物篇》與《皇極經世書》最初爲分別獨立的兩本書。〔清〕黃宗羲原著，全祖望補修；陳金生、梁運華點校：《宋元學案・百源學案》卷 9，第 1 冊，頁 367。

〔註225〕故邵伯溫刊行的 12 卷《皇極經世書》：第 1 卷至第 6 卷爲〈元會運世〉，第 7 卷至第 10 卷爲〈律呂聲音〉，第 11 卷爲〈觀物內篇〉，第 12 卷爲〈觀物外篇〉。〔註226〕北宋張行成《皇極經世索隱》曰：「先生之書，名《皇極經世》，總十二卷。〔註227〕而後加以解釋《皇極經世書》分成「以元經會，以會經運，以運經世」（筆者案：「元會運世」）六卷，闡發日、月運行之變數，是爲「歷數」；「聲音律呂相唱和」四卷，闡述日、月、星、辰、水、火、土、石之變化數，是爲「律數」；餘二卷，闡釋二數之義。〔註228〕張行成之說，顯然是依據邵伯溫的「12 卷本」。然而，《皇極經世書》於南宋時，似乎出現了文獻散亂的狀況，見樓鑰《攻媿集》曰：

> 余始在永嘉得〈先天〉、〈方圓〉二圖於薛象先叔似，傳《皇極經世》之書於王木叔柟，而不見其全。……始得蜀本全帙，因得叩其一二。……今見此卷，悚然起敬，始知板本失眞爲多，然猶恨不見其全也。〔註229〕

樓氏原本所見的《皇極經世書》並非完書，部分篇章內容已經散失。直到見得「蜀本」，方知往昔翻閱的《皇極經世書》版本有所失眞，難以窺知全貌。再看南宋王湜（？～？）《易學・自序》：「康節先生遺書，或得於家之草藁，或得於外之傳聞。草藁則必欲刪而未及，傳聞則有訛謬而不實。」〔註230〕王氏對當時所見《皇極經世書》內容的眞僞性提出疑慮，《四庫全書總目》延續此論點曰：「可知《皇極經世》一書，不盡出於邵子，其言可謂皎然不欺。」〔註231〕指出此書恐怕不完全出自邵雍之手。是知南宋的《皇極經世書》，已是眞僞混雜、難以分辨，故近人張心澂《僞書通考》據此論斷此書屬於「內有僞」〔註232〕之術數典籍。

〔註225〕〔宋〕邵雍著；郭彧整理：《邵雍集・前言》（北京：中華書局，2014 年 2 月），頁 6。

〔註226〕〔清〕王植撰：《皇極經世書解・例言》卷首，收入永瑢、紀昀等纂修：《文淵閣四庫全書・子部・術數類》第 805 冊，頁 249。

〔註227〕〔宋〕張行成撰：《皇極經世索隱・經世觀物總要》卷上，收入永瑢、紀昀等纂修：《文淵閣四庫全書・子部・術數類》第 804 冊，頁 3。

〔註228〕〔宋〕張行成撰：《皇極經世索隱・經世觀物總要》卷上，頁 3。

〔註229〕〔宋〕樓鑰撰：《攻媿集・邵康節《觀物篇》》卷 76，頁 234。

〔註230〕〔宋〕王湜撰：《易學・序》卷首，收入永瑢、紀昀等纂修：《文淵閣四庫全書・子部・術數類》第 805 冊，頁 668。

〔註231〕〔清〕永瑢、紀昀等纂修：《四庫全書總目・子部・術數類》卷 108，頁 2139。

〔註232〕張心澂編著：《僞書通考・子部・術數》，頁 922。

　　《皇極經世書》在元代的文獻流傳狀況，可以管窺脫脫等編纂的《宋史・藝文志》：「邵雍《皇極經世》十二卷，又敍篇《系述》二卷、《觀物外篇》六卷門人張湣記雍之言、《觀物內篇解》二卷雍之子伯溫篇。」〔註233〕以及馬端臨（1254～1323）《文獻通考》：「《皇極經世書》十二卷、《觀物外篇》六卷、《觀物內篇》二卷」。〔註234〕胡一桂《周易啓蒙翼傳》對於《皇極經世書》的文獻記載，〔註235〕與《宋史・藝文志》和《文獻通考》相合，可見元代不單單流傳邵雍《皇極經世書》「12 卷本」，張氏筆錄六卷、邵伯溫之論二卷，亦一併通行。明朝官方刊刻的《正統道藏》，其〈太玄部〉所收入的《皇極經世書》即爲「12 卷本」，〔註236〕清初黃宗炎（1616～1686）《周易尋門餘論》記載：「邵堯夫撰《皇極經世》十二卷。」〔註237〕可見明朝與清初主要流傳「12 卷」的《皇極經世書》。清乾隆時期，《四庫全書》編纂者雖將此書重編爲「14 卷」，〔註238〕但由後世流傳的目錄類書籍觀察，學者們依然較常使用邵伯溫整理的「12 卷」版本。〔註239〕除了邵雍遺留的「62 卷本」、邵伯溫整理的「12 卷本」、《四庫全書》重編的「14 卷本」，另外可見南宋王應麟《玉海》記載：「邵雍撰，十卷」。〔註240〕「10 卷」一說較爲特殊，筆者獨見於《玉海》及清朝于敏中等編纂的《天祿琳瑯書目》。〔註241〕何以會出現「10 卷」的版本？于敏中等清人試圖解釋道：

〔註233〕〔元〕脫脫等修：《宋史・藝文志》卷 202，頁 2404。

〔註234〕〔元〕馬端臨撰：《文獻通考・經籍考》卷 210（臺北：新興書局，1963 年 10 月），頁 1726。

〔註235〕〔元〕胡一桂撰：《周易啓蒙翼傳・中篇・傳注》葉四十四，頁 4028。

〔註236〕〔宋〕邵雍撰：《皇極經世》，收入白雲觀長春眞人編纂：《正統道藏》第 38、39 冊（臺北：新文豐出版公司，1977 年 10 月）。

〔註237〕〔清〕黃宗炎撰：《周易尋門餘論》卷上，收入孫劍秋編著：《清儒黃宗炎易學著作合輯》（臺北：中華文化教育學會，2007 年 4 月），頁 552。

〔註238〕參閱〔宋〕邵雍撰：《皇極經世書》，收入永瑢、紀昀等纂修：《文淵閣四庫全書・子部・術數類》第 803 冊。

〔註239〕晚清張之洞《書目答問》：「《皇極經世書》十二卷，宋邵雍，通行本。」近人潘雨廷《讀易提要》：「《皇極經世書》十二卷，宋邵雍著。」引自〔清〕張之洞著；范希曾補正；高路明點校：《書目答問補正・子部》卷 3（北京：北京燕山出版社，1999 年 5 月），頁 183；潘雨廷著；張文江整理：《讀易提要・邵雍《皇極經世書》提要》，頁 92。

〔註240〕〔宋〕王應麟撰：《玉海・藝文》卷 55，頁 1103。

〔註241〕《天祿琳瑯書目》記載：「宋邵雍著，十卷。」引自〔清〕于敏中等著；徐德明標點：《天祿琳瑯書目・明版子部》卷 9（上海：上海古籍出版社，2007 年 8 月），頁 288。

　　　此書前、後俱無〈序〉、〈跋〉。考晁氏《讀書志》、陳氏《書錄
　　解題》、馬氏《文獻通考》，俱作十二卷。……蓋原書十二卷，前十
　　卷爲「書」，謂之《皇極經世書》；末二卷爲「篇」，謂之〈觀物篇〉。
　　又別見《觀物內篇》二卷單行之本，陳振孫謂即《經世書》之第十
　　一、第十二卷也。〔註242〕

《天祿琳瑯書目》的編纂者們推測：《皇極經世》原爲 12 卷，第 1 卷到第 10
卷爲「書」的部分，故稱爲《皇極經世書》；第 11 卷、第 12 卷則爲〈觀物篇〉，
則是「篇」的部分，並以獨立刊行的《觀物內篇》二卷本作爲此論點之佐證。
因此，「10 卷」的版本，恐怕是剔除邵伯溫「12 卷本」末尾的兩卷〈觀物篇〉，
僅取前十卷「書」的部分。

二、胡一桂對《皇極經世書》的定位

　　不同於其他的〈外篇〉術數典籍，胡一桂於〈內篇〉亦多次提及邵雍及
其《皇極經世書》。除了透露出胡一桂對邵雍的敬仰外，最主要的原因仍是《皇
極經世書》在「易學」與「術數」分類上的困難。胡一桂將《皇極經世書》
設置於《周易啓蒙翼傳・外篇》，理當屬於「術數」典籍；但又在〈中篇〉將
邵雍、邵伯溫父子視爲宋代「易學傳授」的重要支系，〔註243〕並結語曰：「前
宋一代之易學自分爲三節，希夷〈先天〉一圖，開象數之門，至邵子《經世
書》而碩大光明。」〔註244〕顯然是把《皇極經世書》當成「易學」，並加以肯
定《皇極經世書》在宋代易學發展史的地位，只是此書作用異於文王、周公、
孔子之「易」，因而置諸於〈外篇〉。〔註245〕再看《周易啓蒙翼傳・中篇》：「邵
乃推步之法。」下方的小字注解：「或問《易》與《經世》同異？朱子曰：『《易》
是卜筮，《經世》是推步，一分爲二，二分爲四，節節推去。』」〔註246〕此段
引文可見於《朱子語類》曰：「《易》是卜筮之書，《皇極經世》是推步之書。……

〔註242〕〔清〕于敏中等著；徐德明標點：《欽定天祿琳瑯書目・明版子部》卷9，頁
　　　　288。

〔註243〕胡一桂繪製此傳授支系爲「陳摶→穆修→李挺之→邵雍→邵伯溫」。引自〔元〕
　　　　胡一桂撰：《周易啓蒙翼傳・中篇・傳授》葉二十四，頁4018。

〔註244〕〔元〕胡一桂撰：《周易啓蒙翼傳・中篇・傳授》葉二十七，頁4020。

〔註245〕《周易啓蒙翼傳》曰：「邵子《皇極經世書》直上接伏羲先天易。專用其卦，
　　　　不用其筮。……特其作用不同於文王、周、孔，列諸〈外篇〉。」引自〔元〕
　　　　胡一桂撰：《周易啓蒙翼傳・外篇・題辭》葉一，頁4087。

〔註246〕〔元〕胡一桂撰：《周易啓蒙翼傳・中篇・傳授》葉二十七，頁4020。

其書與《易》自不相干。」〔註247〕胡一桂承襲朱熹之說，分《周易》爲「卜筮」之書、《皇極經世書》爲「推步」之書。至於，兩人最大的差異在於：朱熹斷然判分《周易》與《皇極經世書》爲二物，表示《周易》本源於「卜筮」，邵雍則只是貫徹「元、會、運、世」四字；〔註248〕胡一桂始終採取較爲融通的態度，未嘗指稱《皇極經世書》「與《易》自不相干」，而是強調此書：「作用不同於文王、周、孔」，〔註249〕並不否認「先天學」爲「易學」的一環。相似的見解，可見於《周易啓蒙翼傳・胡一桂庭芳父序》曰：「《易緯》、《焦》、《京》、《玄》、《虛》，以至《經世》、《皇極內篇》等作。自邵子專用『先天卦』外，餘皆《易》之支流、餘裔，苟知其榘，則其列諸〈外篇〉。」〔註250〕其父胡方平指出《周易啓蒙翼傳》置諸〈外篇〉者，皆爲《易》之支流、餘裔，卻唯獨排除「邵子專用『先天卦』」，認爲邵雍「先天學」不同於《易緯》、《焦氏易林》、《京氏易傳》等等術數之流。是知，胡一桂對於《皇極經世書》在分類上的融通，應當是受到胡方平的影響。

然而，《周易啓蒙翼傳》畢竟是爲了弘揚朱熹《易學啓蒙》而作，朱熹既然清楚表明《皇極經世書》「與《易》自不相干」，甚至言明「其學只是術數學」。〔註251〕爲了避免形成與朱熹觀點的對立，胡一桂縱使秉持融通的態度，但也不得不分辨《皇極經世書》與《周易》兩者，故在《周易啓蒙翼傳・外篇》撰有《經世》與《易》名、位不同〉一文，文中徵引宋代祝泌（字涇甫，？～？）曰：

> 《易》以占爲神，《極》以筭爲智。……惟《易》之與《極》，其旨若相似，而致用實不同。《易》與《極》之八卦，名同而位殊，爻同而旨異。位之殊：今〈先天〉、〈後天〉之圖可識矣；旨之異：則《易》之〈乾〉爲天、爲金，而《極》則爲日、爲水之類。……自是充之，非惟八卦取象之異於《易》，而吉、凶、悔、吝亦大不同。〔註252〕

〔註247〕〔宋〕朱熹撰：《朱子語類・邵子之書》卷100，收入〔宋〕朱熹撰；朱傑人、嚴佐之、劉永翔主編：《朱子全書》第17冊，頁3346。

〔註248〕〔宋〕朱熹撰：《朱子語類・易二》卷66，收入〔宋〕朱熹撰；朱傑人、嚴佐之、劉永翔主編：《朱子全書》第16冊，頁2188。

〔註249〕〔元〕胡一桂撰：《周易啓蒙翼傳・外篇・題辭》葉一，頁4087。

〔註250〕〔元〕胡一桂撰：《周易啓蒙翼傳・胡一桂庭芳父序》卷首，收入〔清〕永瑢、紀昀等纂修：《摛藻堂四庫全書薈要・經部・易類》第11冊，頁209。

〔註251〕〔宋〕朱熹撰：《朱子語類・邵子之書》卷100，頁3355。

〔註252〕〔元〕胡一桂撰：《周易啓蒙翼傳・外篇・皇極經世書》葉七十九，頁4126。

《周易》藉由占筮，取驗於天神之研幾，求取將見之象；《皇極經世書》則透過籌法，鑽探於人智之極深，統御無窮之數。前者旨在「占」，後者旨在「籌」；前者取於「神」，後者取於「人」；前者求於「象」，後者求於「數」，祝泌扼要地點出《周易》與《皇極經世書》本質上的差異，兩者看似相仿，實際卻相去甚遠。兩者皆用六十四卦之卦名，卻有「先天」、「後天」之別；兩者皆用八卦之卦象，象徵含義卻是彼此大相逕庭。在祝氏此語之後，胡一桂總結曰：「愚謂《極》只取伏羲卦畫，不用文王、周、孔之辭，故其作用之不同，固无怪其然矣。」〔註253〕再次聲明邵雍《皇極經世書》僅是取用伏羲八卦，不用《周易》經傳文字，雖然屬於「易」生成的一環，但全然不同於文王、周公、孔子之「後天易學」。

北宋邵雍《皇極經世書》在文獻方面的混亂，在在顯露於此書「卷數」之演變：由邵雍生前遺留的「62卷」，到其子邵伯溫整理的「12卷本」，顯然可見此版本與原書有所不同。時至南宋，《皇極經世書》「12卷本」文獻出現紊亂，部分篇章內容散失，難以窺見此書原貌，故樓鑰、王湜等學者紛紛提出質疑，近人張心澂《偽書通考》最後以「內有偽」評斷，說明今本《皇極經世書》的內容，勢必摻雜後人附會之說。元、明兩朝《皇極經世書》最為通行的版本為邵伯溫整理的「12卷本」（亦有少數剔除末尾兩卷〈觀物篇〉的「10卷」版本刊行）。乾隆年間，《四庫全書》編纂時，雖將此書重編為「14卷本」，但後世學者依然較常使用原來的「12卷本」。另一方面，《皇極經世書》究竟應當歸屬於「易學類」，或是「術數類」？朱熹直截地稱其為「術數學」，與《周易》並不相關，胡一桂雖將此書設置於〈外篇〉，但在《周易啓蒙翼傳》屢屢可見胡氏把邵雍先天學說，視為「易」的一環，甚至納入〈內篇〉的宋代易學傳授脈絡之中，表露出《皇極經世書》只是作用不同於文王、周公、孔子之「易」，並不完全等同於《太玄》、《洞極眞經》、《潛虛》、《皇極內篇》等術數之流。

〔註253〕〔元〕胡一桂撰：《周易啓蒙翼傳·外篇·皇極經世書》葉七十九，頁4126。

第三章　《周易啓蒙翼傳・緯書》
古文八卦與九宮說

　　《周易啓蒙翼傳・外篇》以《易緯》爲首，〔註1〕乃是認定《易緯》不應歸入易學，而是屬於術數之流。反觀近人朱伯崑、林忠軍皆以《易緯》爲兩漢詮釋《周易》的一脈，〔註2〕肯定其對易學史發展具有深遠影響。胡一桂之所以將《易緯》列爲〈外篇〉，除了《易緯》文獻本身並非是對《周易》經傳的注疏之外，更是因爲宋末元初時的緯書文獻殘缺不堪，僞作充斥，難以將此類眞僞夾雜的文獻歸入易學殿堂。在《易緯》文獻紛亂無序的情況下，胡一桂又是如何取得相關文獻？如何加以載錄與申論？評述是否合理？以上即爲本章將探討之處。《周易啓蒙翼傳・外篇・緯書》述及的《易緯》包含：《稽覽圖》、《乾鑿度》、《坤靈圖》、《通卦驗》、《類是謀》（筆者案：胡氏文本誤，應當作《是類謀》）〔註3〕、《辨終備》、《乾坤鑿度》，對比清代《四

〔註1〕〔元〕胡一桂撰：《周易啓蒙翼傳・外篇・題辭》葉一，頁 4087。

〔註2〕朱伯崑曰：「《易緯》是對《周易》經傳文所作的解釋，是漢易中的一個重要流派。」林忠軍曰：「《易緯》是漢儒解釋《易經》的系列叢書。」引自朱伯崑著：《易學哲學史・漢代的象數之學》第 1 卷，頁 179；林忠軍著：《象數易學發展史・《易緯》象數易學》第 1 卷，頁 120。

〔註3〕《類是謀》爲《是類謀》錯置。唐章懷太子李賢於〈樊英傳〉注解「七緯」曰：「易緯：《稽覽圖》、《乾鑿度》、《坤靈圖》、《通卦驗》、《是類謀》、《辨終備》。」清代《四庫全書》所收錄的八種《易緯》篇目，亦作《是類謀》，此處當爲作者之疏失或手民抄錄之誤。引自〔南朝宋〕范曄撰；〔唐〕李賢等注：《後漢書・方術列傳》卷 82（北京：中華書局，2012 年 12 月），頁 2721；參閱〔漢〕鄭玄注：《易緯是類謀》，收入〔清〕永瑢、紀昀等纂修：《景印文淵閣四庫全書》第 53 冊，頁 903。

庫全書》收錄的八種《易緯》，[註4] 未含《乾元序制記》一篇。見胡一桂於
《周易啓蒙翼傳》引述亡友程龍之語：「宋大明中，始禁圖讖；梁天監以後，
又重其制；隋煬帝發使收天下讖緯書，悉焚之。故遂散亂，无復全書。今行
于世，惟乾坤二《鑿度》。」[註5] 是知隋朝之後，《易緯》文獻紊亂不堪，
胡一桂所能見全文者，僅有《乾坤鑿度》一種。然而，對照《周易啓蒙翼傳·
緯書》篇目，卻收錄有《乾坤鑿度》、《乾鑿度》、《通卦驗》三種《易緯》文
獻的部分內容，其列舉《乾坤鑿度》：「古文八卦」、「大象八」項目；[註6]
徵引《乾鑿度》：「太一取其數以行九宮。」並加以申論；[註7] 最後又援用
《通卦驗》：「正其本而萬物理，失之毫釐，差以千里。」並加以申論。[註8]
既然程龍表示：《乾鑿度》、《通卦驗》在隋之後，已然「无復全書」，胡一桂
引述的此兩條文獻內容，理當源自於他處。胡一桂特地從其他文獻內容輯錄
出「太一取其數以行九宮」、「正其本而萬物理，失之毫釐，差以千里」兩條
文句，置於《周易啓蒙翼傳·外篇》加以論述，自有其亟欲申說之處，故本
論文即以《乾坤鑿度》的「上古文字衍生八卦」、《乾鑿度》的「太一取其數
以行九宮」、《通卦驗》的「正其本而萬物理，失之毫釐，差以千里」作爲開
展。

第一節　《乾坤鑿度》：上古變文，演成八卦

　　《周易啓蒙翼傳·乾鑿度》起首曰：「包羲氏先文，公孫軒轅氏演古籀文，
蒼頡修爲上、下篇，首稱黃帝曰。」[註9] 此段文字同於《四庫全書·乾坤鑿
度》之題辭。[註10] 再看《周易啓蒙翼傳》將《乾鑿度》分爲〈乾鑿度上文〉
和〈坤鑿度下文〉，亦同於《四庫全書·乾坤鑿度》之〈乾鑿度〉和〈坤鑿度〉，

[註4]　《四庫全書》的八種《易緯》，包含：《乾坤鑿度》、《易緯稽覽圖》、《易緯辨
　　　　終備》、《周易乾鑿度》、《易緯通卦驗》、《易緯乾元序制記》、《易緯是類謀》、
　　　　《易緯坤靈圖》。本論文所徵引的《易緯》文本內容，未有特別標幟者，皆是
　　　　援引自《文淵閣四庫全書》。
[註5]　〔元〕胡一桂撰：《周易啓蒙翼傳·外篇·緯書》葉四，頁4088。
[註6]　〔元〕胡一桂撰：《周易啓蒙翼傳·外篇·緯書》葉二一三，頁4087～4088。
[註7]　〔元〕胡一桂撰：《周易啓蒙翼傳·外篇·緯書》葉三，頁4088。
[註8]　〔元〕胡一桂撰：《周易啓蒙翼傳·外篇·緯書》葉四，頁4088。
[註9]　〔元〕胡一桂撰：《周易啓蒙翼傳·外篇·緯書》葉二，頁4087。
[註10]　〔漢〕鄭玄注：《乾坤鑿度·乾坤鑿度·題辭》卷上，頁826。

〔註11〕是知胡一桂未能區別《乾鑿度》與《乾坤鑿度》實爲兩種不同的《易緯》。〔註12〕考察《周易啓蒙翼傳‧乾鑿度》囊括：「古文八卦」、「大象八」、「四門」、「四正」、「索象畫卦」、「象成數生」六節，雖然胡一桂以「乾鑿度」爲篇名，但事實上應當屬於「乾坤鑿度」之文獻內容，此可對照《四庫全書‧乾坤鑿度》。

　　在《乾坤鑿度》的理論系統中，宣稱《周易》乃是從上古文字演化而來，大致有三點可印證：（一）將《乾坤鑿度》題辭：「庖羲氏先文，公孫軒轅氏演古籀文，蒼頡修爲上、下二篇。」對比東漢許愼（58～148）《說文解字‧敘》：「古者庖犧氏之王天下也，仰則觀象於天，俯則觀法於地……於是始作『易』八卦。……黃帝之史倉頡，見鳥獸遞远之跡，……初造書契。」〔註13〕對比可知，《乾坤鑿度》題辭所標舉的「庖羲氏」、「軒轅氏」、「蒼頡」三者，悉數出現於〈說文解字敘〉，可知其託名於與造字相關的傳說人物。（二）《乾坤鑿度》內有〈太古文目〉一篇，該篇提到：《元皇介》、《垂皇策》、《萬形經》、《乾文緯》、《乾鑿庀》、《考靈經》、《制靈圖》、《河圖八文》、《希夷名》、《含文嘉》、《稽命圖》、《墳文》、《八文大籀》、《元命包》14 種緯書篇目，〈太古文目〉則統稱爲「一十四文大行」，指出上述 14 種爲上古文字。〔註14〕又見〈太古文目〉結語曰：「上古變文爲字，變氣爲『易』。畫卦爲象，象成設位。」〔註15〕《四庫全書‧乾坤鑿度》注解曰：「庖氏畫卦，變文爲卦字也。」〔註16〕說明古代聖王依據天地顯示的紋理作成「文字」，而後變文爲「易」之卦象。（三）《乾坤鑿度》另有〈古文八卦〉一篇，文中認爲八卦之卦畫，即爲其卦象的上古文字，如《乾坤鑿度》曰：「☰，古文『天』字，今爲〈乾〉卦。」〔註17〕指稱〈乾〉卦是從上古文字的「天」字☰演變而來，其餘七卦，見表格整理：

〔註11〕〔元〕胡一桂撰：《周易啓蒙翼傳‧外篇‧緯書》葉二一三，頁 4087～4088；〔漢〕鄭玄注：《乾坤鑿度‧乾坤鑿度》，頁 826～839。

〔註12〕明代胡應麟曰：「《周易乾鑿度》二卷，又《乾坤鑿度》二卷，今合爲一，實二書也。《乾坤鑿度》稱黃帝撰，而《乾鑿度》皆假孔子爲言。」引自〔明〕胡應麟著：《四部正譌‧乾鑿度乾坤鑿度》卷上（臺北：臺灣開明書局，1969 年 4 月），頁 6。

〔註13〕〔漢〕許愼撰；〔清〕段玉裁注：《新添古音說文解字注‧敘》卷 15（臺北：洪葉文化事業，2001 年 10 月），頁 761。

〔註14〕〔漢〕鄭玄注：《乾坤鑿度‧乾坤鑿度‧太古文目》卷上，頁 828。

〔註15〕〔漢〕鄭玄注：《乾坤鑿度‧乾坤鑿度‧太古文目》卷上，頁 829。

〔註16〕〔漢〕鄭玄注：《乾坤鑿度‧乾坤鑿度‧太古文目》卷上，頁 829。

〔註17〕〔漢〕鄭玄注：《乾坤鑿度‧乾坤鑿度‧古文八卦》卷上，頁 829。

表3-1、《乾坤鑿度》〈古文八卦〉內容〔註18〕

☰	古文天字,今爲乾卦。重,聖人重三而成立,位得上下,人倫王道備矣,亦川字,覆萬物。
☷	古地字,軵於乾,古聖人以爲坤卦,此文本於《坤鑿度》錄,後人益之,對乾位也。
☴	古風字,今巽卦。風散萬物,天地氣脉不通,由風行之,逐形入也,風無所不入。
☶	古山字,外陽內陰,聖人以山含元氣,積陽之氣成石,可感天,雨降石潤然,山澤通元氣。
☵	古坎〔註19〕字,水情內剛外柔,性下不上,恒附於氣也。大理在〈天潢篇〉。
☲	古火字,爲離。內弱外剛,外威內暗,性上不下,聖人知炎光不入於地。
☳	古雷字,今爲震,動雷之聲形,能鼓萬物,息者起之,閉者啓之。
☱	古澤之,今之兌。兌澤萬物,不有拒,上虛下實,理之澤萬物。象斷流曰澤。

〈乾〉爲天、〈坤〉爲地、〈巽〉爲風、〈艮〉爲山、〈坎〉爲水、〈離〉爲火、〈震〉爲雷、〈兌〉爲澤,記載於《周易・說卦傳》,〔註20〕後人稱之爲「卦象」。《乾坤鑿度》指稱八卦「☰」、「☷」、「☴」、「☶」、「☵」、「☲」、「☳」、「☱」依序是「天」、「地」、「風」、「山」、「水」、「火」、「雷」、「澤」的上古文字,並將此八符號視爲《周易》濫觴。《乾坤鑿度》闡述庖羲氏觀天法地而畫八卦,此八者即爲「天」、「地」、「風」、「山」、「水」、「火」、「雷」、「澤」的上古文字,進而出現卦名「乾」、「坤」、「巽」、「艮」、「坎」、「離」、「震」、

〔註18〕〔漢〕鄭玄注:《乾坤鑿度・乾鑿度・古文八卦》卷上,頁829。

〔註19〕胡一桂《周易啓蒙翼傳・乾鑿度》作「水」字,比照其他七卦,此處當作「水」字。然而,不僅《四庫全書》作「坎」,《說郛》與《七緯》兩書同樣皆作「坎」字,或許爲傳抄之誤。可依序對照〔元〕胡一桂撰:《周易啓蒙翼傳・外篇・緯書》葉二,頁4087;〔明〕陶宗儀、陶珽編:《說郛三種・說郛一百二十弓・《乾鑿度》弓二》第3冊(上海:上海古籍出版社,1989年1月),頁71;〔清〕趙在翰輯;鍾肇鵬、蕭文郁點校:《七緯・易緯》卷1(北京:中華書局,2013年1月),頁6。

〔註20〕〔魏〕王弼、〔晉〕韓康伯注,〔唐〕孔穎達等正義:《周易正義・說卦傳》卷9,頁185~186。

「兌」，發生時序爲：「卦畫」→「卦象」→「卦名」，故稱《周易》發軔於上古文字。

　　胡一桂於《周易啓蒙翼傳》繪有〈日月爲易〉圖，並徵引宋代鄭厚（1100～1160）曰：「易從日、從月。」〔註21〕又引宋代陸秉（？～？）曰：「易字，篆文日下從月，取日、月交配而成，是日往月來，迭相爲『易』之義。」〔註22〕指出「易」爲日月往來、更迭而成，「易」字亦是由「日」、「月」兩字組成。「日月爲易」之說，最早可見於東漢許愼《說文解字》：「秘書說：『日月爲易，象陰陽也。』」〔註23〕近人馬敍倫評述此段文獻曰：「凡許稱秘書，即諸緯也。」〔註24〕認爲《說文解字》所謂的「秘書」，即是來自緯書。「日月爲易」之說，另外可見於《周易參同契》曰：「坎戊月精，離己日光，日月爲易，剛柔相當。」〔註25〕魏伯陽進一步將日月配上〈坎〉、〈離〉二卦。胡一桂接納此說法，以「☉」（日）上，「㾓」（月）下合併爲「㿟」（易），並將圖式置於《周易啓蒙翼傳‧日月爲易》起首（見〈圖一〉），開宗明義曰：

　　　　　愚謂於文，日中有一奇也，月中有二偶也。一而二，二而三，

　　　三才道立，萬物生生變化无窮矣。……日月特〈坎〉、〈離〉二象。……

　　〈離〉陰卦，乃日象；〈坎〉陽卦，乃月象。〔註26〕

胡一桂以〈離〉爲日、〈坎〉爲月，日（☉）中有一奇，月（㾓）中有二偶，陰陽相配、相生。此處的「〈坎〉月〈離〉日」之說，固然援引於《周易參同契》，〔註27〕但亦能看到胡一桂以〈離〉（☲）和〈坎〉（☵）兩卦畫，轉化爲日（☉）、月（㾓）形象，並再由日、月形象衍生爲「易」（㿟）字。若將此轉換模式，對比《乾坤鑿度》的古文字衍生八卦說，著實具有概念上的相似處，「易」爲〈離〉（☲）日（☉）和〈坎〉（☵）月（㾓）兩者相合而成。

　　胡一桂依循魏伯陽、鄭厚、陸秉等儒者對《說文解字》「秘書說」的見解，以「日月相合」解讀「易」字，此說固然頗具爭議，清代段玉裁（1735～1815）

〔註21〕〔元〕胡一桂撰：《周易啓蒙翼傳‧上篇‧天地自然之易》葉一，頁 3979。

〔註22〕〔元〕胡一桂撰：《周易啓蒙翼傳‧上篇‧天地自然之易》葉一一二，頁 3979。

〔註23〕〔漢〕許愼撰；〔清〕段玉裁注：《新添古音說文解字注‧第九篇下》，頁 463。

〔註24〕馬敍倫著：《讀書小記》卷 2（上海：商務印書館，1933 年 9 月），頁 35。

〔註25〕〔後蜀〕彭曉著：《周易參同契眞義‧言不苟造章第九》卷上，頁 24。

〔註26〕〔元〕胡一桂撰：《周易啓蒙翼傳‧上篇‧天地自然之易》葉二，頁 3979。

〔註27〕〔後蜀〕彭曉著：《周易參同契眞義‧乾坤者易之門戶章第一》卷上，頁 15～16。

已有批駁。〔註28〕由「日月爲易」之說，可以窺得兩個現象：第一、《易緯》
影響了後代儒者對文字的解讀方式；第二、在《易緯》的理論系統中，文字
皆是由物之形、物之象組成。

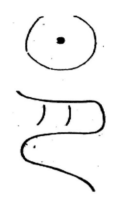

圖 3-1、胡一桂〈日月為易圖〉〔註29〕

第二節　《乾鑿度》：太一取其數以行九宮

　　胡一桂《周易啓蒙翼傳》摘錄《乾鑿度》曰：「太一取其數以行九宮。」
〔註30〕此處先簡述「九宮」與「太一」之淵源與含義。「九宮」原型來自《小
戴禮記》的〈明堂〉、〈月令〉兩篇，描述古代天子依據一年四時十二月次序，
分別居住於明堂九室。〔註31〕《大戴禮記》亦有同樣記載：「明堂者，古有之
也。凡九室……二九四、七五三、六一八。」北魏盧辯（？～？）注解曰：「《記》
用九室，謂法龜文，故取此數以明其制。」〔註32〕認爲九室之數與「龜占」
相關。事實上，《小戴禮記》和《大戴禮記》唯有「九室」一詞，未嘗出現「九

〔註28〕段玉裁《說文解字注》曰：「許先言本義。而後引祕書說。云祕書者、明其未
　　　　必然也。……祕書謂緯書。……謂上從日象陽。下從月象陰。緯書說字多言
　　　　形而非其義。此雖近理。要非六書之本。然下體亦非月也。」引自〔漢〕許
　　　　慎撰；〔清〕段玉裁注：《新添古音說文解字注·第九篇下》，頁463。
〔註29〕〔元〕胡一桂撰：《周易啓蒙翼傳·上篇·天地自然之易》葉一，頁3979。
〔註30〕〔元〕胡一桂撰：《周易啓蒙翼傳·外篇·緯書》葉三，頁4088。
〔註31〕〔漢〕鄭玄注；〔唐〕孔穎達等正義：《禮記正義·月令》卷14～17，收入〔清〕
　　　　阮元校勘：《十三經注疏》第5冊（臺北：藝文印書館，2007年8月），頁285
　　　　～347。
〔註32〕方向東撰：《大戴禮記彙校集解·明堂》卷8（北京：中華書局，2008年7月），
　　　　頁860。

宮」二字，見清代胡渭《易圖明辨》曰：

> 九宮……實造端於〈明堂〉、〈月令〉之說。……二九四共爲十
> 五，七五三共爲十五，六一八共爲十五，縱橫十五，妙合自然。後
> 世九宮之數，實權輿於此。……術家取九室之數，配以八卦、五行，
> 名之曰九宮。〔註33〕

是知「九宮」爲後世術數衍生之物，以上排爲二、九、四，相加爲十五；中
排爲七、五、三，相加爲十五；下排爲六、一、八，相加爲十五，術數家以
明堂「九室」之數爲原型，配上八卦、五行而成（見〈圖二〉）。

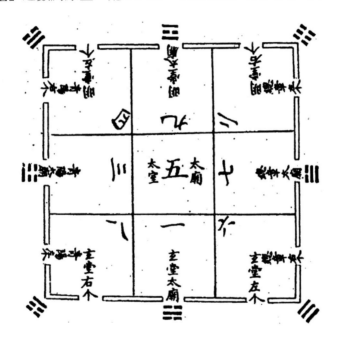

圖 3-2、胡渭〈明堂九室圖〉〔註34〕

　　「太一」在《呂氏春秋》、《淮南子》乃是指稱宇宙初始、天地未分的渾
沌狀態。〔註35〕在司馬遷（？～86B.C.E.）《史記》當中，則是代表至尊天神

〔註33〕　〔清〕胡渭撰；鄭萬耕點校：《易圖明辨・九宮》卷2，頁42～46。

〔註34〕　〔清〕胡渭撰；鄭萬耕點校：《易圖明辨・九宮》卷2，頁44。

〔註35〕　此可見於《呂氏春秋》：「太一出兩儀，兩儀出陰陽。……萬物所出，造于太
　　　　　一，化于陰陽。」《淮南子》：「洞同天地，渾沌爲樸，未造而成物，謂之太一。」
　　　　　依序引自王利器注疏：《呂氏春秋注疏・大樂》卷5（成都：巴蜀書社，2002
　　　　　年1月），頁496～499；張雙棣撰：《淮南子校釋・詮言訓》卷14（北京：北
　　　　　京大學出版社，2013年1月），頁1494。

星位之名。〔註36〕胡一桂《周易啓蒙翼傳》徵引東漢鄭玄注《乾鑿度》曰：「太一，北辰名，下行八卦之宮。……中央者，北辰所居。……遊息於太一之星。」〔註37〕再從「行九宮」一語判別，此處的「太一」應作天神星位之名。唐代王希明（？～？）曰：「太乙，天帝之神也。」〔註38〕宋神宗立有《宋中太乙宮碑銘》，碑文曰：「太乙，五福之神。」〔註39〕明末清初黃宗羲曰：「太一者，天帝之神。」〔註40〕可見以「太一」爲「天神」之觀念，從漢武帝時期一直延續到明末清初。至於，「太一取其數以行九宮」最早見於鄭玄注解的《乾鑿度》，胡一桂於《周易啓蒙翼傳・緯書》有所引述：

> 太一，北辰名，下行八卦之宮。每四，乃還中央。中央者，北辰所居，故謂之九宮。天數太分以陽出、以陰入。陽起子，陰起午，是以太一下九宮，從〈坎〉宮始，自此從〈坤〉宮，又自此從〈震〉宮，又自此從〈巽〉宮，所從半矣。還息中央之宮，既又自此從〈乾〉宮，又自此從〈兌〉宮，又自此從〈艮〉宮，又自此從〈離〉宮，行則周矣。上遊息於太一之星，反子宮行起，始〈坎〉終〈離〉。〔註41〕

胡一桂此段徵引，對比《四庫全書・乾鑿度》文獻，雖然內容含義大抵相同，但卻簡略得多。〔註42〕上述「太一下行九宮」之順序如下：〈坎〉宮→〈坤〉宮→〈震〉宮→〈巽〉宮→中央之宮→〈乾〉宮→〈兌〉宮→〈艮〉宮→〈離〉宮→返回子（紫）宮。「太一取其數以行九宮」之說流傳久遠，清朝胡渭、毛奇齡（1629～1713）俱有繪製「太一下行九宮圖」，筆者載錄於〈圖三〉、〈圖四〉：

〔註36〕可見於《史記》〈孝武本紀〉：「神君最貴者，太一。」〈天官書〉：「中宮天極星，其一明者，太一常居也。」〈封禪書〉：「天神貴者太一，太一佐曰五帝。」依序引自〔漢〕司馬遷撰：《史記》〈孝武本紀〉卷12、〈天官書〉卷27、〈封禪書〉卷28（北京：中華書局，2010年5月），頁459、頁1289、頁1386。

〔註37〕〔元〕胡一桂撰：《周易啓蒙翼傳・外篇・緯書》葉三，頁4088。

〔註38〕〔唐〕王希明撰：《太乙金鏡式經・序》，收入〔清〕永瑢、紀昀等纂修：《景印文淵閣四庫全書》第810冊，頁857。

〔註39〕〔宋〕宋神宗敕令刊刻：《宋中太乙宮碑銘》，收入白雲觀長春眞人編纂：《正統道藏》第33冊（臺北：新文豐出版公司，1977年10月），頁69。

〔註40〕〔清〕黃宗羲撰：鄭萬耕點校：《易學象數論・太一》卷6，頁281。

〔註41〕〔元〕胡一桂撰：《周易啓蒙翼傳・外篇・緯書》葉三，頁4088。

〔註42〕參閱〔漢〕鄭玄注：《周易乾鑿度》卷下，頁875。

圖 3-3、胡渭〈太一下行九宮圖〉〔註 43〕

圖 3-4、毛奇齡〈太一下九宮圖〉〔註 44〕

〔註 43〕 〔清〕胡渭撰；鄭萬耕點校：《易圖明辨・九宮》卷 2，頁 48。
〔註 44〕 〔清〕毛奇齡撰；鄭萬耕點校：《毛奇齡易著四種・河圖洛書原舛編》（北京：中華書局，2010 年 1 月），頁 87。

　　東漢鄭玄注《乾鑿度》「太一下行九宮」之說，雖然流傳久遠，但並未特別
受到重視。直到宋元兩朝，才重新被儒者們關注，乃因「太一下行九宮」涉及
宋代《河圖》、《洛書》兩圖式的形成。見胡一桂《周易啓蒙翼傳·緯書》徵引
宋代姚小彭（？～？）曰：「今所傳『戴九履一』之圖，乃《易乾鑿度》九宮法
也。」〔註45〕對比南宋朱熹《周易本義》卷首圖式，以及胡一桂《周易啓蒙翼
傳》載錄的《河圖》、《洛書》，可知此處「『戴九履一』之圖」所指者爲《洛書》。
〔註46〕（朱熹、胡一桂所認定之《洛書》，請見於〈圖五〉、〈圖六〉）：

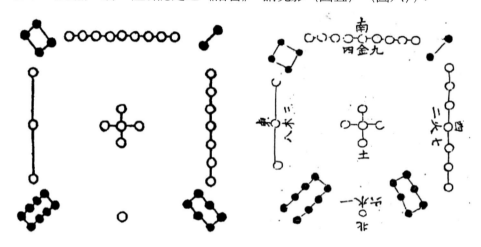

　　圖 3-5、朱熹〈洛書〉〔註47〕　　　　　圖 3-6、胡一桂〈洛書〉〔註48〕

由此可知，宋代已有儒者表示：《洛書》圖式取自《乾鑿度》「太一下行九宮」
之法。對於「太一下行九宮」與《洛書》之間的連結，胡一桂雖然予以認同，
但卻不對此展開進一步的論述，於《周易啓蒙翼傳》徵引程龍曰：

　　　　《乾坤二鑿度·序》稱包羲氏作注，稱其書謂序〈乾〉、〈坤〉
　　　　之元體，與易大行者也，考其間有所謂『太一九宮』……。古今術

〔註45〕〔元〕胡一桂撰：《周易啓蒙翼傳·外篇·緯書》葉三，頁 4088。

〔註46〕北宋劉牧以九數爲《河圖》、十數爲《洛書》，朱熹的主張與之相反，以十數
　　　　爲《河圖》、九數爲《洛書》，其間緣由與相關探討請參閱李申著：《易圖考·
　　　　《河圖》、《洛書》源流考》（北京：北京大學出版社，2000 年 12 月），頁 171
　　　　～175。

〔註47〕〔宋〕朱熹撰：《周易本義·易圖》卷首，收入〔宋〕朱熹撰；朱傑人、嚴佐
　　　　之、劉永翔主編：《朱子全書》第 1 冊（上海：上海古籍出版社；合肥：安徽
　　　　教育出版社，2002 年 12 月），頁 18。

〔註48〕〔元〕胡一桂撰：《周易啓蒙翼傳·上篇·洛書》葉三，頁 3980。

家多用之，又似陰陽卜筮者，流托爲包羲氏書，以自神其説也。

指出《乾鑿度》「太一下行九宮」之説，乃是術數家爲了假托於包羲氏而作。因此，除了《周易啓蒙翼傳‧緯書》之外，胡一桂未嘗在《周易啓蒙翼傳》他處提及「太一下九宮」一語，縱使是闡發《河圖》、《洛書》之章節亦然，〔註49〕是知胡一桂並未完全接納「《洛書》發軔於『太一取其數以行九宮』」之論點。但其也並非全然摒棄此説，見《周易啓蒙翼傳‧緯書》結語：

> 《易緯乾鑿度》……，其中多有不可曉者，獨「九宮」之法頗明。……第漢去古未遠，雖秦爐之餘，猶或尚有祖述，如羲之用蓍，「九宮」之於《洛書》，皆有裨於《易》教。〔註50〕

胡一桂首先説明《乾鑿度》出於秦漢，有其文獻價值，內容固然大多不可解，但「九宮之法」頗爲明白。此處尤其指出「『九宮』之於《洛書》」，顯然是認同兩者之間的對應關係。總言之，胡一桂對於《乾鑿度》「太一下行九宮」之説，乃是採取保留態度，此或許繼承自其父胡方平《易學啓蒙通釋》曰：「《參同》、『太一』之屬，雖不足道，然亦無不相通，蓋自然之理。」〔註51〕指稱《周易參同契》與「太一下行九宮」等等學説，雖然僅是術數之流，縱使不足觀，但彼此之間，隱含相通之理，亦不得偏廢。

至於，「《洛書》發軔於『太一取其數以行九宮』」此項論點是否成立？筆者考察唐代李鼎祚（？～？）《周易集解》徵引唐代崔憬（？～？）曰：「太一亦爲一數，而守其位。」〔註52〕可知唐代的「太一」，被視爲「守其位」之象徵。同爲唐代的孔穎達（574～648）《周易正義》亦無「太一下九宮」之説，是故黃宗羲辨析《洛書》與「太一」、「九宮」原本判然不相及。〔註53〕直到宋人摹擬九宮之法自行創發、繪製《洛書》圖式，遂出現此項論點，可謂倒果爲因、以僞亂眞。

〔註49〕〔元〕胡一桂撰：《周易啓蒙翼傳‧上篇‧天地自然之易》葉三一八，頁3980～3982。

〔註50〕〔元〕胡一桂撰：《周易啓蒙翼傳‧外篇‧緯書》葉四一五，頁4088～4089。

〔註51〕〔宋〕胡方平撰：《易學啓蒙通釋》卷上，收入〔清〕徐乾學等輯；納蘭成德校刊：《通志堂經解》第3冊（臺北：大通書局，1970年2月），頁1496。

〔註52〕〔唐〕李鼎祚輯：《周易集解》卷14，收入嚴靈峯編輯：《無求備齋易經集成》第12冊（臺北：成文出版社，1976年），頁684。

〔註53〕〔清〕黃宗羲撰：鄭萬耕點校：《易學象數論‧圖書二》卷1，頁16。

第三節　《通卦驗》：失之毫釐，差以千里

　　前文已述，《易緯》大抵焚燬於隋朝，故胡一桂未能見得《通卦驗》的文本內容，僅見前賢引述《通卦驗》：「正其本而萬物理，失之毫釐，差以千里。」而將此語收錄於《周易啓蒙翼傳・緯書》。〔註54〕倘若不論緯書，目前所能見兩漢記載此段文獻的典籍爲《大戴禮記》、《小戴禮記》、《史記》、《漢書》：

　　　　《大戴禮記》：「《易》曰：正其本，萬物理。失之毫釐，差之千里。」〔註55〕

　　　　《小戴禮記》：「《易》曰：君子慎始，差若豪氂，繆以千里。」〔註56〕

　　　　《史記》：「《易》曰：失之豪氂，差以千里。」〔註57〕

　　　　《漢書》：「《易》曰：正其本，萬事理。失之豪氂，差以千里。」〔註58〕

對比四者可知：《大戴禮記》和《漢書》記載的「《易》曰」與胡一桂所記載的《通卦驗》內容極爲相似。值得注意的是，此四部典籍皆是以「《易》曰」作爲引述，但檢視今本《易》卻不見此段文獻，南朝宋裴駰（？～？）《史記集解》曰：「今《易》無此語，『易緯』有之。」〔註59〕再看唐代顏師古（581～645）《漢書注》曰：「今之《易經》及〈彖〉、〈象〉、〈繫辭〉並無此語。所稱『易緯』者，則有之焉。斯蓋《易》家之別說者。」〔註60〕南朝宋、唐朝史學家已表示當時的《周易》文本並無「失之毫釐，差以千里」之語，並指稱其爲《易緯》之說。胡一桂於《周易啓蒙翼傳》援引南宋馮椅（字厚齋，？～？）曰：「案：館閣本《通卦驗》有曰：正其本而萬物理，失之毫釐，差以千里。」以及程迥（字可久，？～？）曰：「漢儒引：『君子正其始，萬事理。差之毫釐，繆以千里。』此緯書《通卦驗》之文。」〔註61〕胡一桂徵引的馮椅、程迥兩人皆爲南宋儒者，可見當時儒者已經能夠具體指認此段文獻源自

〔註54〕〔元〕胡一桂撰：《周易啓蒙翼傳・外篇・緯書》葉四，頁4088。
〔註55〕方向東撰：《大戴禮記彙校集解・保傳》卷3，頁367。
〔註56〕〔漢〕鄭玄注；〔唐〕孔穎達等正義：《禮記正義・經解》卷50，頁847。
〔註57〕〔漢〕司馬遷撰：《史記・太史公自序》卷130，頁3298。
〔註58〕〔漢〕班固著；〔唐〕顏師古注：《漢書・東方朔傳》卷65（北京：中華書局，2007年10月），頁2858。
〔註59〕〔漢〕司馬遷撰：《史記・太史公自序》卷130，頁3299。
〔註60〕〔漢〕班固著；〔唐〕顏師古注：《漢書・司馬遷傳》卷62，頁2719。
〔註61〕〔元〕胡一桂撰：《周易啓蒙翼傳・外篇・緯書》葉四，頁4088。

《易緯》中的《通卦驗》；另一方面，亦可見此段文獻內容，歷來略有小異，前一句或作「失之毫釐」，或作「差之毫釐」；後一句或爲「差以千里」，或爲「繆以千里」，而胡一桂所引述者，則是與《大戴禮記》：「正其本，萬物理。失之毫釐，差之千里。」最爲相似。

　　胡一桂之所以摘錄《通卦驗》的「失之毫釐，差以千里」一語，乃因此段文獻曾經被北宋歐陽修和黃庭堅（字魯直，1045～1105）誤以爲是《周易》經、傳文字。見歐陽修〈傳易圖序〉記載：

　　　　余讀〈經解〉，至其引《易》曰：「差若毫釐，繆以千里」之說，
　　　　又讀今《周易》……而莫可得。……當秦焚書時，《易》以卜筮，得
　　　　獨不焚。其後漢興，他書雖出，皆多殘缺，而《易經》以故獨完。
　　　　然如〈經解〉所引，考於今《易》亡之，豈今《易》亦有亡者耶，
　　　　是亦不得爲完書也。〔註62〕

歐陽修將《禮記・經解》：「《易》曰：君子慎始，差若豪釐，繆以千里。」一段對照《周易》經、傳，表明當時所見文本，絕無此段文獻內容，遂懷疑北宋的《周易》本子恐怕有所殘缺，已非兩漢經書之原貌。再看黃庭堅〈國經字序〉：

　　　　經者，所以立本；緯者，所以成文也。忠信以爲經，義理以爲
　　　　緯，則成文章矣。《易・大傳》曰：「正其本，萬事理，差以毫釐，
　　　　繆以千里。」〔註63〕

由上述引文顯見黃庭堅錯把「失之毫釐，差以千里」視作《易傳》文句，是以胡一桂責難道：「黃魯直引爲《大傳》，不知何所本也？」〔註64〕然而，既然南朝宋裴駰、唐代顏師古已有申論，爲何北宋歐陽修與黃庭堅未能辨明此段文獻應當屬於《通卦驗》文字？筆者以爲，主要癥結在於孔穎達等《禮記正義》：「《易》曰：『君子慎始，差若豪釐，繆以千里，此之謂也』者，此《易・繫辭》文。」〔註65〕《五經正義》流傳深遠，唐、宋儒者皆受其影響，疏文卻把《通卦驗》文字誤以爲源出〈繫辭傳〉，此亦能解釋何以黃庭堅稱其爲「《易・大傳》曰」。再看《周易啓蒙翼傳》徵引程迥曰：

〔註62〕　〔宋〕歐陽修著：《居士外集・傳易圖序》卷15，收入〔宋〕歐陽修著：《歐
　　　　　陽修全集》第1冊（河北：中國書店，1992年10月），頁473。
〔註63〕　〔宋〕黃庭堅撰：《豫章黃先生文集・第十六・國經字序》，收入王雲五主編：
　　　　　《四部叢刊初編》第54冊（臺北：臺灣商務印書館，1967年），頁156。
〔註64〕　〔元〕胡一桂撰：《周易啓蒙翼傳・下篇・易非全書之疑》葉八十三，頁4086。
〔註65〕　〔漢〕鄭玄注：〔唐〕孔穎達等正義：《禮記正義・經解》卷50，頁847。

漢儒引《易》曰：「君子正其始，萬事理，差之毫釐，繆以千
里。」此緯書《通卦驗》之文也。亦猶先儒引《左氏傳》爲《春秋》
也。近世儒者舉此十六字附于〈坤卦・文言〉之中。〔註66〕

指出唐宋儒者又將《通卦驗》此段誤以爲是《易傳》內容，如同前人將《左
傳》傳文誤以爲是《春秋》經文，而後隨著時代、版本的流傳，便開始出現
注文竄入正文的現象。《四庫全書總目・易緯通卦驗提要》曰：「其中譌脫頗
多，注與正文往往相混，其字句與諸經注疏……等書所徵引，亦互有異同。」
〔註67〕得以見得，時至清代，《通卦驗》文本乃是更加紛亂，正如胡一桂《周
易啓蒙翼傳》徵引程迥所述。

第四節　小結

　　《乾坤鑿度》、《乾鑿度》、《通卦驗》三者雖然被胡一桂納入〈外篇〉，不
被視爲易學正統，但屢屢可見此三者對易學史與胡一桂易學的啓發。《乾坤鑿
度》的古文字衍生《周易》說，助長了「日月爲易」理論；《乾鑿度》的「太
一下行九宮」系統，支撐了《洛書》圖式的生成；《通卦驗》的「卦氣說」與
兩漢象數易學相互交融。在文獻方面，隋煬帝以降，《易緯》文獻幾乎亡失，
胡一桂恰好載錄了宋末元初的《乾坤鑿度》版本，並對其提出相關論述，清
代《四庫全書總目》即有援用胡一桂及其徵引程龍之語。〔註68〕另一方面，
胡一桂亦根據蒐集的《通卦驗》文句，確實匡正了北宋歐陽修、黃庭堅兩位
大儒之誤。是知胡一桂《周易啓蒙翼傳・外篇》不僅著力於《易緯》內容之
探討，更是審慎於文獻之檢覈，對於《易緯》文獻之保存，以及相關學說的
發展，具有一定的貢獻。

〔註66〕〔元〕胡一桂撰：《周易啓蒙翼傳・下篇・易非全書之疑》葉八十三，頁4086。
　　　　原文可對照：〔宋〕程迥撰：《周易古占法》卷下，收入嚴靈峯編輯：《無求備
　　　　齋易經集成》第154冊，頁62。
〔註67〕〔清〕永瑢、紀昀等纂修：《四庫全書總目・經部・易類》卷6，頁165。
〔註68〕《四庫全書總目》：「案：《乾坤鑿度》，隋、唐《志》、《崇文總目》皆未著錄，
　　　　至宋元祐間始出。……程龍謂：『隋焚讖緯，無復全書，今行於世，惟乾、坤
　　　　二《鑿度》者是也。』……故晁公武疑爲宋人依託，胡應麟亦以爲《元包》、
　　　　《洞極》之流，而胡一桂則謂『漢去古未遠，尚有祖述，有禪《易》教。』
　　　　評騭紛然，眞、僞莫辨。」引自〔清〕永瑢、紀昀等纂修：《四庫全書總目・
　　　　經部・易類》卷6，頁163。

第四章 《周易啓蒙翼傳・焦氏易林》卦變法、分卦直日法考辨

　　胡一桂《周易啓蒙翼傳・焦氏易林》內容大致可分爲三個篇章：第一即是「焦延壽卦變法」，胡一桂以〈乾之乾〉、〈乾之坤〉、〈乾之屯〉、〈乾之蒙〉、〈乾之需〉爲例，簡述《焦氏易林》從 64 卦演變爲 4096 卦的過程；第二爲〈論分卦直日法〉，其將西漢費直與焦延壽的「分卦直日法」互相比較，進而發現「一爻直一日」與「一卦直一日」之差異；第三爲〈論易林〉，其將朱熹《易學啓蒙・考變占》之「卦變法」與焦延壽《焦氏易林》之「卦變法」相互比對，並指稱朱熹「雖出於焦，而比焦尤密」。[註1] 筆者整理上述，將第四章的主要探討方向分爲三點：（1）《焦氏易林》的作者西漢焦延壽與兩漢象數易學關係密切，藉由胡一桂對此書「象」、「占」的評述，得以管窺宋元易學與術數之交融；（2）胡一桂提出焦延壽與費直「分卦直日」之差異，此爲朱熹未嘗涉及之觀點，可以藉此觀察偏離朱熹易學範疇的胡一桂學說；（3）胡一桂曾比較焦延壽「變卦法」與朱熹「變卦法」，可以由此脈絡分析朱熹易學與術數學之關聯性，並且發掘胡一桂對朱熹易學的另一種回應與詮釋面貌。

第一節　胡一桂對《焦氏易林》的三點見解

　　《焦氏易林》一書雖不見載於《漢書・藝文志》，卻在東漢至南北朝流行於民間，此段期間出現《周易守林》、《周新林》、《費氏周易林》等摹擬《焦

[註1] 〔元〕胡一桂撰：《周易啓蒙翼傳・外篇・焦氏易林》葉五，頁 4089。

氏易林》之作，〔註2〕書名大多以「林」字爲稱，並託名於京房、費直、郭璞等名士。直到隋朝，《焦氏易林》才開始逐漸式微，〔註3〕卻也未嘗亡佚，自從《隋書》以來，史傳目錄皆有記載。〔註4〕胡一桂聲稱所見《焦氏易林》，來自亡友王浩翁於遠方所得之手抄本，〔註5〕可以推測在宋末元初的新安地區，應當不易覓得此書。胡一桂對《焦氏易林》的見解主要有三點：（1）就林辭的文體形式而言，胡一桂將《焦氏易林》的 4096 條林辭界定爲「卜筮詩作」；（2）就與《易》的相容性而言，胡一桂指出《焦氏易林》僅取文王卦序，而在易象、義理方面，皆與《周易》無涉；（3）就與朱熹易學的關係而言，胡一桂認同王浩翁之說：朱熹《易學啓蒙》的變卦方法，源自於焦延壽《焦氏易林》的 4096 卦，朱熹並在其基礎上，創造出比《焦氏易林》更爲縝密的變卦法。以下便針對胡一桂《周易啓蒙翼傳・外篇》對《焦氏易林》此三點見解進行論述。

一、《焦氏易林》林辭爲「卜筮詩作」

　　根據陳良運先生考察，今日所能見最早專文評論《焦氏易林》的文獻，爲唐武宗會昌 6 年（846 年）王俞（？～？）提出的〈易林原序〉，〔註6〕王氏曰：「其卦總四千九十六題……辭假出於經史，其意合於神明。」〔註7〕指稱《焦氏易林》4096 條占語的內容爲「辭」，乃是以「題」作爲計量單位，是知中晚唐時期的《焦氏易林》，仍未被視爲「詩作」，劉銀昌先生曰：「隋

〔註2〕陳良運：〈漢代《易》學與《焦氏易林》〉，《中州學刊》1998 年第 4 期，頁 67 ～68。

〔註3〕湯太祥：〈明帝筮雨用書考〉，《常州工學院學報》17 卷 5 期（2004 年 10 月），頁 54。

〔註4〕《隋書・經籍志》著錄「《易林》十六卷」（焦贛撰），《新唐書》、《舊唐書》著錄「《焦氏周易林》十六卷」，《宋史・藝文志》著錄「《焦贛易林傳》十六卷」。依序引自〔唐〕長孫無忌等撰：《隋書・經籍志》卷 34，收入《二十五史》第 18 冊，頁 514；〔後晉〕劉昫等撰：《舊唐書・經籍志》卷 47，收入《二十五史》第 23 冊，頁 978；〔宋〕歐陽修等撰：《新唐書・藝文志》卷 59，收入《二十五史》第 25 冊，頁 690；〔元〕脫脫等修：《宋史・藝文志》卷 206，收入《二十五史》第 32 冊，頁 2471。

〔註5〕〔元〕胡一桂撰：《周易啓蒙翼傳・外篇・焦氏易林》葉五，頁 4089。

〔註6〕陳良運：《《焦氏易林》詩學闡釋・前言》（南昌：百花洲文藝出版社，2000 年），頁 6。

〔註7〕〔漢〕焦延壽撰：《焦氏易林・王俞〈易林原序〉》，收入〔清〕永瑢、紀昀等纂修：《文淵閣四庫全書》第 808 冊，頁 271。

唐以前對《焦氏易林》的認識，主要侷限在術數方面，儘管也有對其文辭的關注，但並不是主流。」〔註8〕胡一桂《周易啓蒙翼傳》：「每一卦變成詩六十四首，六十四卦變共四千九十六首，以代占辭。」〔註9〕指稱4096條占語為「詩」，又以「首」作為計量單位，見《周易啓蒙翼傳》於著錄的五條林辭首尾附註：「姑載數詩于左」〔註10〕、「錄此五詩，而四千九十六首大體可見矣。」〔註11〕認定《焦氏易林》4096條林辭的文體形式為「詩作」。明代楊慎（1488～1559）極為推崇《焦氏易林》的文學價值，稱其「魏晉以後，詩人莫及」，〔註12〕並指出唐朝作家多有援引林辭入於詩文者。《焦氏易林》正式被文學界接受，並普遍認同林辭屬於「詩作」，是在明代鍾惺（1581～1624）和譚元春（1586～1637）共同編輯的《古詩歸》將焦延壽歸類於「漢詩一脈」之時，〔註13〕此時距離宋末元初的胡一桂及其《周易啓蒙翼傳》，已歷經逾三百個寒暑，是知胡一桂將「《焦氏易林》4096條林辭視為卜筮詩作」的見解，在宋末元初堪稱是慧眼獨具。

二、《焦氏易林》僅有卦變次第依循《周易》

　　胡一桂指稱《焦氏易林》的占語與卦象，斷然已失《周易》之本義，唯有卦序根本於《序卦傳》次第，遂在《周易啓蒙翼傳》曰：「今焦氏詩，既不本之卦、爻辭，又不取之卦、爻象，雖其變卦次第本文王序卦，而義則无取。」〔註14〕胡一桂此語，應當分為三部分剖析：（1）「《焦氏易林》變卦次第和林辭順序，乃是依據今本《易》卦序排定」；（2）「《焦氏易林》林辭文句內容不同於今本《易》的卦、爻辭」；（3）「《焦氏易林》的卦畫符號不同於今本《易》的卦、爻象」。以下將逐一闡述之。

　　首先，檢視（1）「《焦氏易林》變卦次第和林辭順序，乃是依據今本《易》

〔註8〕　劉銀昌：〈隋前《焦氏易林》的傳播與接受〉《社會科學家》141期（2009年），頁133。

〔註9〕　〔元〕胡一桂撰：《周易啓蒙翼傳‧外篇‧焦氏易林》葉五，頁4089。

〔註10〕　〔元〕胡一桂撰：《周易啓蒙翼傳‧外篇‧焦氏易林》葉五，頁4089。

〔註11〕　〔元〕胡一桂撰：《周易啓蒙翼傳‧外篇‧焦氏易林》葉五，頁4089。

〔註12〕　〔明〕楊慎撰：《升菴集‧易林》卷53，收入〔清〕永瑢、紀昀等纂修：《文淵閣四庫全書》第1270冊，頁468。

〔註13〕　〔明〕鍾惺、譚元春輯：《古詩歸‧焦贛》卷4，收入《續修四庫全書》編纂委員會編：《續修四庫全書》第1589冊，頁400。

〔註14〕　〔元〕胡一桂撰：《周易啓蒙翼傳‧外篇‧焦氏易林》葉七，頁4090。

卦序排定」：《焦氏易林》的 4096 卦，以《易》64 卦重疊，各卦先重本卦後，再依序配上其餘 63 卦，次第即是〈乾之乾〉、〈乾之坤〉、〈乾之屯〉……〈坤之坤〉、〈坤之乾〉、〈坤之屯〉……〈屯之屯〉、〈屯之乾〉……〈未濟之既濟〉，著實是仿照今本《易》的卦序排列。接續，檢視（2）「《焦氏易林》林辭文句內容不同於今本《易》的卦、爻辭」：見〈外篇〉著錄《焦氏易林》以〈乾〉爲首的五條林辭：〔註15〕

> 乾之乾：道陟多阪，胡言連謇。譯瘖且聾，莫使道通。請謁不
> 　　　　行，求事无功。
>
> 乾之坤：招禍來螫，害其邦國。病在手足，不得安息。
>
> 乾之屯：陽孤亢極，多所恨惑。車傾蓋亡，身常憂惶。乃得其
> 　　　　願，雌雄相從。
>
> 乾之蒙：鵠鵠鳲鳩，專一无尤。君子是則，長受嘉福。
>
> 乾之需：目瞤足動，喜如其願。舉家蒙寵，缺第四句。

多爲四言韻語，內容與《周易·乾》的卦、爻辭〔註16〕迥然不同，全無相應之處。顯見林辭文句內容確實不同於《易》，故胡一桂指稱焦贛「不本之卦、爻辭」。最後檢視（3）「《焦氏易林》卦畫符號不同於今本《易》的卦、爻象」：關於此部分，胡一桂不曾在《周易啓蒙翼傳》加以論證，原因並非胡一桂不諳象學，〔註17〕而是胡一桂僅以「變卦」的角度切入，未嘗以「易象」的觀點來解讀《焦氏易林》。清末民初尚秉和《焦氏易林注》：「《易林》之象，盡本於《易》」、「《易林》實爲易象之淵藪。」〔註18〕尚秉和此書幾乎全是以「易象」來注解《易林》4096 條林辭，見《焦氏易林注·乾之師》林辭曰：「倉盈庾億，宜種黍稷。年豐歲熟，民人安息。」尚秉和注解曰：「〈坤〉爲腹，爲囊，倉庾象也。〈坤〉眾，故曰盈，曰億……。」〔註19〕以〈坤〉之象詮釋「倉盈庾億」；再看〈屯之夬〉林辭：「有鳥來飛，集于宮樹。鳴聲可惡，主將出

〔註15〕〔元〕胡一桂撰：《周易啓蒙翼傳·外篇·焦氏易林》葉五一六，頁 4089。

〔註16〕〔魏〕王弼、〔晉〕韓康伯注，〔唐〕孔穎達等正義：《周易正義·乾》卷1，頁 8～10。

〔註17〕胡一桂曾歸納出八種取象方法。林忠軍曰：「胡氏言易象之多，分類之細，遠在同時代的吳澄之上，堪稱易象之最。」是知其並非不諳熟象學者。引自林忠軍著：《象數易學發展史·胡一桂象數易學思想》第 2 卷，頁 476。

〔註18〕尚秉和著：《焦氏易林注·例言》卷首，頁 5。

〔註19〕尚秉和著：《焦氏易林注·乾之第一·乾之師》卷1，頁 3。

去。」〔註20〕尙氏注解曰：「〈屯〉，〈艮〉爲鳥，爲飛；爲宮，爲集，爲木，故曰：『集于宮樹』。」〔註21〕〈屯〉卦第三爻至第五爻爲〈艮〉，〈艮〉之象爲鳥，爲飛，爲集，爲木，據此解讀「集于宮樹」。上述例子遍布《焦氏易林注》，故尙氏在《焦氏易詁》曰：「《易林》實集象學之大成。」〔註22〕尙秉和對於《焦氏易林》的闡釋，固然有其待商榷處，〔註23〕但由此可知：《焦氏易林》未必與「易象」毫無關聯，或許誠如尙秉和所言：《焦氏易林》可以用卦象、爻象來加以詮釋。胡一桂並未提出任何反面論據，便截然否定《焦氏易林》與「易象」的關係，未免有失公允。

三、《焦氏易林》啓發朱熹「三十二卦變圖」

　　朱熹《易學啓蒙‧考變占》附錄64卦之三十二卦變圖，每一張圖反覆可得兩圖，共得64圖。若以〈乾〉䷀爲例，一爻變6卦（一陰五陽），比如〈姤〉䷫、〈同人〉䷌；二爻變15卦（二陰四陽），比如〈遯〉䷠、〈訟〉䷅；三爻變20卦（三陰三陽），比如〈否〉䷋、〈漸〉䷴；四爻變15卦（四陰二陽），比如〈觀〉䷓、〈晉〉䷢；五爻變6卦（五陰一陽），比如〈剝〉䷖、〈比〉䷇；六爻變獨有一〈坤〉䷁卦（六陰）。〔註24〕可知朱熹的「變卦法」，乃是取一卦，先以本卦爲主軸，再衍生出一爻變、二爻變、三爻變、四爻變、五爻變、六爻變，胡一桂對此套「卦變圖」稱譽：「其法理精密，且〈乾〉、〈坤〉、〈震〉、〈巽〉、〈坎〉、〈離〉、〈艮〉、〈兌〉，各各相對，不亂其占，一以卦、爻辭爲據。」〔註25〕稱朱熹「卦變圖」得以不亂占法，並且讓「〈乾〉與〈坤〉」、「〈震〉與〈巽〉」、「〈坎〉與〈離〉」、「〈艮〉與〈兌〉」四組正、反卦兩兩相對。再看胡一桂援引王浩翁之語：

〔註20〕尙秉和著：《焦氏易林注‧乾之第一‧屯之夬》卷1，頁53。

〔註21〕尙秉和著：《焦氏易林注‧乾之第一‧屯之夬》卷1，頁53。

〔註22〕尙秉和著：《焦氏易詁‧焦氏易林集象學之大成》卷11，頁181。

〔註23〕尙秉和對《易林》的詮釋對近代影響甚巨，可謂研究《易林》的必備參考書籍。然而，其說仍存有許多可議之處。例如：在取象、論述、用象、陰陽概念上，皆有諸多不合理，或是不符合傳統常態之說，陳睿宏先生即對此有所評析。陳睿宏（舊名陳伯适）：〈尙秉和對《焦氏易林》詮解之商榷〉，收錄於《第六屆中國經學研究會全國學術研討會論文集》（臺北：輔仁大學中國文學系，2009年），頁409～455。

〔註24〕〔宋〕朱熹撰：《易學啓蒙‧考變占》，卷4，收入〔宋〕朱熹撰，朱傑人、嚴佐之、劉永翔主編：《朱子全書》第1冊，頁259～260。

〔註25〕〔元〕胡一桂撰：《周易啓蒙翼傳‧外篇‧焦氏易林》葉七，頁4090。

紫陽夫子以爻變多寡，順而列之，以定一卦所變之序。又以〈乾〉
卦所變之次，引而伸之，爲六十四卦所變相承之序，然後次第秩然
各得其所。雖出於焦，而比焦尤密。〔註26〕

王浩翁簡述朱熹「卦變圖」流程，先以爻變數目的多寡序列，再從初爻到上
爻變化，故每卦爻變的數量固定：一爻變有 6 卦，二爻變 15 卦，三爻變 20
卦，四爻變 15 卦，五爻變 6 卦，六爻變 1 卦。然而，王浩翁何以指出朱熹「32
卦變圖」的方式承襲於《焦氏易林》？此可見於《易學啓蒙》曰：「一卦可變
六十四卦，而四千九十六卦在其中矣。」〔註27〕朱熹提出的「四千九十六卦」
爲《焦氏易林》林辭總數，《周易》經、傳俱無記載此數目。朱熹又於《易學
啓蒙·考變占》附錄的 32 圖末尾曰：「以上三十二圖，反復之則爲六十四圖，
圖以一卦爲主，而各具六十四卦，凡四千九十六卦，與焦贛《易林》合。」〔註
28〕王浩翁或許據此判定朱熹對於「32 卦變圖」的概念，淵源於《焦氏易林》
4096 卦之啓發。

　　總結以上，由胡一桂對《焦氏易林》的此三點見解，可知其能條理清晰
地分辨「術數學」與「易學」不同之處。胡一桂《周易啓蒙翼傳·下篇》撰
有〈辭說〉、〈變說〉、〈象類說〉、〈占類說〉四篇，明確標誌「易學」至少具
備了「辭」、「變」、「象」、「占」四種性質。〔註29〕胡一桂肯定《焦氏易林》
的「卦變」方式，此性質與《易》相合，卻也直接否定《焦氏易林》在「辭」、
「象」方面與《易》的相容性，遂使焦延壽「4096 卦變」之次第，成爲徒具
形式的模仿。胡一桂雖然爲了闡發「《易》之支流、餘裔」，格外設立〈外篇〉，
本意當在區隔「象數易學」與「術數學」兩者，但每每在論述上，卻又不免
流露出「述朱」脈絡下的侷限。

第二節　焦延壽與朱熹之「卦變法」

　　焦延壽「卦變」之所以能在象數易學發展史佔有一席之地，乃因《焦氏
易林》是最早以明確的「卦變」型態展現於兩漢之占筮典籍，〔註30〕正如林

〔註26〕〔元〕胡一桂撰：《周易啓蒙翼傳·外篇·焦氏易林》葉五，頁 4089。
〔註27〕〔宋〕朱熹撰：《易學啓蒙·考變占》卷 4，頁 259。
〔註28〕〔宋〕朱熹撰：《易學啓蒙·考變占》卷 4，頁 311。
〔註29〕〔元〕胡一桂撰：《周易啓蒙翼傳·下篇》葉十六─四十三，頁 4052～4066。
〔註30〕喬家駿撰：《孟喜、焦延壽、京房及其易學研究·焦延壽及其易學探析與述評》
　　　　（高雄：國立高雄師範大學博士論文，2010 年 7 月），頁 244。

忠軍先生所言：「從易學發展史看，《易林》的產生爲京房象數易學形成準備了條件。」〔註31〕焦延壽在西漢末期，揭櫫了易學「卦變」之樣貌，爲京房「八宮卦」、荀爽（128～190）、虞翻（164～233）等象數易學家開創了新的視野。胡一桂曾於《周易啓蒙翼傳》稱許曰：「焦氏卦變，卓然自爲一家。」〔註32〕焦氏易學不入於西漢易學傳授正統，雖無法立於學官，卻能自成一家，而其「卦變形式」更是具有影響力。本章節將從下列三個方向進行開展：一、探討先秦「變占」與焦延壽「卦變」；二、闡釋朱熹《易學啓蒙》的「三十二卦變圖」；三、試論胡一桂對焦延壽「卦變」與朱熹「卦變」之評述。

一、先秦「變占」與焦延壽「卦變」

　　胡一桂《周易啓蒙翼傳》曰：「夫所謂變者，何也？卦爻陰陽之變也。……《易》以變爲占，非卜筮固无由而得變。」〔註39〕定義《易》的「變」，即爲陰、陽之變，爲揲蓍占卦下的產物，故「變」應當來自於卜筮。《左傳》、《國語》爲最早記載《周易》「變占」之法的文獻，〔註34〕見《左傳・閔公元年》：「畢萬筮仕於晉，遇屯䷂之比䷇。」〔註35〕《左傳・僖公十五年》：「晉獻公筮嫁伯姬於秦，遇歸妹䷵之睽䷥。」〔註36〕《國語・周語下》：「成公之歸也，吾聞晉之筮之也，遇乾䷀之否䷋。」〔註37〕所得的占卦形式皆爲「某卦之某卦」，以「卦」爲主體，不述及「爻位」，韓自強先生曰：「先秦占卦因沒有爻題，必須占筮二卦（遇卦和變卦），視遇卦之變爻，以斷吉凶。」〔註38〕此現象可見於《左傳・昭公二十九年》記載：「在乾䷀之姤䷫，曰潛龍勿用；其同人䷌，曰見龍在田；其大有䷍，曰飛龍在天；其夬䷪，曰亢龍有悔；

〔註31〕林忠軍著：《象數易學發展史・焦延壽易學》第1卷，頁74。

〔註32〕〔元〕胡一桂撰：《周易啓蒙翼傳・中篇・傳授》葉十七，頁4015。

〔註33〕〔元〕胡一桂撰：《周易啓蒙翼傳・下篇・變說》葉十六，頁4052。

〔註34〕屈萬里著：《先秦漢魏易例述評・國語左傳易例》（臺北：臺灣學生書局，1969年4月），頁65。

〔註35〕〔晉〕杜預集解；〔唐〕孔穎達正義：《春秋左傳注疏・閔公元年》卷11，收入〔清〕阮元刊刻：《十三經注疏》第6冊，頁188。

〔註36〕〔晉〕杜預集解；〔唐〕孔穎達正義：《春秋左傳注疏・僖公十五年》卷14，頁232。

〔註37〕〔清〕徐元誥撰；王樹民、沈長雲點校：《國語集解・周語下》（北京：中華書局，2013年12月），頁90。

〔註38〕韓自強編著：《阜陽漢簡《周易》研究：附《儒家者言》章題、《春秋事語》章題及相關竹簡》（上海：上海古籍出版社，2004年7月），頁93。

其坤▋▋，曰見羣龍無首，吉；坤▋▋之剝▋▋，曰龍戰于野。」〔註39〕「潛龍勿用」爲《周易》〈乾・初九〉爻辭、「見龍在田」爲〈乾・九二〉、「飛龍在天」爲〈乾・九五〉、「亢龍有悔」爲〈乾・上九〉、「龍戰于野」爲〈乾・用九〉，〔註40〕今本《周易》以〈初九〉至〈上九〉稱之，《左傳》以〈乾之姤〉至〈乾之坤〉稱之，是知《左傳》、《國語》皆以「某卦之某卦」表示筮法之變。焦延壽「卦變」與《左傳》、《國語》之「變占」固然不同，4096條林辭悉數爲「某卦之某卦」的形式。然而，《左傳》、《國語》「某卦之某卦」的陰陽之變，肇因於筮法，胡一桂曰：「非卜筮固无由而得變」，又稱《焦氏易林》的「某卦之某卦」形式爲「卦變」，〔註41〕在在可見胡一桂確實把《焦氏易林》視爲「卜筮之書」，並於〈外篇〉載錄南宋沈丞相以《焦氏易林》卜筮國運，占得〈遇比之隨〉、〈遇解之大壯〉兩卦。〔註42〕藉由援引出卜筮實例，表現出《焦氏易林》具備「變」、「占」性質，近於《周易》之「變」、「占」方式，屬於「易占」的一環。

　　《焦氏易林》以〈乾之乾〉起始，並以〈未濟之既濟〉告終，全書以今本《周易》卦序編排，故鄧球柏先生曾經褒獎《焦氏易林》的編排體例，凸顯出「算卦手冊」的特點：「便於施用，便於查詢，便於檢索，便於算卦。」〔註43〕此種編排方式固然利於搜尋占驗之斷語，但《焦氏易林》之失，恐怕亦在於此，後人僅能見得已序列之林辭，卻無法蠡測焦延壽之「卜筮法」、「變卦法」。見胡一桂分析《焦氏易林》以〈乾〉爲首的前五條林辭「卦變」模式曰：

　　　　乾之乾：此〈乾〉爲本卦不變，而爲變卦之首也。

　　　　乾之坤：〈乾〉六爻盡變〈坤〉。

　　　　乾之屯：此〈乾〉二、三、四、上變成〈屯〉，是爲〈乾〉四爻變也。

　　　　乾之蒙：此〈乾〉初、三、四、五爻變成〈蒙〉，亦爲〈乾〉四爻變。

〔註39〕〔晉〕杜預集解；〔唐〕孔穎達正義：《春秋左傳注疏・昭公二十九年》卷53，頁924。

〔註40〕〔魏〕王弼、〔晉〕韓康伯注，〔唐〕孔穎達等正義：《周易正義・乾》卷1，頁8～10。

〔註41〕〔元〕胡一桂撰：《周易啓蒙翼傳・下篇・變說》葉十六，頁4052。

〔註42〕〔元〕胡一桂撰：《周易啓蒙翼傳・外篇・焦氏易林》葉七，頁4090。

〔註43〕鄧球柏譯注：《白話焦氏易林・自序》（長沙：岳麓書社，1996年），頁6。

乾之需：此〈乾〉四、上變成〈需〉。是爲一卦二爻變也。〔註44〕

〈乾之乾〉（☰）爲本卦不變，〈乾之坤〉（☰→☷）爲六爻盡變，〈乾之屯〉（☰→☳）和〈乾之蒙〉（☰→☶）四爻變，〈乾之需〉（☰→☵）二爻變。《焦氏易林‧乾》前五條林辭的「變化」結果，即已包含「本卦不變」、「六爻盡變」、「四爻變」、「二爻變」四種形式，從中難以尋覓其規律。胡一桂於《周易啓蒙翼傳‧下篇》曾歸納《周易》的卦爻變動，大率有「變易之易」、「交易之易」、「一卦中六爻上下无常，剛柔相易之易」三種，〔註45〕此三種可對應《易》所有的「變卦」類型。反觀此處，胡一桂已列出〈乾之乾〉至〈乾之需〉的「變化」形式，卻不再進一步剖析其卜筮法，僅止於提出變動之爻、爻變之數。

另一方面，《焦氏易林》的「卦畫符號」與「林辭內容」之間，往往難以契合。此點便不同於《左傳》、《國語》，見《左傳‧閔公元年》曰：「畢萬筮仕於晉，遇屯☳之比☷。辛廖占之，曰：『吉。〈屯〉固，〈比〉入，吉孰大焉』」〔註46〕「〈屯〉固，〈比〉入」一語，同時提及「變卦」的「本卦」與「之卦」；再看《左傳‧昭公十二年》：「南蒯枚筮之，遇坤☷之比☷，曰：『黃裳，元吉』以爲大吉。」〔註47〕「黃裳，元吉」爲《周易‧坤‧六五》爻辭，是知南蒯以本卦〈坤〉、變爻〈六五〉爲占斷語。由上述可見先秦《易》筮的「某卦之某卦」，占得之斷語與卜得之卦、爻象息息相關，且其「本卦」、「之卦」兩者之間，亦有所關聯性，《焦氏易林》則無。見高懷民先生批判《焦氏易林‧乾》的前四條林辭曰：

> 〈乾〉爲純陽，〈坤〉爲純陰，依理當作吉斷，然而斷語卻以女禍誤國言，斷爲凶。……至於第三卦〈屯〉、第四卦〈蒙〉下的斷語，就更難窺其隱義了。〈屯〉下斷語似只就〈屯〉卦象上立義，〈蒙〉下斷語似只就「童蒙」上立義，不知道與來之的〈乾〉卦究有何關係？〔註48〕

高懷民闡釋〈乾〉☰之〈坤〉☷，認爲占得之斷語當取純陽〈乾〉之象，應

〔註44〕　〔元〕胡一桂撰：《周易啓蒙翼傳‧外篇‧焦氏易林》葉六，頁4089。

〔註45〕　〔元〕胡一桂撰：《周易啓蒙翼傳‧下篇‧卦爻變動有三》葉八，頁4048。

〔註46〕　〔晉〕杜預集解；〔唐〕孔穎達正義：《春秋左傳注疏‧閔公元年》卷11，頁188。

〔註47〕　〔晉〕杜預集解；〔唐〕孔穎達正義：《春秋左傳注疏‧昭公十二年》卷45，頁792。

〔註48〕　高懷民著：《兩漢易學史‧前期占驗派象數易家》（桂林：廣西師範大學出版社，2007年7月），頁91。

作吉象占斷，但林辭卻作：「招殃來螫，害我邦國；病在手足，不得安息。」
〔註49〕占得之斷語爲凶，不合於〈乾〉象。高懷民又指出《焦氏易林》「〈乾〉
䷀之〈屯〉䷂」和「〈乾〉䷀之〈蒙〉䷃」兩條林辭內容，皆以所得的「之卦」：
〈屯〉卦象和〈蒙〉卦辭爲準則。就此角度檢視《焦氏易林》，4096 卦所謂「某
卦之某卦」，不論是「卦畫與林辭」，或是「本卦與之卦」，彼此間幾乎沒有相
依關係。筆者以爲，此恐怕爲先秦《周易》「變占」與《焦氏易林》「卦變」
最大的區別，可惜胡一桂並未就此觀點切入，並加以申論之。

最後，《左傳》、《國語》在占驗結果的判讀上，實際上有一定的體例、準
則得以依循，近人高亨（1900～1986）〈《周易》的筮法〉對先秦筮法已有完
善的整理：六爻皆不變者：以「本卦」卦辭占；一爻變者：以「本卦」變爻
之辭占；三爻變者：以兩卦卦辭合占；五爻變者：以「之卦」卦辭占。〔註50〕
反觀《焦氏易林》，「〈乾〉䷀之〈泰〉䷊」：「不風不雨，白日皎皎。宜出驅馳，
通理大道。」〔註51〕應當爲三爻變；接續看「〈坤〉䷁之〈坤〉䷁」：「不風不
雨，白日皎皎。宜出驅馳，通利大道。」〔註52〕乃是六爻皆不變，但此兩條
林辭的內容卻幾乎相同，著實令人難以理解其準則。

二、朱熹「三十二卦變圖」

朱熹《易學啓蒙‧考變占》梳理《左傳》、《國語》二十二條變占，整理
出「六爻皆不變」、「一爻變」、「三爻變」、「五爻變」和「六爻變」五種先秦
占法與事例，並試著增補先秦文獻未曾記載的「二爻變」、「四爻變」占斷法，
朱熹表示：「一卦可變六十四卦，而四千九十六卦在其中矣。」〔註53〕認爲每
卦皆具備「一爻變」至「六爻變」的可能，故一卦可變爲 64 卦，《周易》64
卦可重疊爲 4096 卦。朱熹所創發的「卦變」模式固定，胡一桂描述：「以〈乾〉
爲主，一爻變六卦，二爻變十五卦，三爻變二十卦，四爻變十五卦，五爻變
六卦，六爻變只一〈坤〉卦。」〔註54〕每卦本卦 1 卦，一爻變 6 卦，二爻變

〔註49〕〔漢〕焦延壽撰：《焦氏易林‧乾之坤》卷 1（臺北：藝文印書館，2008 年 11
月），頁 9。
〔註50〕高亨著，王大慶整理：《高亨《周易》九講‧《周易》的筮法》（北京：中華書
局，2011 年），頁 63～68。
〔註51〕〔漢〕焦延壽撰：《焦氏易林‧乾之泰》卷 1，頁 10。
〔註52〕〔漢〕焦延壽撰：《焦氏易林‧坤之坤》卷 1，頁 15。
〔註53〕〔宋〕朱熹撰：《易學啓蒙‧考變占》卷 4，頁 259。
〔註54〕〔元〕胡一桂撰：《周易啓蒙翼傳‧外篇‧焦氏易林》葉七，頁 4090。

15 卦，三爻變 20 卦，四爻變 15 卦，五爻變 6 卦，六爻變 1 卦，總計 64 卦，而《易》有 64 卦，每卦六個爻變，共得 4096 卦。下表即以〈乾〉卦爲例，彙整「本卦」、「一爻變」、「二爻變」、「三爻變」、「四爻變」、「五爻變」，直到「六爻變」的 64 卦。

表 4-1、朱熹《易學啓蒙・考變占》〈乾〉䷀之變卦

本卦	〈乾〉䷀
一爻變	〈姤〉䷫、〈同人〉䷌、〈履〉䷉、〈小畜〉䷈、〈大有〉䷍、〈夬〉䷪
二爻變	〈遯〉䷠、〈訟〉䷅、〈巽〉䷸、〈鼎〉䷱、〈大過〉䷛、〈无妄〉䷘、〈家人〉䷤、〈離〉䷝、〈革〉䷰、〈中孚〉䷼、〈睽〉䷥、〈兌〉䷹、〈大畜〉䷙、〈需〉䷄、〈大壯〉䷡
三爻變	〈否〉䷋、〈漸〉䷴、〈旅〉䷷、〈咸〉䷞、〈渙〉䷺、〈未濟〉䷿、〈困〉䷮、〈蠱〉䷑、〈井〉䷯、〈恆〉䷟、〈益〉䷩、〈噬嗑〉䷔、〈隨〉䷐、〈賁〉䷕、〈既濟〉䷾、〈豐〉䷶、〈損〉䷨、〈節〉䷻、〈歸妹〉䷵、〈泰〉䷊
四爻變	〈觀〉䷓、〈晉〉䷢、〈萃〉䷬、〈艮〉䷳、〈蹇〉䷦、〈小過〉䷽、〈蒙〉䷃、〈坎〉䷜、〈解〉䷧、〈升〉䷭、〈頤〉䷚、〈屯〉䷂、〈震〉䷲、〈明夷〉䷣、〈臨〉䷒
五爻變	〈剝〉䷖、〈比〉䷇、〈豫〉䷏、〈謙〉䷎、〈師〉䷆、〈復〉䷗
六爻變	〈坤〉䷁

「本卦」爲純陽〈乾〉䷀，「一爻變」爲五陽一陰，「二爻變」爲四陽二陰，「三爻變」爲三陽三陰，「四爻變」爲二陽四陰、「五爻變」爲一陽五陰、「六爻變」爲純陰〈坤〉䷁。由此可知，朱熹「變卦」是依序改變該卦的陰陽爻位數量。以〈姤〉䷫爲例，「一爻變」由〈初六〉改易爲〈初九〉，變爲〈乾〉䷀；而後〈九二〉改易爲〈六二〉，變爲〈遯〉䷠；而後〈九三〉改易爲〈六三〉，變爲〈訟〉䷅，如此至〈上九〉改易爲〈上六〉，變爲〈夬〉䷪，皆改易一個爻位。「二爻變」由〈初六〉、〈九二〉改易爲〈初九〉、〈六二〉，遂變爲〈同人〉䷌；而後〈初六〉、〈九三〉改易爲〈初九〉、〈六三〉，變爲〈履〉䷉，持續此規則，直至〈初六〉、〈上九〉；下一階段由〈九二〉、〈九三〉改易爲〈六二〉、〈六三〉，變爲〈否〉䷋，而後〈九二〉、〈九四〉改易爲〈六二〉、〈六四〉，變爲〈漸〉䷴，直到〈九五〉、〈上九〉改易爲〈六五〉、〈上六〉，上述變卦皆爲「二爻變」，改易兩個爻位。依此規則進行，「二爻變」之後爲「三爻變」，一直到改易六個爻位的「六爻變」〈復〉䷗。

朱熹《易學啓蒙》以一卦爲本卦，開展爲 64 卦，故 64 本卦可爲 4096 卦。相較於《焦氏易林》，朱熹的「32 卦變圖」具備明確的變化過程，組織規則嚴密周延，是以胡一桂《周易啓蒙翼傳》：「其法理精密，且〈乾〉、〈坤〉、〈震〉、〈巽〉、〈坎〉、〈離〉、〈艮〉、〈兌〉，各各相對，不亂其占，一以卦爻辭爲據。」〔註55〕假使僅以「64 卦變爲 4096 卦」之「變卦」規則論之，朱熹之法精湛，但若涉及占法，朱熹的設置便値得商榷，見《易學啓蒙‧考變占》曰：

> 今以六十四卦之變列爲三十二圖，得初卦者，自初而終，自上而下；得末卦者，自終而初，自下而上。變在第三十二卦以前者，占本卦、爻之辭；變在第三十二卦以後者，占變卦、爻之辭。〔註56〕

朱熹「變卦」一卦可變爲 64 卦。經過「爻變」程序者，朱熹認爲前三十二卦，當以「本卦」爲占；後三十二卦，以「之卦」爲占。前文已述，一卦撤除本卦僅只有 1 卦外，一爻變有 6 卦，二爻變有 15 卦，三爻變有 20 卦，朱熹所謂的「前三十二卦」與「後三十二卦」之分界點在「三爻變」的第十序位（案：32－1－6－15＝10），故朱熹曰：「三爻變，則占本卦及之卦之象辭，而以本卦爲貞，之卦爲悔；前十卦主貞，後十卦主悔」〔註57〕即是此理。此處以〈履〉☰與〈謙〉☷兩錯卦爲例，先取〈履〉☰爲本卦，「三爻變」的前十個卦爲：〈遯〉、〈觀〉、〈晉〉、〈萃〉、〈巽〉、〈鼎〉、〈大過〉、〈蒙〉、〈坎〉、〈解〉，皆以「本卦占辭」爲斷；後十卦爲：〈家人〉、〈離〉、〈革〉、〈頤〉、〈屯〉、〈震〉、〈大畜〉、〈需〉、〈大壯〉、〈臨〉，皆以「之卦占辭」爲斷。接續，以〈謙〉☷爲本卦，「三爻變」前十個卦爲：〈臨〉、〈大壯〉、〈需〉、〈大畜〉、〈震〉、〈屯〉、〈頤〉、〈革〉、〈離〉、〈家人〉，皆以「本卦占辭」爲斷；後十卦爲：〈解〉、〈坎〉、〈蒙〉、〈大過〉、〈鼎〉、〈巽〉、〈萃〉、〈晉〉、〈觀〉、〈遯〉，皆以「之卦占辭」爲斷。〔註58〕由上述的實例可知：「〈履〉☰三爻變的前十卦」與「〈謙〉☷三爻變的後十卦」相同，唯有次序倒反，考查「〈同人〉☰與〈師〉☷」、「〈觀〉與〈豫〉」等亦然，遂知兩錯卦之間的「三爻變」，相互各以「本卦」與「之卦」爲占。

〔註55〕〔元〕胡一桂撰：《周易啓蒙翼傳‧外篇‧焦氏易林》葉七，頁 4090。

〔註56〕〔宋〕朱熹撰：《易學啓蒙‧考變占》卷 4，頁 259。

〔註57〕〔宋〕朱熹撰：《易學啓蒙‧考變占》卷 4，頁 258。

〔註58〕〔宋〕朱熹撰：《易學啓蒙‧考變占》卷 4，頁 264～265。

三、胡一桂對焦延壽「卦變」與朱熹「三十二卦變圖」之評述

　　胡一桂《周易啓蒙翼傳‧焦氏易林》曰：「特其以一卦變六十四卦，引而為四千九十六卦，則自我作古，深有可取焉。」〔註59〕肯定焦延壽首開以 64 卦變為 4096 卦的「卦變」之功，認為朱熹「32 卦變圖」由 64 卦演繹出 4096 卦，即繼承於此。胡一桂雖肯定焦延壽「卦變」對朱熹的貢獻，但又在「《易》本位」的立場上否定焦延壽「卦變」，見胡一桂曰：「今焦氏詩既不本之卦、爻辭，又不取之卦、爻象。雖其變卦次第本文王序卦，而義則无取。」〔註60〕批評《焦氏易林》使用的林辭，並非《周易》卦、爻辭；所援用「易象」，亦非《周易》卦、爻象。在「不本之卦、爻辭」方面，胡一桂徵引兩條林辭曰：「然其書於〈乾之姤〉曰：『仁政不暴，鳳凰來舍，四時順序，民安其處。』曾不與『潛龍之辭』合；〈乾之同人〉曰：『子號索哺，母行求食，返見空巢，誉我長息。』亦不與『見龍之辭』合。」〔註61〕指出《焦氏易林》的〈乾之姤〉不同於《左傳》的〈乾之姤〉：「在乾☰之姤☴，曰潛龍勿用。」《焦氏易林》的〈乾之同人〉，亦不同於《左傳》的〈乾之同人〉：「其同人☲，曰見龍在田；其大有☲。」〔註62〕統合前文所述，胡一桂不僅認同《焦氏易林》為「卜筮之書」，而其「某卦之某卦」的形式，更是取自於先秦《易》筮，故具備《易》的「變」、「占」性質，但焦延壽卻特意不取《周易》之卦、爻辭，另闢 4096 條林辭內容。焦延壽使其「卦變」徒具《左傳》、《國語》「某卦之某卦」的形式。實質上，卻早已不屬於《易》類系統。

　　胡一桂曾嘲諷《焦氏易林》占法曰：「如沈丞相占，略與詩應，亦其偶然，不過如籤辭之適中爾，非眞卦象然也。」〔註63〕指出《焦氏易林》所占，如同廟宇之籤詩，並非眞正的易象所成。〈外篇〉題辭曰：「所謂〈外篇〉者，凡非《周易》傳注而自為一書，皆入於此。」〔註64〕故知〈外篇〉之立意當在探討「《易》之支流、餘裔」，此處卻以不同於《周易》而貶低《焦氏易林》，獨以「《易》本位」立場否定焦延壽，實有違〈外篇〉之立意。事實上，《焦

〔註59〕　〔元〕胡一桂撰：《周易啓蒙翼傳‧外篇‧焦氏易林》葉七，頁 4090。

〔註60〕　〔元〕胡一桂撰：《周易啓蒙翼傳‧外篇‧焦氏易林》葉七，頁 4090。

〔註61〕　〔元〕胡一桂撰：《周易啓蒙翼傳‧外篇‧焦氏易林》葉七，頁 4090。

〔註62〕　〔晉〕杜預集解；〔唐〕孔穎達正義：《春秋左傳注疏‧昭公二十九年》卷 53，頁 924。

〔註63〕　〔元〕胡一桂撰：《周易啓蒙翼傳‧外篇‧焦氏易林》葉七，頁 4090。

〔註64〕　〔元〕胡一桂撰：《周易啓蒙翼傳‧外篇‧題辭》葉一，頁 4087。

氏易林》最爲後人詬病的是「林辭內容重複」問題：比如，〈乾之屯〉、〈謙之
震〉、〈賁之兌〉三條林辭內容幾乎相同，卦畫之形式卻截然不同。〔註65〕林
辭重複案例繁多，盛者如：「螟蟲爲賊，害我五穀。中窗空虛，家無所食。」
〔註66〕一句，總計有〈坤之萃〉、〈需之明夷〉、〈同人之節〉、〈豫之謙〉、〈臨
之恆〉、〈剝之睽〉、〈井之屯〉、〈鼎之未濟〉、〈震之益〉共九條林辭使用此一
句內容，〔註67〕但由卦畫與卦變形式〔註68〕檢視，實在難以歸納其共通之處。
審視《周易啓蒙翼傳・焦氏易林》，即可知胡一桂未嘗指出「林辭內容重複」
這項癥結，委實有其偏頗與不足處，僅是以「《易》本位」的視角切入，卻無
法根據《焦氏易林》內在的理論系統予以評述。但不論如何，由胡一桂對《焦
氏易林》的批判，顯見胡一桂對「《易》本位」的重視，以及對「易學類」與
「非易學類」之判分。

　　檢視胡一桂對朱熹「32 卦變圖」之評述，最值得稱道之處，應在明辨《易
學啓蒙・考變占》32 圖與《周易本義》卷首的〈卦變圖〉爲兩套不同系統。〈考
變占〉演繹的 32 圖，僅能用於闡發占法，不得用於解經，〔註69〕與作爲注經
輔助的《周易本義・卦變圖》，在目的與作用上皆有所不同。〔註70〕《周易啓
蒙翼傳》於〈焦氏易林〉一篇，凡論及朱熹「卦變」者，皆是指稱《易學啓

〔註65〕 〈乾之屯〉林辭：「陽孤亢極，多所恨惑，車傾蓋亡，身常憂惶；乃得其願，
　　　　雌雄相從。」〈謙之震〉林辭：「陽孤亢極，多所恨惑；車傾蓋亡，身常驚惶。
　　　　乃得其願，雌雄相從。」〈賁之兌〉林辭：「伯氏歸國，多所恨惑。車傾蓋亡，
　　　　身常驚惶。乃得其願，雌雄相從。」以上分別引自焦延壽：《焦氏易林》，〈乾
　　　　之屯〉卷 1，頁 9、焦延壽：《焦氏易林》，〈謙之震〉卷 4，頁 102、焦延壽：
　　　　《焦氏易林》，〈賁之兌〉卷 6，頁 146。
〔註66〕 〔漢〕焦延壽撰：《焦氏易林・坤之萃》卷 1，頁 19。
〔註67〕 〔漢〕焦延壽撰：《焦氏易林》〈需之明夷〉卷 2，頁 38、〔漢〕焦延壽撰：《焦
　　　　氏易林》，〈同人之節〉卷 4，頁 90、〔漢〕焦延壽撰：《焦氏易林》，〈豫之謙〉
　　　　卷 4，頁 104、〔漢〕焦延壽撰：《焦氏易林》，〈臨之恆〉卷 5，頁 125、〔漢〕
　　　　焦延壽撰：《焦氏易林》，〈剝之睽〉卷 6，頁 150、〔漢〕焦延壽撰：《焦氏易
　　　　林》，〈井之屯〉卷 12，頁 310、〔漢〕焦延壽撰：《焦氏易林》，〈鼎之未濟〉
　　　　卷 13，頁 328、〔漢〕焦延壽撰：《焦氏易林》，〈震之益〉卷 13，頁 333。
〔註68〕 此九條「變卦」情形如下：一爻變：〈鼎之未濟〉；二爻變：〈坤之萃〉、〈需之
　　　　明夷〉、〈豫之謙〉；三爻變：〈臨之恆〉、〈剝之睽〉、〈井之屯〉、〈震之益〉；四
　　　　爻變：〈同人之節〉。
〔註69〕 〔宋〕俞琰撰：《讀易舉要・卦變》卷 1，收入〔清〕永瑢、紀昀等纂修：《文
　　　　淵閣四庫全書》第 21 冊，頁 409。
〔註70〕 余敦康著：《漢宋易學解讀・朱熹的易學》（北京：華夏出版社，2006 年 7 月），
　　　　頁 491。

蒙·考變占》32 圖，而未嘗言他者。胡一桂認同亡友王浩翁：「（朱）雖出於焦，而比焦尤密。」〔註71〕的見解，其稱許朱熹「32 卦變圖」之要點有二：第一、「次第秩然，各得其所。」；〔註72〕第二、「八卦相對，不亂其占。」〔註73〕認爲朱熹「32 卦變圖」比起焦延壽「64 卦變爲 4096 卦」更爲嚴密。朱熹「變卦」以「本卦」起始，由「一爻變」到「六爻變」，是故「本卦」與「六爻變」勢必爲「錯卦」。《易學啓蒙》所列舉者，包含「初卦〈乾〉與終卦〈坤〉」、〔註74〕「初卦〈巽〉與終卦〈震〉」〔註75〕、「初卦〈離〉與終卦〈坎〉」〔註76〕、「初卦〈兌〉與終卦〈艮〉」〔註77〕在朱熹《易學啓蒙》32 圖之系統中，「初卦」即爲原圖之「本卦」，「終卦」即爲「六爻變」卦，八卦各有對應，次第井然，條理精密而不亂，每卦皆能各得其所，屢屢可見胡一桂稱許之語。由此可知，胡一桂肯定的是朱熹「卦變圖」之邏輯性與結構性。另見清代李光地（1642～1718）曾就占法切入，評議《易學啓蒙·考變占》32 圖曰：「筮法用九、六，不用七、八。今四爻、五爻變者，用之卦之不變爻占，則是兼用七、八也。」〔註78〕中肯地直指其弊端，筮法以老陽九、老陰六爲「變」，而朱熹標榜「後三十二卦」以「之卦之不變爻」占，乃是兼用七、八之數，故知朱熹《易學啓蒙·考變占》的 32 圖、4096 卦，仍有諸多待討論之處。胡一桂僅就「卦變圖」之邏輯性與結構性，給予朱熹高度評價，未能從「易占」與其他面向闡揚，確實有過譽之嫌。此固然來自於胡一桂本身的「宗朱」立場，不免造成不公允之評價。平心而論，朱熹「32 卦變圖」最大的缺失，亦在於此套井然的結構，正如尚秉和《周易古筮攷·動爻》曰：「卦有一爻動、二爻動、三爻動，甚至四爻、五爻、六爻全動。……及朱子所論定以爲法式。然不可泥也。蓋易貴占變，象與辭之通變，……故不可執。」〔註79〕朱熹戮力將卦變圖統理出一套規律，但也令其失去彈性，走向僵化。

〔註71〕〔元〕胡一桂撰：《周易啓蒙翼傳·外篇·焦氏易林》葉五，頁 4089。

〔註72〕〔元〕胡一桂撰：《周易啓蒙翼傳·外篇·焦氏易林》葉五，頁 4089。

〔註73〕〔元〕胡一桂撰：《周易啓蒙翼傳·外篇·焦氏易林》葉七，頁 4090。

〔註74〕〔宋〕朱熹撰：《易學啓蒙·考變占》卷4，頁 259。

〔註75〕〔宋〕朱熹撰：《易學啓蒙·考變占》卷4，頁 274。

〔註76〕〔宋〕朱熹撰：《易學啓蒙·考變占》卷4，頁 282。

〔註77〕〔宋〕朱熹撰：《易學啓蒙·考變占》卷4，頁 288。

〔註78〕〔清〕李光地著；劉大鈞整理：《周易折中·啓蒙下》卷20（成都：巴蜀書社，1998 年 10 月），頁 1167。

〔註79〕尚秉和著：《周易古筮攷·一爻動》卷3，收入尚秉和遺稿，張善文校理：《尚氏易學存稿校理》第 1 卷，頁 31。

第三節 胡一桂視野下的「分卦直日法」

對於《焦氏易林》一書，《周易啓蒙翼傳》尤其著重在「卦變」、「分卦直日法」兩者。士禮居校宋本《焦氏易林》卷首有〈焦林直日〉，以 24 節氣配置 64 卦，[註80] 脫胎於西漢孟喜（？～？）「六日七分法」。胡一桂曰：「其（焦氏）論一卦直一日，與費氏一爻直一日之說不同。」[註81] 指出「分卦直日法」於焦延壽爲一卦直一日、費直爲一爻直一日。焦延壽、費直同生於西漢，何以會各自發展出殊異的「分卦直日法」？兩者異同之處究竟爲何？胡一桂的分辨是否正確？本章節將以《周易啓蒙翼傳・焦氏易林》中的〈論分卦直日法〉爲核心，探討下列三個方向：第一、焦延壽「分卦直日法」與「一卦直一日」之說；第二、費直「分卦直日法」與「一爻直一日」之說；第三、重探《焦氏易林》、〈焦林直日〉與「分卦直日法」。

一、焦延壽「分卦直日法」與「一卦直一日」之說

焦延壽長於「分卦直日」一事，記載於《漢書・京房傳》：「（焦延壽）其說長於災變，分六十四卦，更直日用事，以風雨寒溫爲候，各有占驗。」[註82] 說明其以《周易》64 卦直日用事，唐代顏師古注解曰：

> 孟康曰：「分卦直日之法，一爻主一日，六十四卦爲三百六十日。餘四卦，〈震〉、〈離〉、〈兌〉、〈坎〉，爲方伯監司之官。所以用〈震〉、〈離〉、〈兌〉、〈坎〉者，是二至、二分用事之日，又是四時各專王之氣。各卦主時，其占法各以日觀其善惡也。」[註83]

此處孟康（？～？）所論述的「分卦直日法」：以〈震〉、〈離〉、〈兌〉、〈坎〉爲「四正卦」，依序分別職守「春分、夏至、秋分、冬至」四日，是知「四正卦」性質爲「一卦主一日」。其餘 60 卦，則均分 360 天，爲「一爻主一日」。然而，顏師古徵引的孟康注，隱含兩個問題：

（一）陽曆一年爲 $365\frac{1}{4}$ 日，四正卦各直一日，餘 $361\frac{1}{4}$ 日。（$365\frac{1}{4}-4=361\frac{1}{4}$）餘 60 卦，每卦 6 爻，共 360 爻，扣除後爲 $1\frac{1}{4}$ 日。（$361\frac{1}{4}-60\times6=1\frac{1}{4}$）尚餘 $1\frac{1}{4}$ 日應當如何繼續分配？今存《焦氏易林》版本與相關文獻，俱無記載。

[註80] 〔漢〕焦延壽撰：《易林・焦林直日》卷首，收入陸費逵總勘：《四部備要》，頁 2。
[註81] 〔元〕胡一桂撰：《周易啓蒙翼傳・外篇・焦氏易林》葉六，頁 4089。
[註82] 〔漢〕班固撰；〔唐〕顏師古注：《漢書・眭兩夏侯京翼李傳》卷 75，頁 3160。
[註83] 〔漢〕班固撰；〔唐〕顏師古注：《漢書・眭兩夏侯京翼李傳》卷 75，頁 3160。

（二）胡一桂引述宋代項安世（1129～1208）之語，主張焦延壽「一卦直一日」。〔註84〕以此對比孟康之說，顏師古以爲焦贛「分卦直日法」應當屬於「一爻主一日」，兩方產生歧見。

關於第一個問題：在焦延壽之前，已有西漢孟喜「六日七分」，之所以在六日後配上七分，即是爲了處置 60 卦「一爻主一日」的畸零數 $5\frac{1}{4}$（$365\frac{1}{4}-60\times6=5\frac{1}{4}$）〔註85〕《漢書・儒林傳》：「延壽云嘗從孟喜問《易》。」〔註86〕不論其問《易》動機是否是爲了攀附孟喜，〔註87〕焦延壽必然明瞭「分卦直日法」得處理畸零數 $1\frac{1}{4}$ 日的問題，正如高懷民所言：「相信焦延壽有處理這一日又四分日之一的方法，只是未流傳下來。」〔註88〕接續討論第二個問題：見胡一桂《周易啓蒙翼傳》援引宋儒項安世曰：〔註89〕

> 焦氏卦法自〈乾〉至〈未濟〉，並依《易》書本〈序〉。以一卦直一日，〈乾〉直甲子，〈坤〉直乙丑，至〈未濟〉直癸亥，乃盡六十日。而四正卦則直二分、二至之日。〈坎〉直冬至，〈離〉夏至，〈震〉春分，〈兌〉秋分，不在六十卦輪值之數，此即京房六十卦氣之法。〔註90〕

〈震〉、〈離〉、〈兌〉、〈坎〉四正卦直二分、二至，此與孟康之說無異，分歧處乃在剔除「四正卦」的 60 卦：其以〈乾〉爲首，一卦直一日，60 卦直 60

〔註84〕 〔元〕胡一桂：《周易啓蒙翼傳・外篇・焦氏易林》葉六，頁4089。

〔註85〕 「六日七分」：在孟喜卦氣說體系中，〈震〉、〈離〉、〈兌〉、〈坎〉爲四正卦，四卦的 24 爻作爲 24 節氣，遂餘 60 卦。1 日等於 80 分，$5\frac{1}{4}$ 日即有 420 分（$80\times5\frac{1}{4}=420$），420 分再平均配給 60 卦，則每卦得 7 分。以上依照唐代《周易正義》注疏「七日來復」的內容簡述，參見〔魏〕王弼、〔晉〕韓康伯注，〔唐〕孔穎達等正義：《周易正義・復》卷3，頁65。

〔註86〕 〔漢〕班固撰；〔唐〕顏師古注：《漢書・儒林傳》卷88，頁3601。

〔註87〕 胡一桂曰：「焦氏卦變，卓然自爲一家。而又托於孟者，恶其无傳也。」〔元〕胡一桂撰：《周易啓蒙翼傳・中篇・傳授》葉十七─十八，頁4015。

〔註88〕 高懷民著：《兩漢易學史・前期占驗派象數易家》，頁93。

〔註89〕 項安世原文：「〈乾〉、〈坤〉至〈既〉、〈未濟〉，並依《易》書本序。以一卦直一日，〈乾〉直甲子，〈坤〉直乙丑，至〈既濟〉直壬戌，〈未濟〉直癸亥，乃盡六十日。而四正卦，別直二分、二至之日，〈坎〉直冬至，〈離〉直夏至，〈震〉直春分，〈兌〉直秋分，不在六十卦輪直之數。此即上文六十卦氣之法，但彼主六日七分，此但主一日，彼用《太玄》之序，此用《周易》之序爾。」〔宋〕項安世撰：《項氏家說・焦氏卦法》卷1，收入〔清〕永瑢、紀昀等纂修：《文淵閣四庫全書》第706冊，頁481。

〔註90〕 〔元〕胡一桂撰：《周易啓蒙翼傳・外篇・焦氏易林》葉六，頁4089。

日，經過五次循環，即爲 300 日。上述「一卦直一日」之法，看似能夠合理地分配 60 卦與剩餘日數，實則隱含未安之處：比如每卦所配上的「甲子、乙丑……癸亥」，究竟爲何？是否爲「日干支」？然而，每年朔旦干支、每月朔日干支皆未必爲「甲子日」，倘若引文所指確實爲「日干支」，此套系統的「〈乾〉直甲子日」，將會不固定地出現在某月某日。若以西漢哀帝元壽元年（西元前 2 年）爲例，「甲子日」首度出現於正月二十四，第二度出現於三月二十五，……第七度在十二月三十（筆者案：乃因該歲閏十一月），〔註91〕加上其又必須跳過「二分」、「二至」，勢必與曆法上的「日干支」產生衝突，故不可將之視爲「日干支」。若是如此，「〈乾〉直甲子，〈坤〉直乙丑，至〈未濟〉直癸亥。」等 60 卦與 60 干支的對應，便僅存順序性，失去呼應氣候、曆法的意旨。

二、費直「分卦直日法」與「一爻直一日」之說

士禮居校宋本《焦氏易林》卷首附載有題名「東萊人費直字長翁」的〈漢焦小黃周易變卦筮敍〉，〔註92〕此〈敍〉徵引孟康曰：「分卦直日之法，一爻主一日。」〔註93〕內容一如顏師古所引述者。《漢書・儒林傳》記載西漢費直：「亡章句，徒以〈彖〉、〈象〉、〈系辭〉十篇文言解說上、下經。」〔註94〕是知費直未有《周易》章句傳世。唐代陸德明《經典釋文・序錄》：「永嘉之亂，施氏、梁丘之《易》亡，孟、京、費之《易》人無傳者。」〔註95〕是知費氏易亡失於晉朝。可見於《隋書》著錄「費直注周易四卷，亡」，〔註96〕《新唐書》、《舊唐書》、《經典釋文》卻又著錄「費直章句」，〔註97〕故晚清王樹枏（1852～1936）指出費直《注》、費直《章句》當爲後人僞託之作。〔註98〕既然費氏

〔註91〕 朱桂昌編著：《太初日曆表・漢哀帝元壽元年》（北京：中華書局，2013 年 11 月），頁 588～589。

〔註92〕 〔漢〕焦延壽撰：《易林・焦林直日》，收入陸費逵總勘：《四部備要》，頁 2。

〔註93〕 〔漢〕焦延壽撰：《易林・焦林直日》，收入陸費逵總勘：《四部備要》，頁 2。

〔註94〕 〔漢〕班固撰；〔唐〕顏師古注：《漢書・儒林傳》卷 88，頁 3602。

〔註95〕 〔唐〕陸德明撰；吳承仕疏證，張力偉點校：《經典釋文序錄疏證・序錄》（北京：中華書局，2008 年 6 月），頁 35。

〔註96〕 〔唐〕長孫無忌等撰：《隋書・經籍志》卷 32，頁 471。

〔註97〕 〔後晉〕劉昫等撰：《舊唐書・經籍志》卷 46，頁 948；〔宋〕歐陽修等撰：《新唐書・藝文志》卷 57，頁 651；〔唐〕陸德明撰；吳承仕疏證，張力偉點校：《經典釋文序錄疏證》，頁 38。

〔註98〕 〔清〕王樹枏：《費氏古易訂文・弁言》（臺北：文史哲出版社，1990 年 11 月），頁 1。

易學未能留存於後世，胡一桂《周易啓蒙翼傳》何以出現「費氏一爻直一日」之說？應當來自胡一桂所謂的「費直作〈易林序〉」〔註99〕內容即爲上述的〈漢焦小黃周易變卦筮敘〉。對於此〈敘〉，丁晏於〈書翟氏牟氏易林校畢後〉質疑曰：

> 漢費直舊〈序〉云：六十四卦變占者，王莽時建信天水焦延壽之所撰。晏案：西漢諸儒未有代人作〈序〉者。孔安國《尚書・序》自序其書，亦係僞託。此費直之〈序〉，必依託也。《漢書》稱費易「亡章句，徒以〈彖〉、〈象〉、〈繫辭〉十篇文言解說上、下經。」〈藝文志〉無費氏篇目。費易本無章解，烏有爲人敘述者乎？延壽爲梁人，《漢書》稱爲小黃令。小黃屬梁國地，於建信天水何與焉？宋本原有此〈序〉，程迥、晁公武皆引之，鄭端簡公謂：延壽與孟喜、高相同時，非王莽時。費直亦非莽時人。宋人固疑費〈序〉之僞矣。〔註100〕

丁晏提出三點說明〈漢焦小黃周易變卦筮敘〉當爲後人附益：第一、西漢未曾出現代人作〈序〉之風氣，《漢書》明言費氏「亡章句」，〈藝文志〉亦無篇目，既然費氏本身並無《周易》章句著作，何以又特別爲焦延壽作〈序〉？第二、焦延壽爲梁國屬地小黃令，費直〈敘〉何以稱「建信天水」？第三、焦延壽與西漢孟喜、高相（？～？）同時期，存、歿時間未達新莽，何以稱「王莽時建信天水焦延壽」？丁晏《易林釋文》此三點論述頗有見地，題名「東萊人費直字長翁」的〈漢焦小黃周易變卦筮敘〉甚有可能爲依託之作。倘若如此，胡一桂「費氏一爻直一日」之說將無所適從。

「爻主一日」的觀念，屢見於《易緯》，〔註101〕《隋書・經籍志》：「後

〔註99〕〔元〕胡一桂撰：《周易啓蒙翼傳・外篇・焦氏易林》葉六，頁4089。

〔註100〕〔清〕丁晏撰：《易林釋文・書翟氏牟氏易林校畢後》（臺北：廣文書局，1994年8月）卷末，葉一—二。

〔註101〕惠棟《易漢學》多有蒐輯，以下援引三段《易緯》文獻爲例：惠棟援用孔穎達徵引《易緯》曰：「卦氣起〈中孚〉，故〈離〉、〈坎〉、〈震〉、〈兌〉各主其一方。其餘六十卦，卦有六爻，爻別主一日，凡主三百六十日。」又徵引《是類謀》：「四正之卦，卦有六爻，爻主一氣。」又徵引《乾鑿度》：「一卦六爻，爻一日，凡六日。」依序引自〔清〕惠棟撰：鄭萬耕點校：《易漢學・孟長卿易》卷1，收入〔清〕惠棟撰：鄭萬耕點校：《周易述附：易漢學、易例》（北京：中華書局，2010年9月），頁521、524、530。

漢陳元、鄭眾，皆傳費氏之學。馬融又爲其《傳》，以授鄭玄。玄作《易注》，荀爽又作《易傳》。魏代王肅、王弼，並爲之《注》。自是費氏大興。」〔註102〕是知費氏易學在魏晉盛極一時，若有好事者僞託於費直，本不足爲奇。後世甚至出現：「鄭玄『爻辰』源自費氏『分野』」之說，〔註103〕可見其間的依託、附益問題層出不窮，〔註104〕歷來難以遏止。根據上述文獻論證，是知費氏易恐怕根本沒有「分卦直日」之學，胡一桂聲稱「費氏一爻直一日」，當是遭到僞作本的〈漢焦小黃周易變卦筮敘〉所誤導。

三、重探《焦氏易林》、〈焦林直日〉與「分卦直日法」

《周易啓蒙翼傳・外篇》徵引項安世，認爲焦贛以「一卦直一日」。然而，清初黃宗羲《易學象數論》曰：「有自〈乾〉至〈未濟〉，並依《易》書本序，以一卦直一日，〈乾〉直甲子，〈坤〉直乙丑，至〈未濟〉直癸亥，乃盡六十日，六周而三百六十日。四正卦則直二分、二至，〈坎〉冬至，〈離〉夏至，〈震〉春分，〈兌〉秋分，不在六十卦輪直之列者，焦氏之法也。」〔註105〕是可知後世確實流傳焦贛「一卦直一日」之說，其弊病在於難與曆法相合。胡一桂又根據〈漢焦小黃周易變卦筮敘〉一文，指出費直以「一爻直一日」。費氏易學已亡佚於晉朝，無法考辨費直是否提出「分卦直日法」，但「一爻直一日」（筆者案：「一爻直一日」即是「爻主一日」）之說，於兩漢其實並不罕見，尤其屢見於《易緯》當中。

不論「一卦直一日」或「一爻直一日」，皆屬於「分卦直日法」，乃是兩漢「卦氣說」的一環，比如：孟喜〈六日七分圖〉剔除四正卦後，將剩餘的60卦配置四時、24節氣、12月，孟喜對節氣和60卦的對應，與士禮居校宋本《焦氏易林》卷首的〈焦林直日〉相同，此處列出「立春」至「穀雨」六節氣作爲對比：

〔註102〕〔唐〕長孫無忌等撰：《隋書・經籍志》卷32，頁472。

〔註103〕清儒錢大昕曰：「康成初習京氏《易》，後從馬季長授費氏《易》，費氏有《周易分野》一書，其『爻辰』之法所從出乎。」引自〔清〕錢大昕撰；呂友仁標校：《潛研堂文集・答問一》卷4，頁59。

〔註104〕清儒陳澧曰：「費氏惟以〈彖〉、〈象〉、〈文言〉、〈繫辭〉解說上、下經。何以有分野之說？蓋傳其學者傅會之耳。」〔清〕陳澧著：《東塾讀書記・易》卷4（臺北：臺灣商務印書館，1997年），頁52。

〔註105〕〔清〕黃宗羲撰；鄭萬耕點校：《易學象數論・卦氣二》卷2，頁55。

表4-2、孟喜〈六日七分圖〉與〈焦林直日〉卦畫對應表

孟喜〈六日七分圖〉	春季節氣	對應〈焦林直日〉卦畫〔註106〕
	立春、雨水	小過☶、蒙☷、益☲、漸☶、泰☷
	驚蟄、春分	需☷、隨☷、晉☶、解☷、大壯☷
	清明、穀雨	豫☶、訟☷、蠱☶、革☷、夬☷

由此觀之，「一卦直一日」與「一爻直一日」兩種「卦氣說」，理當並存於兩漢時期，正如黃宗羲曰：「諸家之不同如此，蓋初無一定之理，各以意之所見爲之。是故六日七分之外，有一卦直一日者，有兩卦直一日者，一爻直一日者，四爻三分強直一日者。」〔註107〕兩漢儒者紛紛提出不同「卦氣」理論，且多能自成體系，「一卦直一日」與「一爻直一日」皆爲「卦氣說」的一種系統建構模式。若是強將此兩種「卦氣說」託名於焦贛與費直，自然有所不妥。

　　王新春先生〈哲學視野下的漢易卦氣說〉指出《焦氏易林》的核心在於「64卦值日」，其曰：

> 焦贛即以值日之卦爲本卦，以本卦所值之日內行占所筮遇的卦爲之卦。筮遇的之卦，不外乎64卦這64種可能之情形。於是以一值之卦爲本卦，就可組成一個由它所統攝的64卦的整體系列；64個值日之卦，共可組成64種這樣的整體系列。依焦氏之見，在某一本卦所值之日內行占，筮遇何之卦，查閱《易林》中本卦統攝下的該之卦的林辭，就可判明筮問事項的吉凶禍福情狀了。〔註108〕

王新春提出一種對《焦氏易林》的新詮釋法，以當日所值者爲本卦，再求筮得之卦。然而，假使如此操作，則在該卦值日的區間內，「本卦」皆相同，例

〔註106〕〔漢〕焦延壽撰：《易林·焦林直日》，收入陸費逵總勘：《四部備要》，頁2。

〔註107〕〔清〕黃宗羲撰；鄭萬耕點校：《易學象數論·卦氣二》卷2，頁56。

〔註108〕王新春著：《易學與中國哲學·哲學視野下的漢易卦氣說》（北京：人民出版社，2012年8月），頁89。

如「立春－雨水」30 日內有五卦：〈小過〉、〈蒙〉、〈益〉、〈漸〉、〈泰〉每一卦直六日，倘若在〈小過〉所值的六日內占筮，均爲〈小過之某卦〉；況且，「四正卦」僅值一日，故以〈震〉、〈離〉、〈兌〉、〈坎〉爲「本卦」的時日，比如筮得〈震之某卦〉的機會，一年唯有一日，此是否爲焦延壽之本意？除此之外，既然是以卦氣決定占筮之「本卦」，又應當如何看待「林辭重複現象」？《焦氏易林》以〈乾〉、〈坤〉爲「本卦」的 128 條林辭，竟然有三組內容重複（見下方〈表三〉）。〈乾〉卦值日於「立夏－小滿」的末六日，〈坤〉直日於「立冬－小雪」末六日，六陽與六陰之氣涇渭分明，何以得到內容雷同之占辭？

表 4-3、〈乾〉、〈坤〉兩卦相互重複的林辭內容

〈乾之師〉	倉盈庾憶，宜稼黍稷。國家富有，人民蕃息。〔註 109〕
〈坤之恆〉	倉盈庾憶，宜種黍稷。年豐歲熟，民得安息。〔註 110〕
〈乾之泰〉	不風不雨，白日皎皎。宜出驅馳，通理大道。〔註 111〕
〈坤之坤〉	不風不雨，白日皎皎。宜出驅馳，通利大道。〔註 112〕
〈乾之家人〉	三女求夫，伺候山隅，不見復關，長思歎憂。〔註 113〕
〈坤之井〉	三女求夫，伺候山隅。不見復關，泣涕漣如。〔註 114〕

爲了推求焦氏占法，甚至有學者用阜陽漢簡、敦煌漢簡等出土材料作爲呼應，見黃儒宣先生〈阜陽漢簡《周易》卜辭試探〉曰：

> 阜陽漢簡《周易》卜辭，敦煌漢簡占書皆應源於《日書》，一條卜辭可能代表一日的行事宜忌。由於阜陽漢簡《周易》每卦每爻之下皆有卜辭，如此一來，六十四卦加上三百八十四爻，則可表示四百四十八日的吉凶。焦延壽可能就是在此基礎上，爲了與一年的日數相配，將六十四卦的〈震〉、〈離〉、〈兌〉、〈坎〉四卦各主一日吉凶，其餘六十卦每爻各主一日吉凶，加起來代表一年三百六十四日的行事宜忌。〔註 115〕

〔註 109〕〔漢〕焦延壽撰：《焦氏易林‧乾之師》卷 1，頁 9。

〔註 110〕〔漢〕焦延壽撰：《焦氏易林‧坤之恆》卷 1，頁 18。

〔註 111〕〔漢〕焦延壽撰：《焦氏易林‧乾之泰》卷 1，頁 10、〔漢〕焦延壽撰：《焦氏易林‧坤之坤》卷 1，頁 10。

〔註 112〕〔漢〕焦延壽撰：《焦氏易林‧乾之家人》卷 1，頁 15。

〔註 113〕〔漢〕焦延壽撰：《焦氏易林‧乾之家人》卷 1，頁 12。

〔註 114〕〔漢〕焦延壽撰：《焦氏易林‧坤之井》卷 1，頁 19。

〔註 115〕黃儒宣：〈阜陽漢簡《周易》卜辭試探〉，《周易研究》總第 91 期（2008 年第 5 期），頁 17。

王新春與黃儒宣兩先生都試圖闡述《焦氏易林》與「卦氣直日」之關係，並且提出新的詮釋與發展。王新春以所直者爲「本卦」，足以說明 4096 卦依照卦序排列，且以〈某卦之某卦〉爲形式之緣由，得以聊備一格，以待日後出土材料的發掘。黃儒宣則以阜陽漢簡、敦煌漢簡來指出《焦氏易林》的卜辭，或許是代表一日之吉凶，可作爲一年的行事宜忌，確實可以提供兩漢「分卦直日法」的一種可能性，卻依然難以證明此爲焦延壽《焦氏易林》占筮之法。況且，在書面文獻方面，〈焦林直日〉附屬於〈漢焦小黃周易變卦筮敘〉，屬於後人附益之作，無法成爲檢視《焦氏易林》中「卦氣說」的文獻依據，恐怕還有待其他證據的出現，方能全面性的解釋與釐清。

第四節　小結

　　胡一桂《周易啓蒙翼傳‧外篇》稱許《焦氏易林》演繹 64 卦爲 4096 卦，朱熹《易學啓蒙‧考變占》32 圖由 64 卦衍生出 4096 卦，即承襲焦贛的「卦變法」，具有啓迪朱熹「卦變」之功。然而，胡一桂過於著重《焦氏易林》與朱熹易學的關係，未能深入探究《焦氏易林》本身，如諸多學者詬病的「林辭內容重複」問題，胡一桂竟然隻字未提。此外，胡一桂對朱熹「卦變圖」的肯定，亦有過譽之處，其以「次第秩然，各得其所」、「八卦相對，不亂其占」頌揚朱熹「卦變法」所呈現的 32 圖，反觀李光地等清代儒者皆指涉朱熹《易學啓蒙‧考變占》32 圖不僅無法作爲解經之用，甚至在占法上出現矛盾。平心而論，朱熹 32 圖確實層次井然、結構緊密，卻無助於解經與溯源傳統易占，堪稱爲朱熹自創的一套「卦變」系統。胡一桂僅因《易學啓蒙‧考變占》32 圖的變化規律、次第嚴謹而稱譽之，未嘗考察此套「卦變」體系與傳統先秦易占之關係，實有其不周之處。而在闡發「分卦直日法」方面，則是顯得較爲粗糙，胡一桂不僅混淆「一卦直一日」與「一爻直一日」兩種不同的「分卦直日」內容，亦未能察覺《焦氏易林》的「分卦直日法」會產生畸零數「1又 1/4 日」的問題，直接採納宋代項安世之語，主張焦延壽「一卦直一日」，又遭到僞作〈漢焦小黃周易變卦筮敘〉一文所誤導，聲稱「費氏一爻直一日」，在在可見其在文獻掌握上的缺失，此皆爲胡一桂未能周延之處。

第五章 《周易啓蒙翼傳・京氏易傳》象數舉例闡微

　　晚清皮錫瑞〈論陰陽災變爲《易》之別傳〉：「《易》家以陰陽災變爲說，首改師法，不出於田何、楊叔、丁將軍者，始於孟而成於京。」〔註1〕認爲將「陰陽災變」混入易學的肇始者爲孟喜，使之完備且廣泛流傳者，則爲京房。班固等《漢書・五行志》援引了69條《京房易傳》陰陽災變之說，〔註2〕但若考察王亭之先生《周易象數例解》列舉出的《京氏易傳》條例，並未有著錄災變相關內容，〔註3〕張書豪〈京房《易》災異理論探微〉曰：「現傳《京氏易傳》又無涉於陰陽災變。」〔註4〕顯見三卷本（筆者案：三卷本即是今本）《京氏易傳》絕非班固所見版本。胡一桂亦深諳此理，遂於兩漢、魏晉文獻當中，輯錄出七條具有「陰陽災變」性質的《京氏易傳》語句，〔註5〕此七條確實未嘗見於今本《京氏易傳》，思想內涵亦與三卷本殊異。稍微可惜的是，胡一桂對此七條文獻，僅僅是輯錄，未有申論。筆者又檢視《周易啓蒙翼傳・外篇・京氏易傳》內容，發現胡一桂所闡述者，皆爲三卷本《京氏易傳》「八宮卦」之占筮理論，故本章節遂以三卷本作爲探討對象，不納入胡一桂輯錄的七條文獻內容。

〔註1〕〔清〕皮錫瑞著；周春健校注：《經學通論・《易經》》（北京：華夏出版社，2011年4月），頁35。

〔註2〕〔漢〕班固撰；〔唐〕顏師古注：《漢書・五行志》卷27，頁1315～1522。

〔註3〕王亭之著：《周易象數例解・京房易例》（上海：復旦大學出版社，2014年10月），頁110～144。

〔註4〕張書豪：〈京房《易》災異理論探微〉，《成大中文學報》總第57期（2017年6月），頁9。

〔註5〕〔元〕胡一桂撰：《周易啓蒙翼傳・外篇・京氏易傳》葉十一，頁4092。

　　胡一桂《周易啓蒙翼傳‧外篇‧京氏易傳》依序闡釋「八宮卦」、〈集京氏易〉……〈世應例〉、〈起月例〉、〈飛伏例〉、〈卦氣直日圖〉、〈論卦氣圖之非〉、〈論卦氣直日之非〉、〈專論卦氣起中孚之非〉等 12 篇，上述篇目大抵可以歸納爲兩大部分：第一部分闡釋《京氏易傳》八宮卦系統（包含：〈世應例〉、〈起月例〉、〈飛伏例〉）；第二部分論述《京氏易傳》的「卦氣說」體系。

第一節　《京氏易傳》八宮卦系統

　　「八宮卦」是由八卦（六畫卦）變爲 64 卦，以八卦立宮，故稱爲八宮。近人屈萬里（1907～1979）曰：「八宮卦、世應、遊魂歸魂之說，皆起於京房……京房以前無聞。」〔註6〕指出「八宮卦」的變卦模式爲京房所獨創，非先秦遺留之古法。王亭之先生揣測曰：「京房設計出八宮這個系統，應該跟占筮有關，因爲他根據八宮成立『世爻』、『應爻』，這兩爻在占筮中起很大的作用。」〔註7〕京房創發此系統之動機是否如王氏所言？固然還有待討論，但由此可知：「八宮卦」是京房設計出的一套占筮系統，此系統包含「世應說」、「起月例」、「飛伏例」，以下便以「八宮卦」、「世應說」、「起月例」、「飛伏例」四者作爲探討主題。

一、《京房易傳》八宮卦

　　「八宮卦」是以八純卦：〈乾〉、〈坤〉、〈震〉、〈巽〉、〈坎〉、〈離〉、〈艮〉、〈兌〉爲主體，各自經過「本宮卦」、「一世變」、「二世變」、「三世變」、「四世變」、「五世變」、「遊魂」、「歸魂」八個階段。例如，〈乾〉經過此八階段，即稱爲〈乾〉宮，八卦共有八宮，故得出八八六十四卦，成爲一套完整的《周易》64 卦變化系統。胡一桂《周易啓蒙翼傳‧京氏易傳》將八宮 64 卦全數列出：

> 《京氏易》以八宮卦爲序，分上、中、下三卷。上卷首〈乾〉宮八卦〈乾〉、〈姤〉、〈遯〉、〈否〉、〈觀〉、〈剝〉、〈晉〉、〈大有〉，次〈震〉宮八卦〈震〉、〈豫〉、〈解〉、〈恆〉、〈升〉、〈井〉、〈大過〉、〈隨〉，次〈坎〉宮八卦〈坎〉、〈節〉、〈屯〉、〈既濟〉、〈革〉、〈豐〉、〈明夷〉、〈師〉，次〈艮〉宮八

〔註6〕屈萬里著：《先秦漢魏易例述評‧八宮卦、世應、遊魂、歸魂》卷下，頁99。
〔註7〕王亭之著：《周易象數例解‧京房易例》，頁112。

卦〈艮〉、〈賁〉、〈大畜〉、〈損〉、〈睽〉、〈履〉、〈中孚〉、〈漸〉。中卷首〈坤〉
宮八卦〈坤〉、〈復〉、〈臨〉、〈泰〉、〈大壯〉、〈夬〉、〈師〉、〈比〉，次〈巽〉宮
八卦〈巽〉、〈小畜〉、〈家人〉、〈益〉、〈无妄〉、〈噬嗑〉、〈頤〉、〈蠱〉，次〈離〉
宮八卦〈離〉、〈旅〉、〈鼎〉、〈未濟〉、〈蒙〉、〈渙〉、〈訟〉、〈同人〉，次〈兌〉
宮八卦〈兌〉、〈困〉、〈萃〉、〈咸〉、〈蹇〉、〈謙〉、〈小過〉、歸妹〉。蓋專主八
純卦變六十四卦也。〔註8〕

若以〈乾〉宮爲例，「本卦」六爻皆不變，爲〈乾〉☰；「一世變」爲〈初九〉
一爻變，爲〈姤〉☴；「二世變」爲〈九二〉一爻變，爲〈遯〉☶；「三世變」
爲〈九三〉一爻變，爲〈否〉☷；「四世變」爲〈九四〉一爻變，爲〈觀〉☴；
「五世變」爲〈九五〉一爻變，爲〈剝〉☶；「遊魂」乃是再變一次第四爻位，
爲〈晉〉☶；「歸魂」變更「遊魂」下卦的三爻位，是將〈晉〉☶的〈初九〉、
〈九二〉、〈九三〉三爻全變爲陰爻，爲〈大有〉☰。其餘皆然，見下表：

表5-1、八宮卦

八宮	乾宮	震宮	坎宮	艮宮	坤宮	巽宮	離宮	兌宮
八純卦 上世	乾	震	坎	艮	坤	巽	離	兌
一世	姤	豫	節	賁	復	小畜	旅	困
二世	遯	解	屯	大畜	臨	家人	鼎	萃
三世	否	恆	既濟	損	泰	益	未濟	咸
四世	觀	升	革	睽	大壯	无妄	蒙	蹇
五世	剝	井	豐	履	夬	噬嗑	渙	謙
游魂 四世	晉	大過	明夷	中孚	需	頤	訟	小過
歸魂 三世	大有	隨	師	漸	比	蠱	同人	歸妹

〔註8〕〔元〕胡一桂撰：《周易啓蒙翼傳・外篇・京氏易傳》葉九，頁4091。

「八宮」的排列順序爲：〈乾〉、〈震〉、〈坎〉、〈艮〉、〈坤〉、〈巽〉、〈離〉、〈兌〉，此排序方式出自於《周易・説卦傳》的「〈乾〉、〈坤〉父母生六子說」。〈乾〉、〈坤〉爲父母卦（三畫卦），〈坤〉一索得長男〈震〉（得〈乾〉初爻）、再索得中男〈坎〉（得〈乾〉中爻）、三索得少男〈艮〉（得〈乾〉上爻）；〈乾〉一索得長女〈巽〉（得〈坤〉初爻）；再索得中女〈離〉（得〈坤〉中爻）；三索得少女〈兌〉（得〈坤〉上爻），〔註9〕顯見《京氏易傳》「八宮」次第發軔於此。「八宮」前四卦（〈乾〉、〈震〉、〈坎〉、〈艮〉）爲陽卦，後四卦（〈坤〉、〈巽〉、〈離〉、〈兌〉）爲陰卦，近人朱伯崑曰：「此種排列順序，與漢墓出土的帛書本爲同一系統。」〔註10〕或許可將其視爲一種不同於今本《周易》序列的易學系統。另一方面，「八宮」呈現出「陰陽對峙」之局面，此觀點亦貫通於《京氏易傳》各項條例，〔註11〕三國吳陸績（188～219）注解的《京氏易傳》曰：「天地運轉，氣在其中矣。〈乾〉道變化，萬物通矣。六爻交通，至於六卦，陰陽相資、相返、相剋、相生。」〔註12〕將陰陽的變化列舉出「相資、相返、相剋、相生」四種型態。劉玉建先生又將《京氏易傳》的「陰陽氣說」細分爲：「陰陽之氣的運動變化」、「陰陽之氣的進退升降」、「陰陽的統一和諧」、「陰陽的相互轉化」、「陽尊陰卑」五大項目，〔註13〕足見《京氏易傳》對陰陽氣說之發用。

胡一桂《周易啓蒙翼傳》藉由對《火珠林》的批判，透露出「八宮卦」系統之侷限：「以京《易》考之，世所傳《火珠林》者，即其法也。……自以世爲占，故其占止於六十四爻，而不能盡三百八十四爻之變爾。」〔註14〕此語率先指稱後世流傳的《火珠林》占法，即是援用《京氏易傳》「八宮卦」，故其法僅限於占得64種結果，無法產生384種變化（筆者案：《周易》64卦，每一卦6爻，64卦×6爻=384爻）。胡一桂進一步闡述：

〔註9〕 〔魏〕王弼、〔晉〕韓康伯注：〔唐〕孔穎達等正義：《周易正義・説卦傳》卷9，頁185。

〔註10〕 朱伯崑著：《易學哲學史・漢代的象數之學》第1卷，頁143。

〔註11〕 張文智著：《孟、焦、京易學新探・京房易學研究》（濟南：齊魯書社，2013年1月），頁346～347。

〔註12〕 〔三國吳〕陸績撰：《陸績京氏易傳・晉》卷上，收入嚴靈峯編輯：《無求備齋易經集成》第177冊（臺北：成文出版社，1976年），頁14。

〔註13〕 參閱劉玉建著：《兩漢象數易學研究・京房易學》（南寧：廣西教育出版社，1996年9月），頁253～263。

〔註14〕 〔元〕胡一桂撰：《周易啓蒙翼傳・外篇・京氏易傳》葉十四，頁4093。

愚案：京氏所定變法，八純卦只各變得五卦。至於遊魂卦，……
歸魂卦……則是六十四卦內八純卦所不能變者。……但得卦後，某
卦屬某宮幾世、某卦屬某宮遊、歸，則不可易爾。房雖不能制卦之
不變，卦雖能盡變，亦不能不受制於房。〔註15〕

「本宮卦」僅能變至「五世卦」，「遊魂」、「歸魂」皆爲變卦之變，實爲八純
卦所不能變者。除此之外，以「八宮卦」系統占得之後，不可改易，例如：〈升〉
☷☴爲〈震〉宮四世變、〈訟〉☰☵爲〈離〉宮遊魂、〈比〉☵☷爲〈坤〉宮歸魂，
此點有別於《易》占，《易》占得老陽九、老陰六，必有陰陽之變，故先秦遂
有「某卦遇某卦」、「某卦之某卦」之例。《京氏易傳》「八宮卦」固然條理井
然，但同時也限制了「卦」的活動性。

二、《京房易傳》世應說

「世應」實爲「世爻」與「應爻」之合稱。「世爻」爲一卦陰陽變化之處，
「一世變」爲初爻變，以初爻爲「世爻」，「二世變」爲第二爻變，以第二爻
爲「世爻」；「三世變」至「五世變」皆是相同模式；「遊魂」爲第四爻的再變
化，故第四爻位爲「世爻」；「歸魂」爲下卦三爻陰陽全變，以第三爻位爲「世
爻」；「本宮卦」則是以上爻爲「世爻」。《京氏易傳‧姤》曰：「定吉凶。只取
一爻之象。」〔註16〕胡一桂根據「世爻」解釋「乾宮」之「遊魂」與「歸魂」：
「愚謂九四〈乾〉之本爻，又在上卦，故曰遊魂。」「愚謂下體反〈乾〉本卦，
又在內卦，故曰歸魂。」〔註17〕以第四爻爲「遊魂」之本爻，又以「返回本
卦」解釋「歸魂」之名。「應爻」的解釋可見於《周易啓蒙翼傳‧京氏易傳》
援引項安世曰：

「世」之對爲「應」，……〈乾〉本卦上九爲世，九三爲應，〈乾〉
初變〈姤〉，爲一世卦，初六爲世，九四爲應；再變〈遯〉，爲二世
卦，六二爲世，九五爲應；三變〈否〉，爲三世卦，六三爲世，上九
爲應；四變〈夬〉，爲四世卦，六四爲世，初六爲應；五變〈剝〉，
爲五世卦，六五爲世，六二爲應；〈剝〉之四復變爲〈晉〉，謂之遊
魂卦，九四爲世，初六爲應；〈晉〉下卦皆變爲〈大有〉，〈坤〉復歸

〔註15〕〔元〕胡一桂撰：《周易啓蒙翼傳‧外篇‧京氏易傳》葉十四一十五，頁4093
～4094。

〔註16〕〔三國吳〕陸績撰：《陸績京氏易傳‧姤》卷上，頁5～6。

〔註17〕〔元〕胡一桂撰：《周易啓蒙翼傳‧外篇‧京氏易傳》葉十五一十六，頁4094。

〈乾〉，謂之歸魂卦，九三爲世，上九爲應。〔註18〕

「應爻」與「世爻」兩者爲對應關係：初爻爲世，第四爻爲應；第二爻爲世，第五爻爲應；第三爻爲世，上爻爲應；第四爻爲世，初爻爲應；第五爻爲世，第二爻爲應；「遊魂」第四爻爲世，初爻爲應；「歸魂」第三爻爲世，上爻爲應；「本卦」上爻爲世，第三爻爲應。南宋晁公武曰：「進退以幾，而爲一卦之主者，謂之『世』；奇耦相與、據一以超二，而爲主之相者，謂之『應』。」〔註19〕精要地描繪出「世爻」與「應爻」在一卦之對應關係。以下再列舉四條《京氏易傳》內容爲例：

〈復〉䷖：「初九，元士之世。六四，諸侯見應。」〔註20〕

〈大畜〉䷙：「九二，大夫應世。應六五，爲至尊，陰陽相應。」〔註21〕

〈蠱〉䷑：「九三歸魂，立三公在世，應上九，見宗廟。」〔註22〕

〈需〉䷄：「游魂立世，諸侯應初九元士。」〔註23〕

初爻爲元士，第二爻爲大夫，第三爻爲三公，第四爻爲諸侯，第五爻爲至尊，上爻爲宗廟。〈復〉初九爲世爻，六四爲應爻，元士應諸侯；〈大畜〉九二爲世爻，六五爲至尊，大夫居世，六五至尊見應，陰陽相應，以柔居尊位；〈蠱〉爲「巽宮」之「歸魂」，以九三爲世，上九爲應，三公見宗廟。〈需〉爲「坤宮」之「遊魂」，以六四諸侯爲世，元士初九爲應。郭彧先生曰：「『世應說』是『卦主說』的源頭，後來王弼、吳澄、李光地等人的『卦主』理論，似皆源於京房的『世應說』。」〔註24〕肯定《京氏易傳》「世應說」對後世易學發展史之貢獻。

三、《京房易傳》起月例

「起月例」爲「八宮卦」學說的一環，其以「世爻」陰、陽爲基準，分

〔註18〕〔元〕胡一桂撰：《周易啓蒙翼傳・外篇・京氏易傳》葉十五一十六，頁4094。

〔註19〕〔宋〕晁公武撰；孫猛校證：《郡齋讀書志校證・易類》卷1，頁12。

〔註20〕〔三國吳〕陸績撰：《陸績京氏易傳・復》卷中，頁56。

〔註21〕〔三國吳〕陸績撰：《陸績京氏易傳・大畜》卷上，頁43。

〔註22〕〔三國吳〕陸績撰：《陸績京氏易傳・蠱》卷中，頁77。

〔註23〕〔三國吳〕陸績撰：《陸績京氏易傳・需》卷中，頁63～64。

〔註24〕郭彧：〈京房與《京氏易傳》〉，收錄於林忠軍主編：《歷代易學名著研究》（濟南：齊魯書社，2008年5月），頁42。

為兩種模式：1.「世爻」為陽爻，初爻由「子」起算（筆者案：初爻子，第二爻丑，第三爻寅，第四爻卯，第五爻辰，上爻巳），如此算到「世爻」所處爻位；2.「世爻」為陰爻，初爻由「午」起算（筆者案：初爻午，第二爻未，第三爻申，第四爻酉，第五爻戌，上爻亥），如此算到「世爻」所處爻位。例如〈姤〉☰☴為〈乾〉之「一世變」，世爻為初六，為陰爻，為午，午為五月卦；〈遯〉☰☶為〈乾〉之「二世變」，世爻為六二，為陰爻，為未，未為六月卦；〈晉〉☲☷為〈乾〉之「遊魂」，世爻為九四，為陽爻，為卯，卯為二月卦，64卦皆依循此模式。胡一桂〈起月例〉描述地較為詳盡，見《周易啓蒙翼傳・京氏易傳》：

　　　　一世卦，陰主五月，一陰在午也，陽主十一月，一陽在子也。二世卦，陰主六月，二陰在未也，陽主十二月，二陽在丑也。三世卦，陰主七月，三陰在申也，陽主正月，三陽在寅也。四世卦，陰主八月，四陰在酉也，陽主二月，四陽在卯也。五世卦，陰主九月，五陰在戌也，陽主三月，五陽在辰也。八純，上世，陰主十月，六陰在亥也，陽主四月，六陽在巳也，遊魂四世所主與四世卦同，歸魂三世所主與三世同。〔註25〕

胡氏從「一世卦」依序描述至「歸魂」：凡為一世卦，世爻為陰爻者，主五月，在午；世爻為陽爻者，主11月，在子；凡為二世卦，世爻為陰爻者，主六月，在未；世爻為陽爻者，主12月，在丑。依此例直到「上世卦」（八純卦），共有12種世爻配上一年12月。（筆者案：遊魂與四世卦同，歸魂與三世卦同。）

表5-2、〈起月例〉八宮卦「世爻」所主月份

	陽爻	陰爻
上世卦（八純卦）	四月（巳）	十月（亥）
五世卦	三月（辰）	九月（戌）
四世卦／遊魂卦	二月（卯）	八月（酉）
三世卦／歸魂卦	正月（寅）	七月（申）
二世卦	十二月（丑）	六月（未）
一世卦	十一月（子）	五月（午）

〔註25〕〔元〕胡一桂撰：《周易啓蒙翼傳・外篇・京氏易傳》葉十六，頁4094。

由上述表格可見《京氏易傳》以「世卦」主一年 12 月，並且與「十二消息卦」
之值月相近。「十二消息卦」由〈復〉直十一月始，依序爲〈臨〉直十二月、
〈泰〉直正月、〈大壯〉直二月、〈夬〉直三月、〈乾〉直四月、〈姤〉直五月、
〈遯〉直六月、〈否〉直七月、〈觀〉直八月、〈剝〉直九月、〈坤〉直十月，
又以〈復〉十一月到〈乾〉四月爲「陽息卦」，〈姤〉五月到〈坤〉十月爲「陰
息卦」。〔註26〕據此，對照筆者整理的〈《京氏易傳》世卦起月例〉：

表 5-3、《京氏易傳》世卦起月例

月次	月建	世卦	六十四卦值月	陰陽
十一月	子	一世卦	〈復〉、〈賁〉、〈節〉、〈小畜〉	陽
十二月	丑	二世卦	〈臨〉、〈大畜〉、〈解〉、〈鼎〉	
正月	寅	三世卦	〈泰〉、〈既濟〉、〈恆〉、〈咸〉	
		歸魂卦	〈大有〉、〈漸〉、〈蠱〉、〈同人〉	
二月	卯	四世卦	〈大壯〉、〈睽〉、〈革〉、〈无妄〉	
		遊魂卦	〈晉〉、〈大過〉、〈訟〉、〈小過〉	
三月	辰	五世卦	〈夬〉、〈履〉、〈井〉、〈渙〉	
四月	巳	八純卦	〈乾〉、〈艮〉、〈巽〉、〈離〉	
五月	午	一世卦	〈姤〉、〈豫〉、〈旅〉、〈困〉	陰
六月	未	二世卦	〈遯〉、〈屯〉、〈家人〉、〈萃〉	
七月	申	三世卦	〈否〉、〈損〉、〈益〉、〈未濟〉	
		歸魂卦	〈比〉、〈隨〉、〈師〉、〈歸妹〉	
八月	酉	四世卦	〈觀〉、〈升〉、〈蒙〉、〈蹇〉	
		遊魂卦	〈需〉、〈明夷〉、〈中孚〉、〈頤〉	
九月	戌	五世卦	〈剝〉、〈豐〉、〈噬嗑〉、〈謙〉	
十月	亥	八純卦	〈坤〉、〈震〉、〈坎〉、〈兌〉	

《京氏易傳》世爻爲陽爻的一世卦到上世卦，包含「十二消息卦」的陽息卦：
〈復〉、〈臨〉、〈泰〉、〈大壯〉、〈夬〉、〈乾〉；世爻爲陰爻的一世卦到上世卦，
包含「十二消息卦」的陰息卦：〈姤〉、〈遯〉、〈否〉、〈觀〉、〈剝〉、〈坤〉。顯
見「起月例」與「十二消息卦」所值月份、陰陽屬性皆相同，足見《京氏易
傳》「起月例」應當是以西漢「十二消息卦」爲基礎，加以拓展而成。〔註27〕

〔註26〕屈萬里著：《先秦漢魏易例述評·十二消息卦》卷下，頁 80。
〔註27〕張文智著：《孟、焦、京易學新探·京房易學研究》，頁 362。

四、《京房易傳》飛伏例

　　卦之可見者爲「飛」，不可見者爲「伏」，以八卦爲例：「〈乾〉☰與〈坤〉☷」、「〈坎〉☵與〈離〉☲」、「〈震〉☳與〈巽〉☴」、「〈艮〉☶與〈兌〉☱」，互爲「飛伏卦」。屈萬里曰：「飛陽則伏陰，飛陰則伏陽，其說倡於京房。」〔註28〕是知「飛」與「伏」爲陰陽相對之概念，陽見則陰藏，陰見則陽藏，北宋朱震（1072～1138）解釋此條例曰：

> 伏爻，何也？曰：京房所傳飛伏也。乾坤、坎離、震巽、艮兌相伏者也。見者爲飛，不見者爲伏。飛，方來也；伏，既往也。〈說卦〉：「〈巽〉其究爲躁卦」，例飛伏也。太史公〈律書〉曰：「冬至一陰下藏，一陽上舒。」此論〈復〉卦初爻之伏〈巽〉。〔註29〕

朱震認爲〈說卦傳〉已然蘊藏「飛伏」體例，晚清杭辛齋亦舉出〈說卦傳〉：「〈坎〉，爲隱伏」、〈雜卦傳〉：「〈兌〉見而〈巽〉伏」說明《易傳》其實早有「飛伏」體例。〔註30〕朱震又指出司馬遷《史記‧律書》所謂：「一陰下藏，一陽上舒。」〔註31〕即是在暗喻「〈復〉卦初爻之伏〈巽〉」，太史公以「一陰下藏」爲「伏」，「一陽上舒」爲「飛」。筆者以爲：朱震之說或許不完全正確，但《史記》「一陰下藏，一陽上舒」確實含有「陰陽交伏」〔註32〕思想，朱震評論得當，可作爲「飛伏例」思想淵源之假說。有趣的是，考察《京氏易傳》，「飛伏例」句式皆爲「與『某卦』爲飛伏」，未嘗出現對於「爻位」之指稱，但卻是奠基於「爻位」的運用之上。此條例爲荀爽、虞翻等漢魏象數易學家廣泛援用，清代李道平（1788～1844）《周易集解纂疏》記載：〔註33〕

> 荀爽：「六三陽位，下有伏陽。」（〈坤‧文言傳〉）

> 《九家易》：「體坎爲血，伏離爲目。」（〈屯‧上六〉）

〔註28〕屈萬里著：《先秦漢魏易例述評‧飛伏》卷下，頁103。

〔註29〕〔宋〕朱震撰：《漢上易傳‧乾》卷1，收入〔清〕徐乾學等輯；納蘭成德校刊：《通志堂經解》第1冊（臺北：大通書局，1970年2月），頁434。

〔註30〕〔清〕杭辛齋撰：《易楔》卷4，收入林慶彰主編：《民國時期經學叢書（第二輯）》第21冊（臺中：文听閣圖書，2008年7月），頁676～677。《易傳》原文依序引自〔魏〕王弼、〔晉〕韓康伯注；〔唐〕孔穎達等正義：《周易正義‧說卦傳、雜卦傳》卷9，頁186、189。

〔註31〕〔漢〕司馬遷撰：《史記‧律書》卷25，頁1244。

〔註32〕〔三國吳〕陸績撰：《陸績京氏易傳‧觀》卷上，頁10。

〔註33〕依序引自〔清〕李道平撰；潘雨廷點校：《周易集解纂疏》卷2（北京：中華書局，2006年7月），頁90、104、110。

　　　　虞翻：「震剛爲夫，伏巽爲婦」（〈蒙・九二〉）

顯見荀爽、《九家易》、虞翻皆以「飛伏例」詮解《周易》。前文已述，《京氏易傳》頗爲重視「陰陽氣說」，「飛伏例」之性質與觀點，正能具體呈現出京房的陰陽思想，清末民初徐昂（1877～1953）曰：

　　　　陰陽消長，斯有飛伏，顯者飛而隱者伏。既飛則由顯而隱，既

　　　　伏則由隱而顯。飛中有伏，伏中有飛。消息循環，固有盡時。〔註34〕

徐氏點出「飛伏」即爲陰陽消長，陰氣與陽氣互相對立、盈虛、循環、相生。近人牟宗三（1909～1995）曰：「『飛』中含有『伏』，以便成將來之『飛』也；『伏』中含有『飛』，以定此『伏』之不永伏也。」〔註35〕勾勒出「飛」與「伏」各自獨立，卻又彼此相容之性質。若純粹以「八純卦」論之，即是以所見者爲「飛」，陰陽相反者爲「伏」，《京氏易傳・乾》：「純陽用事，象配天，屬金。與〈坤〉爲飛伏。」〔註36〕《京氏易傳・離》：「陽爲陰主，陽伏於陰。……與〈坎〉爲飛伏。」〔註37〕上述「〈乾〉與〈坤〉」、「〈坎〉與〈離〉」兩兩陰陽相對，互相爲「飛卦」與「伏卦」，單單就此看來，「八純卦」之間的「飛伏」定義，其實與「旁通」條例相同。胡一桂闡釋的〈飛伏例〉，同樣涉入「爻位」，實爲荀爽、虞翻等增添的「飛伏」條例，已不同於《京氏易傳》，見《周易啓蒙翼傳》曰：

　　　　至八卦所變世卦則不然，自一世至五世，同以本生純卦爲伏，

　　　　蓋五卦皆一卦所變。至遊、歸二卦，則又近取所從變之卦爲伏，如

　　　　乾一世姤，姤下體巽，飛爲巽初辛丑，伏仍用乾初甲子……。至五

　　　　世，皆以本卦乾爻爲伏者也。自五世，復下爲遊魂卦，剝四變晉爲

　　　　艮，變其飛爲離四己酉，伏爲艮四丙戌矣。又下爲歸魂卦，晉下三

　　　　爻變爲大有。自坤變乾，故飛爲乾三甲辰，伏爲坤三乙卯矣。二卦

　　　　皆近即所從變之卦。〔註38〕

〔註34〕〔清〕徐昂撰：《京氏易傳箋・飛伏》卷3，收入嚴靈峯編輯：《無求備齋易經集成》第173冊（臺北：成文出版社，1976年），頁165。

〔註35〕牟宗三著：《周易的自然哲學與道德函義・漢之天人感應下的易學》，收入牟宗三著：《牟宗三先生全集》第1冊（臺北：聯經出版事業，2003年4月），頁37。

〔註36〕〔三國吳〕陸績撰：《陸績京氏易傳・乾》卷上，頁3。

〔註37〕〔三國吳〕陸績撰：《陸績京氏易傳・離》卷中，頁78～79。

〔註38〕〔元〕胡一桂撰：《周易啓蒙翼傳・外篇・京氏易傳》葉十六，頁4094。

一世卦到五世卦，皆以所見卦體之爻位爲「飛」，以原本八純卦宮位爲「伏」，如：〈姤〉䷫爲「乾宮」一世變，故以〈姤〉下卦〈巽〉☴初爻爲「飛」，以「乾宮」初爻爲「伏」；〈遯〉䷠爲「乾宮」二世變，故以〈遯〉下卦〈艮〉☶初爻爲「飛」，以「乾宮」第二爻爲「伏」。遊魂、歸魂則是以所見卦體之爻位爲「飛」，以所從變之卦爲「伏」，例如：〈晉〉䷢爲「乾宮」遊魂，與四世卦同，以〈晉〉上卦〈離〉☲的第四爻爲「飛」，以所從變之四世卦〈剝〉䷖上卦〈艮〉☶第四爻爲「伏」；〈大有〉䷍爲「乾宮」歸魂，遊魂與三世卦同，以〈大有〉下卦〈乾〉☰第三爻爲「飛」，以所從變之遊魂〈晉〉下卦〈坤〉☷第三爻爲「伏」。胡一桂之功在於保存且剖析了漢、魏流傳下來的「飛伏」條例，遂使後人得以窺知宋末元初「飛伏說」之發展。

第二節　胡一桂對《京氏易傳》「卦氣說」之批判

京房繼承了孟喜、焦延壽的「卦氣說」，並且與當時的《易緯》相互影響，清代吳翊寅（？～？）曰：「孟、京雖同主卦氣，然有疏密之殊，凡依氣定日主一爻及六日七分術，蓋皆京房所傳，較孟爲密。」〔註39〕又曰：「《易緯乾鑿度》爲孟喜所述，《稽覽圖》、《通卦驗》皆京房所述者。」〔註40〕指稱京房不僅承襲孟喜「卦氣說」，更把其精密化、系統化，並以爲《稽覽圖》、《通卦驗》爲京房所述。胡一桂《周易啓蒙翼傳》論《通卦驗》曰：「下卷論卦氣方位。」〔註41〕指出《通卦驗》應當涉及「卦氣說」。雖然《通卦驗》究竟是否爲京房所述？仍然有待商榷，但由上述可知《京氏易傳》內容確實含有「卦氣說」之成分。胡一桂對《京氏易傳》之「卦氣說」，主要針對「卦氣直日法」與「卦氣起〈中孚〉」二者。《周易啓蒙翼傳·京氏易傳》雖有〈論卦氣圖之非〉一篇，但內容主要在批判《焦氏易林》卦氣直日之矛盾，以及《漢上易傳》所收錄〈卦氣圖〉圖式相違之處，偏離對《京氏易傳》之討論。筆者率先簡述胡一桂對《周易啓蒙翼傳》所收錄〈卦氣圖〉之闡釋，再探討《周易啓蒙翼傳》對《京氏易傳》「卦氣直日法」與「卦氣起〈中孚〉」之評斷是否允當？

〔註39〕〔清〕吳翊寅撰：《易漢學考·敘目上》卷首，收入《續修四庫全書》編纂委員會編：《續修四庫全書·經部·易類》第 39 冊（上海：上海古籍出版社，2002 年 3 月），頁 114。

〔註40〕〔清〕吳翊寅撰：《易漢學考·易緯敘上》卷 1，頁 132。

〔註41〕〔元〕胡一桂撰：《周易啓蒙翼傳·外篇·緯書》葉四，頁 4088。

一、胡一桂論李漑〈卦氣圖〉

　　胡一桂援引《漢上易傳》收錄的李漑（？～？）〈卦氣圖〉，並依序解釋曰：「內一運，列四正卦二十四爻以司一歲二十四氣。」〔註42〕「四正卦」爲〈坎〉、〈離〉、〈震〉、〈兌〉，以此「四正卦」的二十四爻，分別主 24 節氣，是爲一爻主一氣；筆者將〈卦氣圖〉「四正卦」直 24 節氣之項目列舉於下：

表 5-4、李漑〈卦氣圖〉「四正卦」直 24 節氣

〈坎〉			〈震〉						〈離〉						〈兌〉						〈坎〉		
六四	九五	上六	初九	六二	六三	九四	六五	上六	初九	六二	九三	九四	六五	上九	初九	九二	六三	九四	九五	上六	初六	九二	六三
立春	雨水	驚蟄	春分	清明	穀雨	立夏	小滿	芒種	夏至	小暑	大暑	立秋	處暑	白露	秋分	寒露	霜降	立冬	小雪	大雪	冬至	小寒	大寒
1月		2月		3月		4月		5月		6月		7月		8月		9月		10月		11月		12月	

　　此爲「內一運」之項目，再看胡一桂描述「中一運」：「中一運，除四正卦外，以六十卦分公、辟、侯、大夫、卿，三百六十爻以司一歲三百六十五日四分日之一也。」〔註43〕「四正卦」之外的六十卦，一卦主「六日七分」（筆者案：一年 $365\frac{1}{4}$ 日，其中 360 日／60 卦＝6 日，故一卦主 6 日，剩餘 $5\frac{1}{4}$，又訂每日爲 80 分，故 80 分× $5\frac{1}{4}$ 日＝420 分，再以 420 分／60 卦＝7 分，故一卦主 6 日 7 分），〔註44〕除此之外，此六十卦又以「公、辟、侯、大夫、卿」五個順位排序。最後爲胡一桂描述的「外一運」：「外一運，又取中運內十二辟卦，凡七十二爻以司一歲七十二候也。」〔註45〕「十二辟卦」，又稱「十二消息卦」，《京氏易傳》的「起月例」即是援用此條例。〈卦氣圖〉以「十二消息卦」的 12 卦 72 爻，配上一年 72 候。以〈卦氣圖〉左下方的正月〈泰〉爲例，〈泰・初九〉配上「東風解凍」，〈泰・九二〉配上「蟄蟲始振」，〈泰・九三〉配上

〔註42〕〔元〕胡一桂撰：《周易啓蒙翼傳・外篇・京氏易傳》葉十八，頁 4095。

〔註43〕〔元〕胡一桂撰：《周易啓蒙翼傳・外篇・京氏易傳》葉十八，頁 4095。

〔註44〕《周易正義》曰：「案《易緯稽覽圖》云：『卦氣起中孚。』故〈離〉、〈坎〉、〈震〉、〈兌〉，各主其一方，其餘六十卦，卦有六爻，爻別主一日。凡主三百六十日，餘有五日四分日之一者，每日分爲八十分，五日分爲四百分四分日之一又爲二十分，是四百二十分。六十卦分之，六七四十二卦，別各得七分，是每卦得六日七分也。」引自〔魏〕王弼、〔晉〕韓康伯注；〔唐〕孔穎達等正義：《周易正義・復》卷 3，頁 65。

〔註45〕〔元〕胡一桂撰：《周易啓蒙翼傳・外篇・京氏易傳》葉十八，頁 4095。

「魚上冰」，〈泰‧六四〉配上「獺祭魚」、〈泰‧六五〉配上「鴻鴈來」，〈泰‧上六〉配上「草木萌動」。正月〈泰〉、二月〈大壯〉，如此直到十二月〈臨〉，循環十二月卦 72 爻，終結於〈臨‧上六〉的「水澤腹堅」。胡一桂與朱震所收錄的〈卦氣圖〉，內容全然相同，但呈現的形式不同，《漢上易傳》的〈卦氣圖〉爲矩形十字，《周易啓蒙翼傳》收錄的〈卦氣圖〉則爲圓形。以下比較胡一桂所收錄的〈卦氣圖〉與朱震《漢上易傳》所收錄的〈卦氣圖〉：

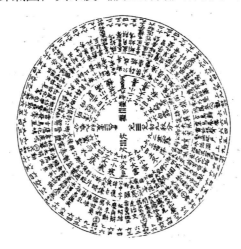

圖 5-1、《周易啓蒙翼傳‧京氏易傳》所收錄〈卦氣圖〉〔註46〕

圖 5-2、朱震《漢上易傳》所收錄〈卦氣圖〉〔註47〕

〔註46〕 〔元〕胡一桂撰：《周易啓蒙翼傳‧外篇‧京氏易傳》葉十八，頁 4095。
〔註47〕 〔宋〕朱震撰：《漢上易傳‧卦圖》卷中，頁 621。

根據宛敏渭先生〈二十四氣與七十二候考（續）〉歸納，先秦兩漢記載中國古代「節氣」的典籍，至少有〈夏小正〉、《呂氏春秋》、《淮南子》、《禮記》、《易緯通卦驗》、《逸周書》六種，並比較此六者記載「七十二候」內容之異同：〔註48〕

表 5-5、宛敏渭「七十二候」異同比較——以正月爲例

夏小正		呂氏春秋		淮南于	禮記	易緯通卦驗		逸周書
正月	啓蟄 雁北鄉 雉震呴 魚陟負水…… 寒日滌凍塗 田鼠出…… 獺獸祭魚 鷹則爲鳩…… 采芸 柳梯 梅杏柂桃則華 緹縞 鷄桴粥	孟春	東風解凍 蟄蟲始振 魚上水 獺祭魚 侯雁北…… 是月也以立春 天氣下降地氣上騰 天地和同 草木繁動	東風解凍 蟄蟲始振蘇 魚上負水 獺祭魚 侯雁北 立春之日……	東風解凍 蟄蟲始振 魚上冰 獺祭魚 鴻雁來 是月也以立春…… 天氣下降地氣上騰 天地和同 草木萌動	立春	雨水降 條風至 雉雊 雞乳 冰解 楊柳樟	立春之日 東風解凍 又五日 蟄蟲始振 又五日 魚上冰
						雨水	凍冰釋 猛風至 獺祭魚 鳲鶪鳴 蝙蝠出	雨水之日 獺祭魚 又五日 鴻雁來 又五日 草木萌動

對照宛敏渭的列表，可以明顯看出朱震與胡一桂收錄的〈卦氣圖〉文字，皆是採用《禮記・月令》內容。

　　胡一桂對李溉〈卦氣圖〉有所貶責，乃是因爲〈卦氣圖〉強行揉合不同的「卦氣說」系統。《周易啓蒙翼傳・京氏易傳》曰：「二十四氣、七十二候，見於周公〈時訓〉，呂不韋取以爲〈月令〉，其書見於〈夏小正〉。……〈夏小正〉具十二月，而无中氣；有候應，而无日數；至於〈時訓〉，乃五日爲候，三候爲氣，六十日爲節。」〔註49〕清楚區分出〈夏小正〉與〈時訓解〉爲兩種結構分殊的「節氣」系統，足見胡一桂能夠分辨先秦兩漢的「卦氣說」，

〔註48〕宛敏渭：〈二十四氣與七十二候考（續）－七十二候研究〉，《氣象學報》總第11卷第3期（1935年），頁119。
〔註49〕〔元〕胡一桂撰：《周易啓蒙翼傳・外篇・京氏易傳》葉十九，頁4096。

在內涵上可能具有差異性，不可一概而論。見《周易啓蒙翼傳‧論卦氣圖之非》：

> 朱氏依京房以六十卦主七十二候，而列辟卦十二分綴其下，其圖自多違戾。夫既以六十卦主七十二候、三百六十五度四分度之一，而辟卦乃主十二月三百五十四日，上、下不相應，其失一也；六十卦每卦直六日七分，辟卦亦在其中，是亦六日七分矣，而又列之於下，使主一月，上、下不相應，其失二也。〔註50〕

胡一桂指出：〈卦氣圖〉以六十卦主七十二候，又將十二消息卦的七十二爻配上七十二候，是以產生扞格。在曆法上，24 節氣與 72 候，屬於陽曆系統，陽曆一年爲三百六十五又四分之一日；「十二消息卦」則是屬於陰曆系統，陰曆一年爲三百五十四日，兩者曆法系統截然不同，〈卦氣圖〉卻混爲一談，此爲李溉〈卦氣圖〉第一項謬誤；〈卦氣圖〉六十卦乃是剔除〈坎〉、〈震〉、〈離〉、〈兌〉四正卦，是以此六十卦當中，囊括了「十二消息卦」，每一卦主「六日七分」，「十二消息卦」亦當如此，但〈卦氣圖〉又將「十二消息卦」配上七十二候，每一卦分別主一個月六候，使得「中一運」與「外一運」兩運，在直日日數上產生矛盾，此爲〈卦氣圖〉第二項謬誤。

二、胡一桂論《京氏易傳》卦氣直日

　　胡一桂撰有〈論卦氣直日之非〉，主旨在批判《京氏易傳》擅自以〈坎〉、〈震〉、〈離〉、〈兌〉爲「四正卦」，分別主二十四氣，又以六十卦主六日七分。除了理論系統未能納入「閏月」的問題之外，更是未有任何文獻依據，爲孟、京恣意獨創。最後，胡一桂感慨術數方士多假借《周易》爲說，但後人竟然將《京氏易傳》之術，重新融入易學當中，比如《周易正義》注疏「七日來復」，〔註51〕即是援用孟、京「六日七分」之學，實則「非《易》也」。〔註52〕以下先行檢視「閏月」的問題，胡一桂〈論卦氣直日之非〉曰：

> 〈坎〉、〈震〉、〈離〉、〈兌〉之與〈乾〉、〈坤〉諸卦一也。〈坎〉、

〔註50〕〔元〕胡一桂撰：《周易啓蒙翼傳‧外篇‧京氏易傳》葉二十一－二十一，頁 4096～4097。

〔註51〕參閱〔魏〕王弼、〔晉〕韓康伯注；〔唐〕孔穎達等正義：《周易正義‧復》卷3，頁 65。

〔註52〕〔元〕胡一桂撰：《周易啓蒙翼傳‧外篇‧京氏易傳》葉二十一－二十二，頁 4097。

〈震〉、〈離〉、〈兌〉主二十四氣，而〈乾〉、〈坤〉諸卦主六日七分，

何耶？合六十卦，爲日三百六十五四分之一。附之一歲，則有餘，

而加之閏，則不足，若之何其主一歲耶？一歲之中，贏縮餘閏初无

常時，而卦之所值則有定日，又烏能候寒溫耶？〔註53〕

胡一桂此處認爲：以六十卦分配三百六十五又四分之一日，並未考量「閏月」
日數。六十卦一年分別直日六日七分有餘，但再加上「閏月」日數，定然有
所不足。況且，「閏月」不見規律性，〔註54〕六十卦直日時程與順序卻是固定，
如何妥善安置氣候？然而，筆者以爲，胡一桂似乎誤解「閏月」之意義，陽
曆一歲爲三百六十五又四分之一日，在曆法上，屬於不變之常數，唯有一歲
約爲三百五十四日的陰曆必須調整補足日數，以符合陽曆。「閏月」的設置即
是爲了平衡一年陰曆與陽曆日數的不勻稱，兩漢不論是〈太初曆〉或〈三統
曆〉，皆是沿用「古六曆」的「十九年七閏」制度。〔註55〕《京氏易傳》以六
十卦分配三百六十五又四分之一日，使用的是陽曆，是故絕無「一歲之中，
贏縮餘閏」之情形。因此，胡一桂以《京氏易傳》未能包含「閏月」來責難
使用陽曆系統的「六日七分」，恐怕不甚妥當。接續，見胡一桂批判《京氏易
傳》的第二點：前無所承，不取經說，見〈論卦氣直日之非〉曰：

且使夫六十四卦所配之日，皆惟我之所分。則何獨六日七分而

後可？吾將合六十四卦，而以一歲三百五十四日均之，則一卦直五

日四十二分五釐亦可也。吾將損四正，而用六十卦，以當三百五十

四日，則卦直五日七十二分亦可也。不然，惟用八卦，以當三百五

十四日，則卦直四十四日二十分，又誰曰不可。凡去取多寡，惟我

之所制，則人皆可爲矣，何取乎經？此房之罪也。〔註56〕

「六日七分」以陽曆爲主，一歲爲三百六十五又四分之一日，再以剔除「四

〔註53〕〔元〕胡一桂撰：《周易啓蒙翼傳·外篇·京氏易傳》葉二十一，頁4097。

〔註54〕《左傳》總計有11條提及「閏月」，分別在僖公七年；文公一年、六年；成
公十七年；襄公九年、二十七年；昭公二十年、二十二年；哀公五年、十五
年、二十四年，上述「閏月」之時間、區間，著實難以歸納其規律。依序參
閱〔晉〕杜預集解；〔唐〕孔穎達等正義：《春秋左傳注疏》，收入〔清〕阮元
校勘：《十三經注疏》（臺北：藝文印書館，2007年8月），頁216、297、312、
484、528、650、855、875、1000、1036、1050。

〔註55〕黃一農：〈漢初百年朔閏析究—兼訂《史記》和《漢書》紀日干支訛誤〉，《中
央研究院歷史語言研究所集刊》第72本第4分（2001年12月），頁754～756。

〔註56〕〔元〕胡一桂撰：《周易啓蒙翼傳·外篇·京氏易傳》葉二十一，頁4097。

正卦」的六十卦均分，此論點確實前無所承，爲孟喜、京房所創發，胡一桂對此展開抨擊：若以陰曆日數爲主，一歲爲三百五十四日，假設以六十四卦除之，一卦直五日四十二分五釐；又假設以六十卦除之，一卦直五日七十二分；甚至假設以八卦除之，一卦直四十四日二十分。既然《京氏易傳》無視經書、自創條例。那麼，假若從陽曆改易爲「陰曆」三百五十四日，或者將六十卦改易爲「六十四卦」，甚至改易爲「八卦」，又有何妨？最終都能自圓其說。關於上述胡一桂抨擊《京氏易傳》的第二點：筆者以爲，《周易啓蒙翼傳》言之鑿鑿，批評得當。事實上，誠如胡一桂所言，《京氏易傳》諸多論點早已脫離《周易》經傳，亦可謂其自成一家之說。胡一桂對《京氏易傳》的貶責，大抵導因於時代差異，西漢易學以象數爲風尚，並重視師法、家法，若無法自成一格，如何標榜出獨特之處？相反地，宋元易學以程朱爲依歸，並重視經典的本旨，在此學風下成長的胡一桂，自然難以接受孟、京不取經說、另闢蹊徑的詮釋法。最後，胡一桂〈論卦氣直日之非〉總結自己對《京氏易傳》之評議：

> 天下之小術，雖閱擇日時算布五行，尋察地脉，以至猥瑣邪僻之書，无不借《易》以爲說。蓋天下之物，无有不麗於陰陽者，故淺陋之術，皆得假聖人之糟粕，以爲精深。所以眩惑斯人，而取售於世。房之所以用之之驗者，廼其術也，而非《易》也，而不知房之所託也，烏乎！……唐孔穎達疏復之，「七日來〈復〉」，以爲「六日七分」之數，謬誤相承，以至今也。〔註57〕

胡一桂指出：《易》爲陰陽之學，天下亦無不依附陰陽之物，故凡是術數典籍，不論擇日、五行、煉丹、風水等等，皆有援用《周易》之處。致使淺陋之術，得以假借爲聖人之糟粕，自我哄抬，眩人耳目，《京氏易傳》即是如此。胡一桂強調《京氏易傳》乃是以「術」得效驗，而非用《易》者也。可惜後人不察，又將其說融入易學，比如唐代官學《周易正義》，疏文徵引「六日七分」之說，即是如此，而其謬誤更是輾轉相承，直至宋元時期。

三、胡一桂論《京氏易傳》卦氣起〈中孚〉

胡一桂撰有〈專論卦氣起〈中孚〉之非〉一文，文中屢屢把《京氏易傳》與《太玄》相提並論，不僅僅是兩者「卦氣起〈中孚〉」之論點相同，更是

〔註57〕〔元〕胡一桂撰：《周易啓蒙翼傳‧外篇‧京氏易傳》葉二十二，頁4097。

因爲《朱子語類》曰：「揚雄也是學焦延壽推卦氣。」〔註58〕、「問揚雄。……
如《易》中卦氣如何？曰：此出於京房，亦難曉。」〔註59〕朱熹認爲西漢揚
雄（53B.C.E.～18C.E.）看似創發出不同於西漢象數易學的術數典籍，但其
實是襲取了焦延壽和京房的「卦氣學」理論，再加以轉化，自行建構出一套
《太玄》的「卦氣學」系統。對於《京氏易傳》與《太玄》的「卦氣學」，
胡一桂曰：「京房、揚雄皆以卦配氣候……。宜其所配，有不可得而異者……。
蓋亦求二子之所同者，惟以卦氣起於〈中孚〉。」〔註60〕指出京房、揚雄兩
種「卦氣說」系統的直日配置迥異，唯有「卦氣起於〈中孚〉」一說相同，
但胡一桂也表示：此說並不見於周、秦典籍，尤其無涉於《易》，未有任何
文獻依據。〔註61〕元初袁桷（1266～1327）曾表示先賢對於此論點有所誤解，
當作「〈中孚〉復起於甲子」，而非「卦氣起於〈中孚〉」，見袁桷〈清容答問〉
曰：

> 《易》起〈中孚〉，先儒之說甚詳。今錄其說，曰先儒言卦起
> 〈中孚〉，非也，〈中孚〉復起于甲子耳。蓋由揚雄作《太玄》，以
> 初卦準〈中孚〉，故先儒誤以爲卦起〈中孚〉耳。夫六十四卦，首
> 之以〈乾〉、〈坤〉，何以言起于〈中孚〉邪？……且〈乾〉配甲而
> 起于子，〈坤〉配乙而起于丑，故六十四卦，歷〈乾〉之甲子……
> 至〈節〉而周。而〈中孚〉、〈小過〉、〈既濟〉、〈未濟〉之四卦繼
> 〈節〉之後，謂〈中孚〉復起甲子，可也，謂卦起〈中孚〉，不可
> 也。〔註62〕

袁氏以六十甲子爲說，以〈乾〉爲甲子、〈坤〉爲乙丑，一直到〈節〉爲癸亥，
共六十卦，恰好完成一甲子的循環，故下一個循環以〈中孚〉起首，爲甲子，
故可稱「〈中孚〉復起於甲子」，絕非「卦氣起於〈中孚〉」。

　　胡一桂〈專論卦氣起〈中孚〉之非〉從「卦執掌月份」、「卦象」、「卦義」

〔註58〕〔宋〕朱熹撰：《朱子語類・易三》卷67，收入〔宋〕朱熹撰；朱傑人、嚴佐
　　　　之、劉永翔主編：《朱子全書》第16冊，頁2244。

〔註59〕〔宋〕朱熹撰：《朱子語類・戰國漢唐諸子》卷137，收入〔宋〕朱熹撰；朱
　　　　傑人、嚴佐之、劉永翔主編：《朱子全書》第18冊，頁4241～4242。

〔註60〕〔元〕胡一桂撰：《周易啓蒙翼傳・外篇・京氏易傳》葉二十二－二十三，頁
　　　　4097～4098。

〔註61〕〔元〕胡一桂撰：《周易啓蒙翼傳・外篇・京氏易傳》葉二十三，頁4098。

〔註62〕〔清〕黃宗羲原著，全祖望補修；陳金生、梁運華點校：《宋元學案・深寧學
　　　　案》卷85，第4冊，頁2879。

三方面來否定「卦氣起〈中孚〉」之說。《周易啓蒙翼傳》徵引朱震曰：「歲始於冬至，歷始於牽牛，日始於夜半，故必始於十一月。夫律歷始於十一月是矣，而以〈中孚〉爲十一月卦爲何義？」〔註63〕明確指出「歲始於冬至11月」，見元代吳澄（1249～1333）《月令七十二候集解》曰：「冬至，十一月中。終藏之氣至此而極也。……水泉動，水者，天一之陽所生，陽生而動，今一陽初生。」〔註64〕同樣以冬至11月爲「陽氣初生」時節，又見緯書《孝經援神契》記載：「大雪後十五日，斗指子，爲冬至，十一月中。陰極而陽始至，日南至，漸長至也。」〔註65〕顯示出冬至11月中，陰氣至極，陽氣始出。顯見11月中的「冬至」，是爲一年氣候之初始，胡一桂對此詰難曰：「夫律歷始於十一月是矣，中孚爲十一月卦爲何義？」從「卦執掌月份」予以否定。次者，歷代大多以「十二消息卦」的11月〈復〉☷☳，作爲「冬至」之候，乃是取其「一陽初生」之象，胡一桂曰：「〈復〉以一陽初生，謂之冬至之候，猶有説也。……至於〈中孚〉以〈兑〉、〈巽〉爲卦，而謂之冬至，則无一説。」〔註66〕同樣以〈復〉作爲「冬至」之候，反觀〈中孚〉卦☴☱，上卦爲〈巽〉，下卦爲〈兑〉，卦象外實內虛，朱熹稱其：「陽實在內而未發。」〔註67〕何以稱之「冬至」？從「卦象」予以否定。再次者，既然〈中孚〉☴☱卦象不得爲「冬至」象徵，《京氏易傳》與《太玄》何以宣稱「卦氣起〈中孚〉」？胡一桂揣測曰：

> 蓋謂〈中孚〉者，信也。夫以〈中孚〉爲信……，則是取其義，而不取其氣也。不取其氣，而取其孚信之義，則謂之起於〈无妄〉可也，何必〈中孚〉？……言人之慮，始於心思，故起於〈中孚〉。使〈中孚〉取心思之義，則起於〈咸〉可也，何必起於〈中孚〉而後可？〔註68〕

〔註63〕〔元〕胡一桂撰：《周易啓蒙翼傳‧外篇‧京氏易傳》葉二十四，頁4098。

〔註64〕〔元〕吳澄撰：《月令七十二候集解》，收入藝文印書館編輯：《歲時習俗研究資料彙編》第8冊（臺北：藝文印書館，1970年12月），頁25。

〔註65〕〔清〕趙在翰輯：鍾肇鵬、蕭文郁點校：《七緯‧孝經援神契》卷36（北京：中華書局，2013年1月），頁689。

〔註66〕〔元〕胡一桂撰：《周易啓蒙翼傳‧外篇‧京氏易傳》葉二十三，頁4098。

〔註67〕〔宋〕朱熹撰：《朱子語類‧易十三》卷77，收入〔宋〕朱熹撰；朱傑人、嚴佐之、劉永翔主編：《朱子全書》第16冊，頁2619。

〔註68〕〔元〕胡一桂撰：《周易啓蒙翼傳‧外篇‧京氏易傳》葉二十三－二十四，頁4098。

〈中孚〉義爲誠信，〔註69〕《太玄》以〈中〉☰居首，〔註70〕亦爲日星節候之首。〔註71〕胡一桂批評《太玄》將〈中〉置於「卦氣」之首，乃是取其「誠信」之含義，並非取自氣候。若是如此，《伊川易傳》曰：「〈无妄〉，言至誠也。至誠者，天之道也。」〔註72〕是知〈无妄〉亦有「誠信」之義，爲何獨取〈中孚〉爲首？另有儒者解釋：〈中孚〉爲「心思」之義，而人之思慮，始於心思，故以〈中孚〉爲首。胡一桂對此提出糾正：〈咸〉義爲「感」，〔註73〕應當更符合心思之含義，何必另取〈中孚〉爲說？從「卦義」予以否定。

　　平心而論，筆者以爲：胡一桂〈專論卦氣起〈中孚〉之非〉試圖從「卦執掌月份」、「卦象」、「卦義」三方面來扳倒「卦氣起於〈中孚〉」之說，可謂鞭辟入裡、甚有見地。其中尚未明朗，仍有待進一步探討的是「卦氣起於〈中孚〉」理論之起源，孟喜、京房、揚雄皆用之，卻不知發軔於何處？今本《稽覽圖》雖有「甲子卦氣起〈中孚〉」一語，〔註74〕但此文獻已是眞僞夾雜，〔註75〕是否爲唐宋好事者，以《周易正義》疏文羼入？亦不可得知也。

第三節　小結

　　綜觀胡一桂《周易啓蒙翼傳》探討《京氏易傳》之成果：一、在文獻版本方面，胡一桂雖然未能指稱所見的三卷本《京氏易傳》爲僞，但已能清楚分辨三卷本《京氏易傳》與《漢書・五行志》徵引的69條《京氏易傳》性質

〔註69〕〈彖傳〉：「中孚，柔在內而剛得中。說而巽，孚乃化邦也。豚魚吉，信及豚魚也。」〈序卦傳〉：「節而信之，故受之以〈中孚〉。」〈雜卦傳〉曰：「〈中孚〉，信也。」依序引自〔魏〕王弼、〔晉〕韓康伯注；〔唐〕孔穎達等正義：《周易正義》卷6、9，頁133、188、189。

〔註70〕〈中〉擬自〈中孚〉。《太玄・中》曰：「陽氣潛萌於黃宮，信無不在乎中。」引自〔漢〕揚雄撰；鄭萬耕校釋：《太玄校釋・中》（北京：中華書局，2014年11月），頁4。

〔註71〕此可見於胡一桂援引王蕡《玄圖發微》中的〈《太玄》擬卦日星節候圖〉，參閱〔元〕胡一桂撰：《周易啓蒙翼傳・外篇・太玄經云》葉三十二，頁4102。

〔註72〕黃忠天編著：《周易程傳註評・无妄》卷3（高雄：高雄復文圖書出版社，2006年3月），頁219。

〔註73〕〔魏〕王弼、〔晉〕韓康伯注；〔唐〕孔穎達等正義：《周易正義・咸》卷4，頁82。

〔註74〕〔清〕趙在翰輯；鍾肇鵬、蕭文郁點校：《七緯・易稽覽圖》卷3，頁68。

〔註75〕參閱〔清〕姚際恆作；童小鈴彙集：《古今僞書考》，收入林慶彰主編：《姚際恆著作集（五）》（臺北：中央研究院中國文哲研究所，1994年6月），頁246。

殊異，甚至自行輯錄七條「漢、魏時期的《京氏易傳》原文」，有功於古文獻之保存。二、在占筮系統方面，胡一桂指稱《京氏易傳》「八宮」僅能得出 64 卦，占卦結果亦唯有 64 種（筆者案：此處指占筮所得之占辭），遠不如《周易》總計有 450 種占卦結果。〔註76〕占卦結果堪稱爲占筮最重要的部分，《京氏易傳》與《周易》所得的占卦結果未免相距過遠，無怪乎胡一桂不以「易學類」視之。三、在變化方面，《周易》有「九（老陽）、六（老陰）之變」，另有「卦之變」，又有「爻之變」，極富彈性；反觀《京氏易傳》「八宮」，占卦之後就被制定爲「某宮某世」或「某宮歸魂、遊魂」。縱使井然有序，卻也走向僵化，失去《周易》尚「變」的精神。四、在「卦氣說」方面，胡一桂大力抨擊《京氏易傳》「六日七分」之說，認爲孟喜、京房自行訂定「四正卦」系統，並以其餘 60 卦直日，乃是前無所承，絕非四聖人之語。即使胡一桂對於《京氏易傳》表述的「六日七分」之說，恐怕有所誤解，《京氏易傳》「卦氣說」儼然得以自成一套體系，但其切實偏離《周易》經傳本旨，爲漢人衍生之術。五、胡一桂除了抨擊「六日七分」之說，更是駁斥「卦氣起於〈中孚〉」一說，遂從「卦所執掌月份」、「卦象」、「卦義」三方面來否定《京氏易傳》的「卦氣起〈中孚〉」，胡氏論述中肯、反駁得當，頗有可觀之處。歸結上述五點，胡一桂《周易啓蒙翼傳》將《京氏易傳》置諸〈外篇〉，確實有其根據。

〔註76〕筆者案：《周易》有 64 卦、384 爻，以及〈用九〉、〈用六〉，加總 64＋384＋2 ＝450，是以共可得出 450 種占卦結果。

第六章 《周易啓蒙翼傳·郭氏洞林》占驗例證考詳

    《晉書·郭璞傳》曰：「郭璞字景純，河東聞喜人也。……妙於陰陽算歷。有郭公者，客居河東，精於卜筮，璞從之受業。公以《青囊中書》九卷與之，由是遂洞五行、天文、卜筮之術。……撰前後筮驗六十餘事，名爲《洞林》。」〔註1〕是知《洞林》作者爲晉朝郭璞（276～324），內容記載其所占得之六十餘事。再看《晉書·王導傳》：「使郭璞筮之，卦成。」〔註2〕與〈藝術傳〉記載郭璞事：「杜不愆，盧江人也。少就外祖郭璞學『易卜』。」〔註3〕提及「卦」與「易卜」。再看〈天文志〉曰：「郭璞曰：『月屬〈坎〉，陰府法象』」〔註4〕及〈許邁傳〉：「許邁，字叔玄……未弱冠，嘗造郭璞，璞爲之筮，遇〈泰〉之〈大畜〉，其上六爻發。」〔註5〕確知郭璞乃是援用《周易》64卦之卦畫與卦名進行卜筮，並自行改造「易占」，創發出一套新的卜筮系統。郭璞的占法，在魏晉南北朝享有盛名，梁元帝蕭繹（508～555）爲之作《《洞林》序〉：「山陽王氏，真解談玄；河東郭生，纔能射覆。」〔註6〕把王弼與

〔註1〕 〔唐〕房玄齡等撰：《晉書·郭璞傳》卷72，收入《二十五史》，頁928～934。

〔註2〕 〔唐〕房玄齡等撰：《晉書·王導傳》卷65，收入《二十五史》，頁857。

〔註3〕 〔唐〕房玄齡等撰：《晉書·藝術傳》卷95，收入《二十五史》，頁1215。

〔註4〕 〔唐〕房玄齡等撰：《晉書·天文志》卷12，收入《二十五史》，頁157～158。

〔註5〕 〔唐〕房玄齡等撰：《晉書·許邁傳》卷80，收入《二十五史》，頁1030。

〔註6〕 〔南朝梁〕梁元帝撰：《《洞林》序〉，收錄於〔清〕嚴可均校輯：《全上古三代秦漢三國六朝文·全梁文》卷17（北京：中華書局，1991年10月），頁3051。

郭璞並列。北宋李昉（925～996）等人編纂的《太平廣記》，甚至已將郭璞
列入〈神仙傳〉，稱之爲「水仙伯」，〔註7〕足見郭璞及其《郭氏洞林》在當
時的超然地位。

第一節　《郭氏洞林》占卦事例概述

　　胡一桂解釋「林」字曰：「所謂『林』者，自爲韻語，占決之辭也。」〔註8〕
《四庫全書總目》亦指稱《郭氏洞林》爲「主占驗之學」，〔註9〕是知此書以
占卦爲主，占得之形式，大致可分成兩類，一類爲「得某卦之象」、「遇某卦
之象」，如「得〈既濟〉」、「得〈否〉」、「遇〈明夷〉之象」；另一類爲「某卦
之某卦」，如〈咸之井〉、〈同人之革〉、〈豫之解〉。純以占得的卦畫體例來看，
應當是摹仿《左傳》之「易占」，但其間的占法恐怕已經大異其趣，只是援用
《易》64卦之卦畫與卦名。相較之下，《京氏易傳》對郭璞的影響，應當更爲
深遠，尤其是京房的陰陽災異之學。〔註10〕請見於胡一桂曰：「《洞林》上、
中、下三卷，斷法用青龍、朱雀、勾陳、騰蛇、白虎、玄武六神及太歲諸煞
神時日旺相等推。」〔註11〕指出郭璞又以五行、六神、年月日太歲諸煞神占
卦。由此可見，《郭氏洞林》雖以「易占」爲根基，卻摻雜過多術數之學，胡
一桂遂將此書列入〈外篇〉。《郭氏洞林》多處援用《京氏易傳》的「八宮卦」
系統，並比附五行與干支：〈乾〉爲金、〈震〉爲木、〈坎〉爲水、〈艮〉爲土、
〈坤〉爲土、〈巽〉爲木、〈離〉爲火、〈兌〉爲金，八卦本身配以五行，六爻
位更是分別配上五行與干支，稱爲「八卦納甲」。筆者率先整理成下表，以便
後續之對照。

〔註7〕　〔宋〕李昉等奉敕撰：《太平廣記‧神仙》卷13，收入〔清〕永瑢、紀昀等纂
　　　　修：《景印文淵閣四庫全書》第1043冊，頁77。
〔註8〕　〔元〕胡一桂撰：《周易啓蒙翼傳‧外篇‧郭氏洞林》葉五十五，頁4114。
〔註9〕　〔清〕永瑢、紀昀等纂修：《四庫全書總目‧子部‧周易懸鏡》卷111，頁
　　　　2204。
〔註10〕徐芹庭著：《魏晉南北朝四十三家易學‧郭璞易說》（北京：中國書店，2011
　　　　年2月），頁255。
〔註11〕〔元〕胡一桂撰：《周易啓蒙翼傳‧中篇‧傳授》葉二十二，頁4017。

表6-1、八卦納甲

乾為金	震為木	坎為水	艮為土	坤為土	巽為木	離為火	兌為金
壬戌土	庚戌土	戊子水	丙寅木	癸酉金	辛卯木	己巳火	丁未土
壬申金	庚申金	戊戌土	丙子水	癸亥水	辛巳火	己未土	丁酉金
壬午火	庚午火	戊申金	丙戌土	癸丑土	辛未土	己酉金	丁亥水
甲辰土	庚辰土	戊午火	丙申金	乙卯木	辛酉金	己亥水	丁丑土
甲寅木	庚寅木	戊辰土	丙午火	乙巳火	辛亥水	己丑土	丁卯木
甲子水	庚子水	戊寅木	丙辰土	乙未土	辛丑土	己卯木	丁巳火

除此之外，郭璞《郭氏洞林》大量使用「卦象」、「互體」、「後天八卦方位」等兩漢象數易說，並多處援用十二地支，及其所屬的五行、方位、月份、生肖，筆者亦列表於下：

表6-2、十二地支所屬五行、方位、月份、生肖關係

	子	丑	寅	卯	辰	巳	午	未	申	酉	戌	亥
五行	水	土	木	木	土	火	火	土	金	金	土	水
方位	北	東北	東	東	東南	南	南	西南	西	西	西北	北
月份	11月	12月	正月	2月	3月	4月	5月	6月	7月	8月	9月	10月
生肖	鼠	牛	虎	兔	龍	蛇	馬	羊	猴	雞	狗	豬

胡一桂《周易啓蒙翼傳》摘錄八則《郭氏洞林》占卜事例，[註12]其中有二則關於「國家」、二則關於「避難」、三則關於「疾病」、最後一則記載「占法之奇中」者。筆者將試著從上述四個項目中，各挑出一則闡述之。

〔註12〕〔元〕胡一桂撰：《周易啓蒙翼傳・外篇・郭氏洞林》葉五十一一五十六，頁4112～4114。

第二節　《郭氏洞林》爲丞相占國家諸事吉凶

此事例爲胡一桂摘錄八則《郭氏洞林》占卜事例中的第一則。郭璞曰：「歲在甲子，正月中，丞相揚州令余卦安危諸事如何？得〈咸〉▇之〈井〉▇。」〔註13〕郭璞在世時期（276～324），僅能遇到一次「歲在甲子」，甲子年正月十五，時間爲晉惠帝永安元年（西曆304年3月7日），郭璞唯有記載「丞相」二字，並未明確指稱「丞相」爲何人？清朝毛奇齡《仲氏易》記載：「晉元帝初鎮建鄴，王導使郭璞筮之，遇〈咸〉▇之〈井〉▇。」〔註14〕然而，此時司馬睿（276～323）尚未即位（晉元帝在位時間：318～323），王導更是尚未晉升至丞相之位，不知毛奇齡所據爲何？尚秉和《周易古筮攷》：「毛西河只引《晉書》所記，似未見《洞林》原文。」〔註15〕如此看來，或許正如尚秉和之揣測。此事例中，丞相命令郭璞占測國家諸事吉凶，占得「〈咸〉▇之〈井〉▇」，郭璞對此闡釋曰：

> 卦東北郡縣有武名，地當有銅鐸六枚，一枚有龍虎象，異祥。又當犬與豬交者，民當以水妖相警。西南郡縣有陽名者，井水當自沸。虎來入州城寺，東方當有蟹、鼠爲災，必食稻稼。又當以鵝應翔爲瑞。〔註16〕

《周易啓蒙翼傳》摘錄此占卜事例，語氣似在回應丞相，下方又有小字注解，當爲《郭氏洞林》原文，內容爲占卦結果之解釋。請見第一句：「卦東北郡縣有武名，地當有銅鐸六枚，一枚有龍虎象，異祥。」郭璞以小字注解：「〈兌〉爲金，金有口舌，來達號令者，銅鐸也。山陵神氣出，此則丞相創以令天下。見在丑地，則金墓也。起之以卦，爲推立之應，晉陵武進縣也。」〔註17〕〈咸〉上卦〈兌〉，〈兌〉爲金，金有口舌，〔註18〕來傳達號令者，銅鐸也。山陵神

〔註13〕〔元〕胡一桂撰：《周易啓蒙翼傳‧外篇‧郭氏洞林》葉五十一，頁4112。

〔註14〕〔清〕毛奇齡撰：《仲氏易‧咸》，收入嚴靈峯編輯：《無求備齋易經集成》第78冊（臺北：成文出版社，1976年），頁323。

〔註15〕尚秉和著：《周易古筮攷‧二爻動》卷5，收入尚秉和遺稿，張善文校理：《尚氏易學存稿校理》第1卷（北京：中國大百科全書出版社，2005年6月），頁71。

〔註16〕此段引文取自胡一桂《周易啓蒙翼傳》，筆者又另外對照清代馬國翰《玉函山房輯佚書》所輯錄，兩段引文內容全然相同。參照〔元〕胡一桂撰：《周易啓蒙翼傳‧外篇‧郭氏洞林》葉五十一，頁4112；〔清〕馬國翰輯：《玉函山房輯佚書‧易洞林》第3冊，頁2910。

〔註17〕〔元〕胡一桂撰：《周易啓蒙翼傳‧外篇‧郭氏洞林》葉五十一，頁4112。

〔註18〕〔魏〕王弼、〔晉〕韓康伯注，〔唐〕孔穎達等正義：《周易正義‧說卦傳》卷9，頁186。

氣出，此則丞相創以令天下。〈咸〉下卦〈艮〉，東北之卦也，〔註19〕東北方位，地支爲丑，丑在〈兌〉金爲「墓」。此處郭璞使用「天干五行生旺死絕」（案：「十二長生」）來解釋占得結果，是爲十天干周行十二地支，分別歷經12 種階段之旺衰變化，依序爲：「長生、沐浴、冠帶、臨官、帝旺、衰、病、死、墓、絕、胎、養」。

表 6-3、十天干五行生旺死絕

	長生	沐浴	冠帶	臨官	帝旺	衰	病	死	墓	絕	胎	養
木	亥	子	丑	寅	卯	辰	巳	午	未	申	酉	戌
火	寅	卯	辰	巳	午	未	申	酉	戌	亥	子	丑
金	巳	午	未	申	酉	戌	亥	子	丑	寅	卯	辰
水	申	酉	戌	亥	子	丑	寅	卯	辰	巳	午	未
土	申	酉	戌	亥	子	丑	寅	卯	辰	巳	午	未

第二句：「又當犬與豬交者」，需要使用：「八宮」、「世應」、「納甲」、「五行」、「六親」分析，占卦結果爲「〈咸〉 ䷞ 之〈井〉 ䷯」，筆者逐將〈咸〉與〈井〉二者所需項目：「八宮」、「世應」、「納甲」、「五行」、「六親」等關係整理如下：

表 6-4、「〈咸〉 ䷞ 之〈井〉 ䷯」兩卦之八宮、世應、納甲、五行、六親

〈咸〉	〈兌〉宮三世卦，〈兌〉屬金			〈井〉	〈震〉宮五世卦，〈震〉屬木		
- -	應爻	丁未土	父母	- -		戊子水	父母
—		丁酉金	兄弟	—	世爻	戊戌土	妻財
—		丁亥水	子孫	- -		戊申金	官鬼
—	世爻	丙申金	兄弟	—		辛酉金	官鬼
- -		丙午火	官鬼	—	應爻	辛亥水	父母
- -		丙辰土	父母	- -		辛丑土	妻財

〈井〉爲〈震〉五世卦，〈井〉初爻爲辛丑土、第二爻辛亥水、第三爻辛酉金、第四爻戊申金、第五爻戊戌土、上爻戊子水。郭璞以小字注解：「狗變入居中，鬼與相連，其事審也。戌亥世應，土勝水，二物相交，象吾和合爲一體，此

〔註19〕〔魏〕王弼、〔晉〕韓康伯注，〔唐〕孔穎達等正義：《周易正義‧說卦傳》卷9，頁 184。

丞相雄有江東也。」〔註20〕〈井〉第五爻戊戌土爲「世」，第二爻辛亥水爲「應」，戌爲狗，亥爲豬，兩者世應，故稱「犬與豬交」。第五爻戊又在上卦〈坎〉之中，〈坎〉爲豕，〔註21〕第四爻申於〈井〉六親値「官鬼」，同在〈井〉上卦，故注解稱之相連。戌爲土，亥爲水，土勝水，符合「世爻爲主，應爻爲從」之原則，二物相交，合爲一體，此丞相雄有江東也。第三句：「民當以水妖相警」，〈井〉上卦爲〈坎〉水，下卦爲〈巽〉木，郭璞以小字注解表示：「歲在水位，而水爻復變成〈坎〉，當出大水之象，以此知其靈應。〈巽〉木成言，果又妖生二月，變爲鬼。戌土所克，果无他水，乃金子來扶其母，是亦丞相將興之象也。」〔註22〕歲在甲子，子爲水，故稱「歲在水位」。〈咸〉第四爻爲丁亥水，變爲〈井〉之上卦〈坎〉，故稱「水爻復變成〈坎〉」。尚秉和注釋曰：「古有以〈艮〉爲言者，〈咸〉內卦〈艮〉，變爲〈巽〉；〈井〉內卦〈巽〉，亦可變爲〈艮〉，故曰：『〈巽〉木成言』。」〔註23〕〈咸〉下卦〈艮〉，〈艮〉爲果蓏，〔註24〕第二爻又主「官鬼」，故稱「果妖生」、「變爲鬼」。〈井〉第五爻戊戌土，土勝水，果蓏無他水，〈咸〉第三爻丙申金，五行金生水，水爲金之子，是故第二爻變，午火變爲亥水，得以扶其母。第四句：「西南郡縣有陽名者，井水當自沸。」郭璞以小字注解曰：「卦變入井內，丙午變而犯升陽，故知井湧也，於分野應在歷陽。」〔註25〕〈井〉二、三、四爻互體〈兌〉，三、四、五爻互體〈離〉，〈兌〉方位西，〈離〉方位南，〔註26〕郡縣南爲陽方，故宜有陽名，故稱「西南郡縣有陽名者」。〈咸〉變爲〈井〉，第二爻丙午火，變爲辛亥水，水自火來，遂有沸騰之勢。毛奇齡則以卦象解讀：「乃以下〈巽〉與互〈兌〉爲金、木之交，上〈坎〉與互〈離〉爲水、火之際，木間金得火，而上承以水。此非薪在釜下，得火而水乃沸乎？」〔註27〕此論點可謂精闢中

〔註20〕〔元〕胡一桂撰：《周易啓蒙翼傳·外篇·郭氏洞林》葉五十一，頁4112。
〔註21〕〔魏〕王弼、〔晉〕韓康伯注，〔唐〕孔穎達等正義：《周易正義·說卦傳》卷9，頁185。
〔註22〕〔元〕胡一桂撰：《周易啓蒙翼傳·外篇·郭氏洞林》葉五十一，頁4112。
〔註23〕尚秉和著：《周易古筮攷·二爻動》卷5，收入尚秉和遺稿，張善文校理：《尚氏易學存稿校理》第1卷，頁70。
〔註24〕〔魏〕王弼、〔晉〕韓康伯注，〔唐〕孔穎達等正義：《周易正義·說卦傳》卷9，頁186。
〔註25〕〔元〕胡一桂撰：《周易啓蒙翼傳·外篇·郭氏洞林》葉五十一，頁4112。
〔註26〕〔魏〕王弼、〔晉〕韓康伯注，〔唐〕孔穎達等正義：《周易正義·說卦傳》卷9，頁184。
〔註27〕〔清〕毛奇齡撰：《仲氏易·咸》，頁323。

肯。第五句：「虎來入州城寺」，郭璞以小字注解曰：「〈兑〉者虎，出山而入門闕，正月戌爲天煞，即刺史宅，虎屬寅，與月并而來，此大人將興之應。」〔註28〕〈咸〉上卦爲〈兑〉，下卦〈艮〉：上古以〈兑〉宮爲白虎，〈兑〉爲虎，〔註29〕〈艮〉爲門闕，〔註30〕虎爲寅，寅爲木，此處稱「正月戌」，戌爲土，木剋土，故爲天煞；又，陰曆乃是沿用夏曆，夏正建寅，〔註31〕正月寅，此處稱「正月戌」，是爲天煞。〈井〉上卦爲〈坎〉，〈坎〉爲月，故曰：「與月并而來」。第六句：「東方當有蟹、鼠爲災，必食稻稼。」郭璞以小字注解表示：「有〈離〉體，眼相連之象。〈艮〉爲鼠，又煞陰在子。子亦鼠，而歲子來寅卯，故知東方有災。」〔註32〕〈井〉第三、四、五爻互體〈離〉，〈離〉爲雙眼相連，象徵「蟹」。〈咸〉下卦爲〈艮〉，〈艮〉爲鼠，〔註33〕鼠爲子，子爲水，寅、卯爲木、方位爲東方，五行水生木，此處卻帶有「煞」，是以稱「東方有災」。第七句：「又當以鵜鶘翔爲瑞」，郭璞以小字注解曰：「鵜有象鳥而爲徵，以應象出其相，其應將登其祚也。」〔註34〕《郭氏洞林》在闡釋過「〈咸〉䷞之〈井〉䷯」之後，郭璞記載了西晉惠帝永安元年至二年之異事：

> 其年，晉陵郡武進縣民陳龍，果於田中得銅鐸六枚，言六者，用〈坎〉數也。銅者，〈咸〉本家〈兑〉，故也。口有龍虎文，又得者名龍益審。陳，土姓，金之用，進者，乃生金也。丹徒縣流民趙子康，家有狗，與吳人豬相交。其年六月天連雨，百姓相驚。妖言云：當有

〔註28〕　〔元〕胡一桂撰：《周易啟蒙翼傳·外篇·郭氏洞林》葉五十一，頁4112。

〔註29〕　李守力曰：「根據上古天文學，〈兑〉宮爲白虎，〈兑〉爲虎。」相關考證，參閱李守力著：《周易密鑰·釋《周易》中的「虎、豹」兼論十二屬相起源》（蘭州：蘭州大學出版社，2016年8月），頁44。另一方面，明代佚名著的《斷易天機》亦有「白虎屬金，〈兑〉旺〈乾〉相。旺於秋，屬陰，西方之神也。」之語，引自〔清〕不著人撰；徐紹錦校正：《斷易天機》卷2（臺北：鼎文書局，2000年5月），頁137。

〔註30〕　〔魏〕王弼、〔晉〕韓康伯注，〔唐〕孔穎達等正義：《周易正義·說卦傳》卷9，頁184。

〔註31〕　司馬遷：「夏正以正月，殷正以十二月，周正以十一月。」唐代張守節《史記正義》：「漢初至武帝太初以前，並依秦法。以後改用夏正月，至今不改。」依序引自〔漢〕司馬遷撰：《史記·曆書、魏其武安侯列傳》卷26、107（北京：中華書局，2010年5月），頁1258、2855。

〔註32〕　〔元〕胡一桂撰：《周易啟蒙翼傳·外篇·郭氏洞林》葉五十一，頁4112。

〔註33〕　〔魏〕王弼、〔晉〕韓康伯注，〔唐〕孔穎達等正義：《周易正義·說卦傳》卷9，頁186。

〔註34〕　〔元〕胡一桂撰：《周易啟蒙翼傳·外篇·郭氏洞林》葉五十一，頁4112。

十丈水，翕然駭動，无幾自靜。又衆人傳言：延陵大陂中有龍，生草
蓐復數裡，竟不知其信否？其明年丑歲九月中，吳興臨安縣民陳嘉
○，親得石瑞，此祥氣之應也。六月十五己未日未時，歷陽縣中井水
沸湧，經日乃止。陰陽相感，各以其類，亦是金水之應也。六月晦日，
虎來州城浴井中，見覺便去。其秋冬，吳諸郡皆有蟹鼠爲災，鼠爲子，
子水，蟹亦水物，皆金之子。晉主初登祚，五日，有群鵝之應。此論
一歲異事，略舉一卦之意。惟不得臘中行刑，有血逆之變。〔註35〕

東北晉陵郡武進縣民陳龍，於田中挖掘出銅鐸六枚，爲〈坎〉之成數。〈咸〉爲
〈兌〉三世卦，〈兌〉爲金，是以得銅，金爲口舌，口有龍虎文，印證第一句：
「卦東北郡縣有武名，地當有銅鐸六枚，一枚有龍虎象，異祥。」丹徒縣流民
趙子康，家中之犬，與吳人家豬相交，印證第二句：「又當犬與豬交者。」永安
元年六月，連日豪雨，百姓驚恐，地方傳言：有十丈高之水，倏忽奔流騷動，
又傳聞延陵地有蛟龍，印證第三句：「民當以水妖相警。」六月十五日，歷陽縣
井水沸湧，隔日乃止，印證第四句：「西南郡縣有陽名者，井水當自沸。」六月
底，竟有虎自行入於州城深井中，見覺便去，印證第五句：「虎來入州城寺。」
秋冬，吳地諸郡皆有蟹、鼠爲災，印證第六句：「東方當有蟹、鼠爲災，必食稻
稼。」晉惠帝登基五日後，有鵝群前來附應，是爲祥瑞，印證第七句：「又當以
鵝應翔爲瑞。」郭璞在此事例當中，皆是以「易卦」進行占筮，並且襲取先秦
陰陽五行與兩漢象數易學條例，尤其屢屢援用《京氏易傳》「八宮」、「世應」、「納
甲」等說，且融入諸多災變怪誕之事，可謂集兩漢象數與術數學之大成。

第三節　《郭氏洞林》寇戎並作占問逃死之處

此事例爲胡一桂摘錄八則《郭氏洞林》占卜事例中第三則。記載郭璞鄉
里遭賊寇作亂，流亡逃竄事件。此事例中，郭璞總共占得三卦，分別爲「遇
〈明夷〉䷣之象」、「遇〈同人〉䷌之〈革〉䷰」、「〈隨〉䷐之〈升〉䷭」，後
兩卦出現「其『林』曰」之語，內容不見於《周易》經、傳，理當爲《郭氏
洞林》之辭。首先見第一卦，《郭氏洞林》曰：

> 余鄉里曾遭危難，因之災癘、寇戎並作，百姓遑遑，靡知所投。

〔註35〕〔元〕胡一桂撰：《周易啓蒙翼傳・外篇・郭氏洞林》葉五十一—五十二，頁
4112。

時姑涉《易》義，頗曉分著，遂尋思貞筮，鉤求攸濟。於是，普卜郡內縣道，可以逃死之處者，皆遇〈明夷〉☷☲之象。乃投策喟然歎曰：「嗟乎，黔黎時漂異類，桑梓之邦，其爲魚乎？」〔註36〕

郭璞鄉里慘遭天災重挫、流寇四起，百姓惶惶不安，不知何處得以安身？郭璞遂以「易占」，求問可以逃脫之處，卻占得〈明夷〉☷☲，上卦爲〈坤〉，下卦爲〈離〉，《象傳》曰：「明入地中……以蒙大難」，〔註37〕陽氣被陰氣所滅，象徵正逢黑暗、災難、亂世等，又見《序卦傳》曰：「〈晉〉者，進也。進必有所傷，故受之以〈明夷〉。夷者，傷也。」〔註38〕尚秉和曰：「〈明夷〉者，滅也。時郡縣淪陷，滅入於虜，故皆遇此卦。」〔註39〕占得結果爲「凶」，故郭璞嘆息：百姓飄零異鄉，賊寇暴虐，家園難道只能任人宰割？續見第二卦，《郭氏洞林》曰：

於是，潛命姻妮密交得數十家，與共流遁。當由吳坂，遇賊據之，乃却回，從蒲坂而之河北。時草賊劉石又招集羣賊，專爲掠害，勢不可過。於是，同行君子皆欲假道取便，又未審所之，乃令吾決其去留。卦遇〈同人〉☰☲之〈革〉☱☲。其〈林〉曰：「朱雀西北，白虎東起。姦猾銜壁，敵人束手。占行得此，是謂无咎。」〔註40〕余初爲占，尚未能取定，衆不見從，卻退狝氏縣。而賊遂至。諸人遑窘，方計舊之。〔註41〕

郭璞私下通知具有姻緣親屬關係之數十家，彼此協力一同遁逃。逃至吳山坡，賊人已佔據其地，是以返回，又從蒲山坡逃至河北。此時，流寇劉石又在此地招集羣賊作亂，勢必無法渡過。因此，同行者皆希望能假借其道，以求脫困，但又不明是否允當？遂令郭璞占卦，以決斷去留，占得「〈同人〉☰☲之〈革〉☱☲」，《郭氏洞林》：「朱雀西北，白虎東起。奸猾銜壁，敵人束手。占行得此，是謂无咎。」此卦屬於一爻變，〈革〉☱☲上卦爲〈兌〉，下卦爲〈離〉。〈離〉爲火，象徵朱雀；〈兌〉爲金，象徵白虎，五行火剋金，爲火能銷金

〔註36〕〔元〕胡一桂撰：《周易啟蒙翼傳・外篇・郭氏洞林》葉五十三，頁4113。

〔註37〕〔魏〕王弼、〔晉〕韓康伯注，〔唐〕孔穎達等正義：《周易正義・明夷》卷4，頁88。

〔註38〕〔魏〕王弼、〔晉〕韓康伯注，〔唐〕孔穎達等正義：《周易正義・序卦傳》卷9，頁188。

〔註39〕尚秉和著：《周易古筮攷・靜爻》卷2，收入尚秉和遺稿，張善文校理：《尚氏易學存稿校理》第1卷，頁23。

〔註40〕〔元〕胡一桂撰：《周易啟蒙翼傳・外篇・郭氏洞林》葉五十三，頁4113。

〔註41〕〔元〕胡一桂撰：《周易啟蒙翼傳・外篇・郭氏洞林》葉五十三，頁4113。

之義；〈革〉三、四、五爻互體〈乾〉，〈乾〉爲玉，〔註42〕上卦爲〈兌〉，〈兌〉
爲口，〔註43〕爲玉在口中之象，故曰「銜璧」。占得此卦，可以无咎。然而，
郭璞當時涉入占卦事未久，眾人不服其占，退至猗氏縣。賊寇追至，諸人窘
迫，而後方能依循郭璞之占。最後見第三卦，《郭氏洞林》曰：

> 從此至河北，有一閒逕名焦丘，不通車乘，惟可輕步，極險難
> 過。捕姦之藪，然勢危理迫，不可得停。復自筮之如何？得〈隨〉䷐
> 之〈升〉䷭。其林曰：「虎在山石，馬過其左。駮爲功曹，猾爲主者。
> 垂耳而潛，不敢來下。爰升虛邑，遂釋魏野。」便以林義通示行人
> 說：欲從此道之義，咸失色喪氣，无有讚者。或云：林迫誤人，不
> 可輕信。吾知眾人阻貳，乃更申命，候一月契以禍機，約十餘家，
> 即涉此逕，詣河北。後賊果攻猗氏，合城覆沒，靡有遺育。〔註44〕

郭璞等人前往河北，有一小徑陡峭難行，無法行車，僅能輕步通過，此時賊
寇在後，不容遲疑。郭璞是以又占一卦，「得〈隨〉䷐之〈升〉䷭」，〈隨〉上
卦〈兌〉，下卦〈震〉，三、四、五爻互體〈艮〉。〈艮〉爲山、〈兌〉爲虎，虎
在山上之象，又以〈震〉爲馬，〔註45〕故曰：「虎在山石，馬過其左。」駮、
猾，二者皆爲古野獸名，《山海經》：「駮，是食虎豹。」〔註46〕明代季本（1485

〔註42〕 〔魏〕王弼、〔晉〕韓康伯注，〔唐〕孔穎達等正義：《周易正義・說卦傳》卷
9，頁185。

〔註43〕 〔魏〕王弼、〔晉〕韓康伯注，〔唐〕孔穎達等正義：《周易正義・說卦傳》卷
9，頁186。

〔註44〕 〔元〕胡一桂撰：《周易啓蒙翼傳・外篇・郭氏洞林》葉五十三－五十四，頁
4113。

〔註45〕 《易傳》未嘗出現「〈震〉爲馬」此卦象，是爲後人所演繹。根據李鼎祚《周
易集解》輯錄：陸績、虞翻皆曾以「〈震〉爲馬」。見虞翻注〈坤〉：「〈坤〉爲
牝，〈震〉爲馬。初動得正，故『利牝馬之貞』。」（卷2，頁69）；虞翻注〈屯・
六二〉：「〈震〉爲馬作足，二乘初，故『乘馬』。」（卷2，頁100）；陸績注〈賁・
六四〉：「〈震〉爲馬，爲白，故曰『白馬翰如』。」（卷4，頁249），上述三條
引自〔清〕李道平撰；潘雨廷點校：《周易集解纂疏》（北京：中華書局，2006
年7月）。又見朱震《漢上易傳》曰：「〈乾〉爲馬，六爻皆以龍言之，何也？
〈乾〉體本〈坤〉陽，以陰爲基也，自〈震〉變而爲〈乾〉，〈震〉變〈乾〉，
則〈乾〉爲龍，〈乾〉變震，則〈乾〉爲馬，故〈震〉其究爲健。」引自〔宋〕
朱震撰：《漢上易傳・乾》卷1，收入〔清〕徐乾學等輯；納蘭成德校刊：《通
志堂經解》第1冊，頁433。

〔註46〕 《山海經》：「中曲之山……有獸焉，其狀如馬而白身黑尾，一角，虎牙爪，
音如鼓音，其名曰：『駮』，是食虎豹。」引自〔晉〕郭璞傳；〔清〕郝懿行箋
疏：《山海經箋疏・西山經》卷2（臺北：藝文印書館，1974年4月），頁96。

～1563）曰：「虎屬金，能伏之者，火也。卦中無火象，此必以午年月、日占火勝之氣也，則駁、猲當爲火象。〈兌〉虎去則不敢下，犯〈震〉馬而隨其所潛矣。」〔註47〕故曰：「駁爲功曹，猲爲主者。垂耳而潛，不敢來下。」〈升〉二、三、四爻互體〈兌〉，是稱〈兌〉在〈升〉中，故曰「潛」、「不敢來下」。「升虛邑」爲〈升‧九三〉爻辭，〔註48〕此爻爲辛酉金，有虎之象，此處指賊寇。「爰升虛邑，遂釋魏野。」表示賊寇將會攻入空虛之城，也就是猗氏縣。魏野象徵河北，屆時將會被釋放。郭璞便以占得之義告示眾人，必涉足此條陡峭難行之小徑，眾人失色喪氣。郭璞遂改傳言，告誡在此等候一個月之後，必有禍端，眾人於是設法渡過此小徑，到達河北。之後賊寇果然攻入猗氏縣，全城覆亡，絕無生還者。

第四節　《郭氏洞林》占仍叔寶傷寒得牛而癒

此事例爲胡一桂摘錄八則《郭氏洞林》占卜事例中第五則。郭璞爲義興郡仍叔寶卜病，占得「〈遯〉▤之〈姤〉▤」，同樣有「其『林』曰」之語，筆者將〈遯〉與〈姤〉二者所需項目：「八宮」、「世應」、「納甲」、「五行」、「六親」等關係整理如〈表十一〉，又因爲解釋此卦須使用「四時五行之旺相休囚死」，筆者亦將其整理爲〈表十二〉：

表6-5、「〈遯〉▤之〈姤〉▤」兩卦之八宮、世應、納甲、五行、六親

〈遯〉		〈乾〉宮二世卦，〈乾〉屬金		〈姤〉		〈乾〉宮一世卦，〈乾〉屬金	
―		壬戌土	父母	―		壬戌土	父母
―	應爻	壬申金	兄弟	―		壬申金	兄弟
―		壬午火	官鬼	―	應爻	壬午火	官鬼
―		丙申金	兄弟	―		辛酉金	兄弟
- -	世爻	丙午火	官鬼	―		辛亥水	子孫
- -		丙辰土	父母	- -	世爻	辛丑土	父母

〔註47〕〔明〕季本撰：《易學四同別錄‧因寇戎並作卜逃死之處》卷4，收入《續修四庫全書》編纂委員會編：《續修四庫全書》第6冊（上海：上海古籍出版社，2002年3月），頁565。

〔註48〕〔魏〕王弼、〔晉〕韓康伯注，〔唐〕孔穎達等正義：《周易正義‧升‧九三》卷5，頁107。

表6-6、四時五行之旺相休囚死

	春	夏	中央	秋	冬
木	旺	休	囚	死	相
火	相	旺	休	囚	死
土	死	相	旺	休	囚
金	囚	死	相	旺	休
水	休	囚	死	相	旺

見《郭氏洞林》記載此事例曰：

> 義興郡丞仍叔寶，得傷寒疾，積日危困。令卦得〈遯〉☶之〈姤〉☴，其林曰：「卦象出墓氣家囚，變身見絕鬼潛遊。爻墓充刑鬼煞俱，卜病得此歸蒿丘。誰能救之〈坤〉☷上牛，若依子色吉之尤。」案：林即令求白牛，而盧江荒僻，辛索不得，即日有大牛從西南來詣，途中仍留一宿，主人乃知，過將去，去之後，復尋，挽斷綱來臨叔寶，叔寶驚愕起，病得愈也。此即救禦潛應，感而遂通。〔註49〕

郭璞爲仍叔寶占得「〈遯〉☶之〈姤〉☴」，〈遯〉爲〈乾〉宮二世卦，〈乾〉爲金，〈遯〉下卦爲〈艮〉，〈艮〉土在丑位，金之墓，是爲〈艮〉爲〈乾〉墓，爻見墓，丙午又直世，生丑，卜時五月，申金在囚而入墓，身即世位，故曰：「卦象出墓氣家囚」。身在丙午，變（案：原本作「夏」）〔註50〕入辛亥，在五月。〈遯〉第二爻爲丙午火，六親爲官鬼，一爻變，爲〈姤〉第二爻辛亥水，六親爲子孫，亥水當夏，不能制火，況午又與鬼臨，其凶險甚矣，鬼但潛遊，正如尚秉和曰：「化回頭剋最爲大凶。」〔註51〕故曰：「變身見絕鬼潛遊」。金墓爲丑，卦之墓爻；火墓戌，身之墓爻，戌能生我，是爲「鬼墓」。「〈遯〉之〈姤〉」爲一爻變，〈姤〉初六爲丑，刑在上九戌，〔註52〕戌見刑，刑在占，

〔註49〕〔元〕胡一桂撰：《周易啓蒙翼傳‧外篇‧郭氏洞林》葉五十五，頁4114。

〔註50〕胡一桂《周易啓蒙翼傳》版本「變身見絕鬼潛遊」下方有小字注解曰：「身在丙午，夏入辛亥，在五月。」清代陳壽熊考訂：「夏字誤，當作『變』。」分別參照〔元〕胡一桂撰：《周易啓蒙翼傳‧外篇‧郭氏洞林》葉五十五，頁4114；〔清〕陳壽熊撰：《讀易漢學私記》，收入《續修四庫全書》編纂委員會編：《續修四庫全書‧經部‧易類》第34冊，頁111。

〔註51〕尚秉和著：《周易古筮攷‧一爻動》卷4，收入尚秉和遺稿，張善文校理：《尚氏易學存稿校理》第1卷，頁51。

〔註52〕地支子，刑爲卯；地支丑，刑爲戌；地支寅，刑爲巳；地支卯，刑爲子；地支辰，刑爲辰；地支巳，刑爲申；地支午，刑爲午；地支未，刑爲丑；地支申，刑爲寅；地支酉，刑爲酉；地支戌，刑爲未；地支亥，刑爲亥。

故言：「充刑」。金囚在春，三月月煞在寅午戌，當爲三月占，午戌爲煞，戌亦與刑、墓俱也。五月，白虎在丑（案：原本作「卯」），[註53] 上卦〈乾〉爲金，金爲白虎，此處以白虎爲煞，月煞又臨丑，虎煞相并，故曰：「爻墓充刑鬼煞俱」。初爻身直辰，復爲上爻戌所衝。戌既爲午火墓，而又衝身之辰，鬼爻迭見，占病遇此，其凶益甚矣，故曰：「卜病得此歸嵩丘。」救之全在白牛，下爻丑爲牛，子色謂金，爲丑土之子，辛金色白，此金盛之象。虎煞在丑，壓之令伏不動，故能扶身勝鬼。〈艮〉東北方陽土，〈坤〉西南方陰土。陰土得陽土相衝而後和，遂稱白牛自〈坤〉土而來，故曰：「誰能救之〈坤〉上牛。」〈巽〉主辛丑，丑爲白虎，金色，復徵以和解鬼及虎煞，皆相制也，故曰：「若依子色吉之尤。」

第五節 《郭氏洞林》占弘泰言家有祥藻盤鳴

此事例爲胡一桂摘錄八則《郭氏洞林》占卜事例中最後一則，胡一桂稱其爲「占法之奇中者」，爲郭璞於弘泰家中作客時所卜，占得「〈豫〉䷏之〈解〉䷧」。此事例較爲單純，幾乎全以《易》象闡發，[註54] 見《郭氏洞林》記載曰：

> 余至揚州從事，弘泰言家時，坐有眾客語余曰：「家適有祥，試爲卦。」若得吉者，當作二十人王人，即爲卜之，遇〈豫〉䷏之〈解〉䷧，其林曰：「有釜之象，无火形。變見夜光連月精，潛龍在中不游行。」案：卦卜之藻盤鳴，金妖所憑无咎慶。藻盤非鳴或有鳴者，其家至今无他。弘泰言大駭云：「前夜月出盬盤忽鳴，中有盤龍象也。」[註55]

郭璞至揚州，弘泰言家事時，眾人請郭璞占弘泰「家有祥」一事，占得「〈豫〉䷏之〈解〉䷧」，一爻變，〈豫〉卦象爲釜，而不見火形〈離〉。〈解〉下卦爲

[註53] 胡一桂《周易啓蒙翼傳》版本「爻墓充刑鬼煞俱」下方有小字注解：「五月，白虎在卯。」清代陳壽熊考訂曰：「『卯』當從下注做『丑』，以卦無卯爻，且丑又五月煞也。」分別參照〔元〕胡一桂撰：《周易啓蒙翼傳・外篇・郭氏洞林》葉五十五，頁4114；〔清〕陳壽熊撰：《讀易漢學私記》，頁111。

[註54] 尚秉和曰：「此純以象推，去《易》尚不遠。」引自尚秉和著：《周易古筮攷・一爻動》卷4，收入尚秉和遺稿，張善文校理：《尚氏易學存稿校理》第1卷，頁51。

[註55] 〔元〕胡一桂撰：《周易啓蒙翼傳・外篇・郭氏洞林》葉五十六，頁4114。

〈坎〉，〈坎〉爲月，由〈豫〉下卦〈坤〉變爲〈坎〉，加上〈解〉三、四、五爻互體〈坎〉，故稱連月精。「潛龍在中不游行」，此處指稱「蟠」者，尚秉和曰：「言〈豫・九四〉潛龍在陰之中不動。」〔註 56〕除了九四，〈豫〉其餘皆爲陰爻，故爲陰氣所困。〈解〉上卦〈震〉，〈震〉象盤，善於鳴，〈解〉下卦〈坎〉，藻在水中，故曰：「藻盤鳴」。弘泰大駭之語，可用《說卦傳》解釋：「〈坎〉爲月」、「〈震〉爲龍……其於馬也，爲善鳴。」〔註 57〕〈解〉下卦〈坎〉，上卦〈震〉，是以「月出蠱盤忽鳴，中有盤龍象。」

第六節　小結

　　綜上所述，《郭氏洞林》乃是以《周易》64 卦爲占，亦以《易》象或其他兩漢象數易學條例解卦，但卻汲取《京氏易傳》八宮、世應、納甲、六親等，又雜揉災異怪誕之事，故《周易啓蒙翼傳・郭氏洞林》曰：「晉河東郭璞，……嘗撰前後筮驗六十餘事，名爲《洞林》，又抄京、費諸家要撮……。大抵只用卦、爻，不假文字，然雜以說相、葬法、行符、猒勝之術，往往流於技藝，而《易》道日以支離卑下矣。」〔註 58〕此處指出《郭氏洞林》記載郭璞所占得之六十餘事，縱使以《周易》卦爻爲占，卻夾雜相人、符應等術數之說，未免於流於技藝小數，遂使《易》道走向支離，甚至日漸卑下。由此可見《郭氏洞林》的性質，以及胡一桂對此書之評定。

〔註 56〕尚秉和著：《周易古筮攷・一爻動》卷 4，收入尚秉和遺稿，張善文校理：《尚氏易學存稿校理》第 1 卷，頁 52。

〔註 57〕〔魏〕王弼、〔晉〕韓康伯注，〔唐〕孔穎達等正義：《周易正義・說卦傳》卷 9，頁 185～186。

〔註 58〕〔元〕胡一桂撰：《周易啓蒙翼傳・中篇・傳授》葉二十二，頁 4017。

第七章 《周易啓蒙翼傳·衛氏元包》經傳說源抉要

　　《衛氏元包》一名首見於《新唐書·藝文志》目錄，〔註1〕而後見於《宋史·藝文志》。〔註2〕清代學者時常把《衛氏元包》與《太玄》、《潛虛》兩書並列，如王夫之（1619～1692）《周易外傳》曰：「天地之際甚密，不可以上下測，測之以蠡者，《太玄》、《元包》、《潛虛》之所以成乎其妄也。」〔註3〕胡煦《周易函書約存》曰：「如《太玄》、《洞極》、《潛虛》、《元包》、《洪範》、《經世書》，大約皆本《鑿度》，京房而推廣之，以合諸歲法數耳。」〔註4〕紀昀等編纂《四庫全書總目》曰：「《太玄》、《元包》、《潛虛》即已擬《易》，不足以見新奇。」〔註5〕檢視此類論點，即可知王夫之、胡煦、紀昀等等清代學者單單是因爲「《衛氏元包》摹仿《周易》而作」，正如同「《太玄》、《潛虛》比擬《周易》而作」，僅是憑藉著「擬《易》」來連結此三部術數典籍，並非依據其內在理路、占卦方式、學術源流等進行論述。然而，若深入鑽探此書後，當能發現《衛氏元包》乃是宗主《周易》之象、依循陰陽二氣哲學、取法《歸藏》「先陰後陽」之旨，並且襲用《京氏易傳》「八宮」、「世應」之法，未嘗有旁徵《太玄》、《潛虛》之處。因此，本論文將此書列爲「卜筮類」，以

〔註1〕　〔宋〕歐陽修等撰：《新唐書·藝文志》卷57，收入《二十五史》，頁652。
〔註2〕　〔元〕脫脫等修：《宋史·藝文志》卷202，收入《二十五史》，頁2403。
〔註3〕　〔清〕王夫之著：《周易外傳·繫辭上傳》卷5，收入船山全書編輯委員會編校：《船山全書》第2冊（長沙：嶽麓書社，1998年11月），頁1017～1018。
〔註4〕　〔清〕胡煦著；程林點校：《周易函書附卜法詳考等四種》卷9，頁270。
〔註5〕　〔清〕永瑢、紀昀等纂修：《四庫全書總目·子部·洪範皇極內外篇》卷108，頁2140。

標誌陰陽二元占卦系統的《周易》爲依歸。以下遂以《衛氏元包》眞正承繼
其道的《周易》、《歸藏》、《京氏易傳》三者作爲開展。

第一節　淵源於《周易》卦象與陰陽二氣哲學

　　北周衛元嵩《衛氏元包》之占卦符號，悉數取自《周易》64 卦，只是卦
序與今本大異其趣。衛元嵩以「先陰後陽」的原則，援用《京氏易傳》「八宮
卦」之法，將六十四卦分爲八類：〈坤〉、〈乾〉、〈兌〉、〈艮〉、〈離〉、〈坎〉、〈巽〉、
〈震〉，並且依序稱爲「太陰」、「太陽」、「少陰」、「少陽」、「仲陰」、「仲陽」、
「孟陰」、「孟陽」。上述每類均分八個卦，再於各卦下方繫上卦辭。其卦辭多
用冷僻生硬之字辭，見《元包經傳‧大畜》卦辭曰：「大畜，丮艸頁趏，辟羃
諟宀。父不嚴，子不虔，仡而不奮，幹而不旋。」〔註6〕其他六十三卦的卦辭，
皆仿此，文字艱澀，令人費解，明代王世貞（1526～1590）曰：「卦下每作重
疊文難字，而攷之諸字書則易曉。其旨甚淺，而於理不甚悖。」〔註7〕今本《元
包經傳》附有唐代蘇源明《傳》，以及李江《注》，對後世理解此書助益良多。
從蘇源明《傳》與李江《注》，可窺知《衛氏元包》卦辭多在闡釋卦象，故近
人潘雨廷〈元包提要〉曰：「衛氏之深明《易》象也，已可概見；因時而述，
未嘗異於《易》。」〔註8〕亦肯定衛元嵩精於「《易》象」，或許可以從此角度
深入詮解《衛氏元包》。又見李江〈元包序〉曰：「《包》之爲書也，廣大含弘，
三才悉備。言乎天道：有日、月焉，有雷、雨焉；言乎地道：有山、澤焉，
有水、火焉；言乎人道，有君、臣焉，有父、子焉。」〔註9〕指出此書囊括了
「天、地、人」三才，〈元包序〉指稱的天、地、日、月、雷、雨、山、澤、水、
火，幾乎涵蓋八卦之象（筆者案：八卦唯獨〈巽〉未有相配之象），〔註10〕是

〔註6〕〔後周〕衛元嵩撰：《元包經傳‧少陽第四‧大畜》卷2，頁48。

〔註7〕〔明〕王世貞撰：《讀書後‧讀元命苞》，收入〔清〕永瑢、紀昀等纂修：《景
　　　印文淵閣四庫全書》第1285冊，頁68。（筆者案：王氏錯作〈讀元命苞〉，依
　　　其內容，當爲〈讀元包〉。）

〔註8〕潘雨廷著；張文江整理：《讀易提要‧《元包》提要》卷3，頁74。

〔註9〕〔後周〕衛元嵩撰：《元包經傳‧李江序》卷首，頁5。

〔註10〕《說卦傳》以〈乾〉爲天，〈坤〉爲地，〈離〉爲火、爲日，〈坎〉爲水、爲月，
　　　〈震〉爲雷，〈艮〉爲山，〈兌〉爲澤。《說卦傳》又以〈巽〉爲木、爲風，卻
　　　不見於〈元包序〉。此〈序〉的「雨」之象，卻又不見於《說卦傳》。參閱〔魏〕
　　　王弼、〔晉〕韓康伯注，〔唐〕孔穎達等正義：《周易正義‧說卦傳》卷9，頁
　　　185～186。

知《衛氏元包》確實是準《周易》而作，尤其著重於「卦象」。再看蘇源明《傳》曰：

> 理亂相紀，質文相化。亂極則先乎太《易》，文弊則從于巨《包》。聖人以遺也，賢人以發也。《易》始乎〈乾〉，文之昭也，以行；《包》起于〈坤〉，質之用也，以靖。行者，所以動天下之務；靖者，所以默天下之機。太陰、太陽潛相貞也，少陰、少陽潛相成也。〔註11〕

此段闡明《周易》與《衛氏元包》被撰作之緣由，《周易》爲尚文之時，故文以昭；《衛氏元包》爲尚質之時，故質以用。前者爲聖人之遺教，後者爲賢人之啓發。在在可見《衛氏元包》應當是踵步《周易》而作。

　　前文已述，王夫之、胡煦、紀昀等等清代學者時常把《衛氏元包》與西漢揚雄《太玄》相提並論，例如《四庫全書總目・元包附元包數總義》曰：「是書體例近《太玄》。」〔註12〕聲稱《衛氏元包》體例與《太玄》相似，卻未嘗實際釐清兩者體例相似之處爲何？以占卦符號而言，前者完全沿用《周易》64卦，後者則是自創「方、州、部、家」81首；以思想系統而言，前者沿用《周易》陰陽二分哲學，後者則是自創三畫卦與三分法哲學；前者可以用「《易》象」解讀，後者則否。就此看來，《衛氏元包》與《太玄》恐怕鮮少有相似之處，大抵僅有「擬《易》而作」與「揲蓍策之數目」兩方面相同。明末清初黃宗羲《易學象數論》詳載《衛氏元包》之36策揲蓍法曰：「蓍用三十六策，太陰之數也。兩手分之，先取左手之策……。」〔註13〕其又記載《太玄》36策揲蓍法：「三十有六策而笑視焉。天以三分，終於六成……。」〔註14〕兩者皆以36策作爲揲蓍之起始數。見胡煦《周易函書約存》曰：「《連山》、《歸藏》其書不傳，故其著

〔註11〕 此段文字引自《元包經傳》卷首，〈太陰第一〉標題之前；胡一桂亦有摘錄此段，卻是放在〈太陰卷第一〉標題之後。兩者亦有少部分文字差異：《元包經傳》作「聖人以遺」，胡一桂作「聖人以道」；另，《元包經傳》作「亂極則先乎太《易》，文弊則從于巨《包》。」胡一桂作「亂極而先乎太《易》，文而則從于巨《包》。」可見兩書文字略有差別，卻不妨礙文義。較大的分歧爲《元包經傳》此段文字包含李江《注》文，胡一桂版本卻未有此段《注》文。參閱〔後周〕衛元嵩撰：《元包經傳・蘇源明傳》卷首，頁8～10；〔元〕胡一桂撰：《周易啓蒙翼傳・外篇・衛氏元包》葉六十四，頁4118。

〔註12〕 〔清〕永瑢、紀昀等纂修：《四庫全書總目・子部・元包附元包數總義》卷108，頁2133。

〔註13〕 〔清〕黃宗羲撰；鄭萬耕點校：《易學象數論・元包》卷4，頁175。

〔註14〕 〔清〕黃宗羲撰；鄭萬耕點校：《易學象數論・太玄》卷4，頁146。

法亦已無考。……《元包》之與《太玄》,皆因前此有三十六著之臆説,便欲索隱搜奇。」〔註15〕認爲《衛氏元包》和《太玄》制定「著用三十六策」,乃是衛元嵩與揚雄爲了依附《連山》、《歸藏》之撰著法,是以索隱搜奇、自立一説。《周易函書約存》此番論點,仍有再討論空間,但不論如何,足見《衛氏元包》、《太玄》於內在理路上,實在少有相仿之處。

　　《衛氏元包》分爲十章:〈太陰〉第一、〈太陽〉第二、〈少陰〉第三、〈少陽〉第四、〈仲陰〉第五、〈仲陽〉第六、〈孟陰〉第七、〈孟陽〉第八、〈運著〉第九、〈說源〉第十。〈太陰〉首卦爲〈坤〉䷁,〈太陽〉首卦爲〈乾〉䷀,〈少陰〉首卦爲〈兌〉䷹、〈少陽〉首卦爲〈艮〉䷖、〈仲陰〉首卦爲〈離〉䷝、〈仲陽〉首卦爲〈坎〉䷜、〈孟陰〉首卦爲〈巽〉䷸、〈孟陽〉首卦爲〈震〉䷲,縱使符合《說卦傳》的「〈乾〉、〈坤〉父母生六子説」,〔註16〕卻不同於《周易》的陽主陰從、陽尊陰卑要義,〔註17〕反而爲:「先陰後陽」(首卦爲〈坤〉)、「先少後長」(先「少陰」、「少陽」,而至「孟陰」、「孟陽」),此項特質爲《衛氏元包》與《周易》最大的差異。倘若屏除陰陽先後與尊卑的問題,《衛氏元包》的陰陽,基本上皆是完全承襲於《周易》。首先,《周易》的「陰陽對立」,體現在《衛氏元包》對於「〈太陰〉(首卦〈坤〉䷁)與〈太陽〉(首卦〈乾〉䷀)」、「〈少陰〉(首卦〈兌〉䷹)與〈少陽〉(首卦〈艮〉䷖)」、「〈仲陰〉(首卦〈離〉䷝)與〈仲陽〉(首卦〈坎〉䷜)」、「〈孟陰〉(首卦〈巽〉䷸)與〈孟陽〉(首卦〈震〉䷲)」之分判;再者,《周易》的「陰陽消長」,可見清朝李道平(1788～1844)《周易集解纂疏》曰:「陽極生陰,陰極生陽,一消一息,轉易相生,故謂之『易』。」〔註18〕此體現在《衛氏元包》之卦序:〈太陰〉首卦爲〈坤〉䷁,次爲〈復〉䷗,次爲〈臨〉䷒,次爲〈泰〉䷊,次爲〈大壯〉䷡,次爲〈夬〉䷪,〔註19〕此爲陰消陽長之序;〈太陽〉首卦爲〈乾〉䷀,次爲〈垢〉䷫,次爲〈遯〉䷠,次爲〈否〉䷋,次爲〈觀〉䷓,次爲〈剝〉䷖,

〔註15〕〔清〕胡煦著;程林點校:《周易函書:附卜法詳考等四種·元包》卷10,頁309。

〔註16〕〔魏〕王弼、〔晉〕韓康伯注,〔唐〕孔穎達等正義:《周易正義·說卦傳》卷9,頁185。

〔註17〕《周易》「主陽」之根源與發展,可參閱鄭吉雄:〈論易道主剛〉,《臺大中文學報》總第26期(2007年6月),頁89～118。

〔註18〕〔清〕李道平撰;潘雨廷點校:《周易集解纂疏·繫辭上》卷8(北京:中華書局,2006年7月),頁561。

〔註19〕〔後周〕衛元嵩撰:《元包經傳·太陰第一》卷1,頁12～19。

〔註 20〕此爲陽消陰長之序。最後，《周易》的「陰陽相感」，亦體現在《衛氏元包‧咸》：「陰之涵，陽之罩，澤潤于戶，女悅于男。」蘇源明《傳》曰：「陰之涵潛，而上行也；陽之罩廣，而下及也。澤潤于戶，山、澤通氣也……。」〔註 21〕同爲陰陽相感之卦；又見《衛氏元包‧恆》：「夫嚴不閡，婦順不逆，陰陽胥媾，雷風胥激。」蘇源明《傳》曰：「夫嚴不閡，恪於上也；婦順不逆，從於下也。陰陽胥媾，可以久也；雷風胥激，可以久也。」〔註 22〕稱頌陰陽互相匹配，爲長久之道；又見《衛氏元包‧既濟》：「水火胥納，陰陽不槮。日之交，月之合。」蘇源明《傳》曰：「水火胥納，二氣交也；陰陽不槮，六位正也。」〔註 23〕陰陽二氣交集、合會而不雜亂，故能六位皆正。處處可見《衛氏元包》六十四卦之中，陰陽二氣的對立與轉化，如同《周易》之卦，自身都有一個發生、發展和消亡的過程。〔註 24〕總結上述，顯見《衛氏元包》的占卦符號，直接使用《周易》之卦、爻；卦辭涵義，蘊藏於《周易》之卦象；在思想體系上，又依循《周易》之陰陽二氣哲學體系。再次驗證：清代學者將《太玄》與《衛氏元包》兩者齊名並稱，並非恰當之評比。

第二節 取法於《歸藏》萬物莫不歸而藏於中

唐代孔穎達（579～648）《周易正義‧三代易名》：「《周禮‧太卜‧三易》云：『一曰《連山》，二曰《歸藏》，三曰《周易》。』……鄭玄《易贊》及《易論》云：『夏曰《連山》，殷曰《歸藏》，周曰《周易》。』」〔註 25〕是以《歸藏》爲「殷商《易》」。宋代張行成《元包數總義》：「《元包》卦首於〈坤〉，義祖《歸藏》。」〔註 26〕指稱《衛氏元包》宗主《歸藏》，但衛元嵩除了以〈坤〉爲首卦之外，又有何處取自《歸藏》？《四庫全書總目‧元包附元包數總義》曰：「序次

〔註 20〕〔後周〕衛元嵩撰：《元包經傳‧太陽第二》卷 1，頁 22～29。

〔註 21〕〔後周〕衛元嵩撰：《元包經傳‧少陰第三‧咸》卷 2，頁 39。

〔註 22〕〔後周〕衛元嵩撰：《元包經傳‧孟陽第八‧恆》卷 4，頁 96～97。

〔註 23〕〔後周〕衛元嵩撰：《元包經傳‧仲陽第六‧既濟》卷 3，頁 74。

〔註 24〕徐志銳著：《周易陰陽八卦說解‧說解陰陽》（臺北：里仁書局，1994 年 12 月），頁 137。

〔註 25〕〔魏〕王弼、〔晉〕韓康伯注，〔唐〕孔穎達等正義：《周易正義‧易序》卷首，頁 5。

〔註 26〕〔宋〕張行成述：《元包數總義‧原序》卷首，收入〔清〕永瑢、紀昀等纂修：《景印文淵閣四庫全書》第 803 冊，頁 242～243。

則用《歸藏》：首〈坤〉，而繼以〈乾〉、〈兌〉、〈艮〉、〈離〉、〈坎〉、〈巽〉、〈震〉卦，凡七變，合本卦，共成八八六十四。」〔註27〕表述《衛氏元包》援用《歸藏》之「卦序」。但《四庫全書總目》此段闡述未免過於武斷。縱使是 1993 年出土，頗能與馬國翰輯佚之《歸藏》文句相互印證的「王家臺十五號秦墓出土竹簡」，〔註28〕至今學術界亦無法直截斷定這一批竹簡確實爲《歸藏》，〔註29〕更何況是只能爬梳傳統書面文獻的清朝四庫館臣，又是如何判定「《歸藏》易」所用的「序次」爲〈坤〉、〈乾〉、〈兌〉、〈艮〉、〈離〉、〈坎〉、〈巽〉、〈震〉？另一方面，即使不以近代出土材料檢視，回歸到宋元時的傳統書面文獻，各家版本的《歸藏》「卦序」亦是有所分歧，見南宋羅泌（1131～1189）〈論三易〉描述：「初〈奭〉、初〈乾〉、初〈離〉、初〈舉〉、初〈兌〉、初〈艮〉、初〈鼇〉、初〈奭〉，此《歸藏》之『易』。」其子羅苹（1153～1237）注解：「『奭』即坤字，『舉』即坎字，『鼇』即震字，『奭』即巽字。」〔註30〕是知羅泌所記載《歸藏》之「卦序」，明顯不同於《衛氏元包》；清代洪頤煊（1765～1833）所輯佚之「《歸藏》卦序」與羅泌相同。〔註31〕胡一桂《周易啓蒙翼傳・外篇》又撰有〈三代易〉一文，文中轉引宋代李過（？～？）《西谿易說》載錄《歸藏》八卦之卦辭曰：

> 初〈乾〉，其爭言云云。初〈坤〉，其榮舉之華云云。
>
> 初〈艮〉，徼徼鳴狐云云。初〈兌〉，其言語敦云云。
>
> 初〈舉〉，爲慶身不動云云。初〈離〉，離監監云云。
>
> 初〈鼇〉，燀若雷之聲云云。初〈巽〉有鳥將至，而垂翼云云。

〔註32〕

〔註27〕 〔清〕永瑢、紀昀等纂修：《四庫全書總目・子部・元包附元包數總義》卷108，頁 2133。

〔註28〕 王明欽：〈王家台秦墓竹簡概述〉，收錄於艾蘭、邢文編：《新出簡帛研究》（北京：文物出版社，2004 年 12 月），頁 35。

〔註29〕 鄭吉雄指出饒宗頤、李學勤、夏含夷、賴貴三四位學者分別抱持不同的見解。參閱鄭吉雄：〈《歸藏》平議〉，《文與哲》第 29 期（2016 年 12 月），頁 39。

〔註30〕 〔宋〕羅泌纂、羅苹注；〔明〕喬可傳校：《路史・發揮一》，收入陸費逵總勘：《四部備要・史部》（臺北：中華書局，1966 年 3 月），葉十五。

〔註31〕 〔清〕洪頤煊撰：《經典集林・歸藏》，收入《續修四庫全書》編纂委員會編：《續修四庫全書・子部・雜家類》第 1202 冊（上海：上海古籍出版社，2002 年 3 月）。

〔註32〕 分別參閱〔宋〕李過撰：《西谿易說・原序・歸藏初經》卷首，收入〔清〕永瑢、紀昀等纂修：《景印文淵閣四庫全書》第 17 冊，頁 631；〔元〕胡一桂撰：《周易啓蒙翼傳・中篇・三代易》葉二，頁 4007。

「卦序」爲〈乾〉、〈坤〉、〈艮〉、〈兌〉、〈坎〉、〈離〉、〈震〉、〈巽〉，馬國翰輯錄之《歸藏》「卦序」仿此，〔註33〕兩者皆有別於《衛氏元包》。再者，見南宋朱元昇（？～？）曰：「黃帝《歸藏易》首〈坤〉尾〈剝〉，是二卦爲《歸藏》之藏卦，其音則土也，萬物莫不歸而藏諸土者也，此咸池樂所以無首、無尾歟。」〔註34〕以「納音」之說解讀《歸藏》「首〈坤〉」、「尾〈剝〉」之體系。《衛氏元包》首卦爲〈坤〉，最後一卦爲〈隨〉，不同於朱元昇版本的《歸藏》「卦序」。又見清初徐善（1631～1690）記載曰：「《歸藏》卦序：〈坤〉、〈震〉、〈坎〉、〈艮〉、〈兌〉、〈離〉、〈巽〉、〈乾〉，蓋〈震〉下一陽生於純〈坤〉之後，進〈坎〉而中，進〈艮〉而上。」〔註35〕以〈震〉爲第二卦，象徵陽氣初生。徐善所記載的《歸藏》「卦序」，亦與《衛氏元包》之「卦序」迥異。以下列表對比羅泌、李過、徐善所記載《歸藏》與衛元嵩《衛氏元包》之「卦序」：

表 7-1、衛元嵩《衛氏元包》之「卦序」與六家所記載《歸藏》
　　　　之「卦序」

衛元嵩	《衛氏元包》	〈坤〉、〈乾〉、〈兌〉、〈艮〉、〈離〉、〈坎〉、〈巽〉、〈震〉
羅泌 洪頤煊	《歸藏》	〈坤〉、〈乾〉、〈離〉、〈坎〉、〈兌〉、〈艮〉、〈震〉、〈巽〉
李過 胡一桂 馬國翰	《歸藏》	〈乾〉、〈坤〉、〈艮〉、〈兌〉、〈坎〉、〈離〉、〈震〉、〈巽〉
徐善	《歸藏》	〈坤〉、〈震〉、〈坎〉、〈艮〉、〈兌〉、〈離〉、〈巽〉、〈乾〉

羅泌、李過、徐善之《歸藏》「卦序」或有不同，且皆與《衛氏元包》不相符。由此可知，《衛氏元包》唯有以〈坤〉爲「卦首」，其餘「卦序」，未有特別依循《歸藏》者，《四庫全書總目・元包附元包數總義》之說有待修正。

〔註33〕〔清〕馬國翰輯：《玉函山房輯佚書・歸藏》（上海：上海古籍出版社，1990年12月）。

〔註34〕〔宋〕朱元昇撰：《三易備遺・中天歸藏易》卷7，收入嚴靈峯編輯：《無求備齋易經集成》第183冊，頁391～392。

〔註35〕〔清〕朱彝尊原作；許維萍、馮曉庭、江永川點校：《點校補正經義考・易二》卷3，頁41～42。

　　《衛氏元包》雖然並未仿照《歸藏》「卦序」方式排列，但卻是繼承了
東漢鄭玄所謂：「《歸藏》者，萬物莫不歸而藏於其中。」〔註36〕之理，欲以
「包」囊括天地萬物。從東漢至唐，《歸藏》皆被視爲「殷商《易》」，以〈坤〉
爲卦首，象徵萬物歸藏之處。曹魏博士淳于俊（？～？）曰：「《歸藏》者，
萬事莫不歸藏于其中也。」〔註37〕唐代賈公彥（？～？）亦曰：「《歸藏易》
以純〈坤〉爲首。〈坤〉爲地，故萬物莫不歸而藏於中，故名爲《歸藏》也。」
〔註38〕皆與鄭玄所言相同。又見朱彝尊《經義考》輯錄宋儒闡述《歸藏》之
語：〔註39〕

　　　　劉敞曰：「〈坤〉者，萬物所歸，商以〈坤〉爲首。」

　　　　方慤曰：「《歸藏》首乎〈坤〉，各歸其根，密藏其用，皆殷之
　　　所爲。」

　　　　黃裳曰：「商曰《歸藏》者，以其藏諸用而言之也。」

　　　　鄭鍔曰：「《歸藏》以〈坤〉爲首……言如地道之包含，萬物所
　　　歸而藏。」

是知宋儒同樣以「萬物之所歸」、「萬物之所藏」來解釋「歸藏」一名。衛元
嵩取法「歸藏」名義之內涵，著力完成《衛氏元包》，李江〈元包序〉頌揚曰：

　　　　《包》之爲書也，廣大含弘，三才悉備。……包者，藏也，言
　　　善惡是非、吉凶得失，皆藏其書也。觀乎囊括萬有，籠罩八紘；執
　　　陶鑄之鍵，啓〈乾〉、〈坤〉之扃；孕覆育載，通幽洞冥。窮天人之
　　　秘，研造化之精；推興亡之理，察禍福之萌。與鬼神齊奧，將日月
　　　並明。〔註40〕

足見此書內容涵蓋天、地、人三才，以及亟欲能包攬天地萬物、窮究天人造
化之企盼。下列以胡一桂載錄的〈坤〉、〈乾〉二卦爲例，《周易啓蒙翼傳・外
篇》記載：「☷〈坤〉：㐬，莽，莫，默……。」蘇源明《傳》曰：「㐬者，春

〔註36〕〔漢〕鄭玄注；〔唐〕賈公彥疏：《周禮注疏・春官》卷24，收入〔清〕阮元
　　　　校勘：《十三經注疏》第3冊（臺北：藝文印書館，2007年8月），頁370。
〔註37〕〔晉〕陳壽撰；〔宋〕裴松之注：《三國志・魏書・三少帝紀》卷4（北京：中
　　　　華書局，2007年5月），頁136。
〔註38〕〔漢〕鄭玄注；〔唐〕賈公彥疏：《周禮注疏・春官》卷24，頁370。
〔註39〕〔清〕朱彝尊原作；許維萍、馮曉庭、江永川點校：《點校補正經義考・易二》
　　　　卷3，頁31～33。
〔註40〕〔後周〕衛元嵩撰：《元包經傳・李江序》卷首，頁5～6。

之熙；芇者，夏之茂；莫者，秋之落；黕者，冬之潛。母萬物者：熙然，足以布和；茂然，足以長物；落然，足以育衆；潛然，足以正極。〈坤〉道備此四德，故曰：『亢，芇，莫，黕。』」〔註41〕以〈坤〉統御四時之變遷，爲天地萬物之母卦。接續再看《周易啓蒙翼傳‧外篇》記載：「☰〈乾〉：顚，宀，勺，盈⋯⋯。」蘇源明《傳》曰：「顚者，仁之高；宀者，仁之覆；勺者，禮之拎；盈者，信之充。育萬物者：仁高，足以濟衆；義覆，足以利物；禮拎，足以崇德；信充，足以布氣。〈乾〉道備此四德，故曰：『顚，宀，勺，盈。』」〔註42〕以〈乾〉統攝仁、禮、信，以德行育養天地萬物。從〈坤〉、〈乾〉二卦，得以管窺此書囊括天、地、人、自然四時、萬物與德行，正如《四庫全書總目‧易類總序》曰：「《易》道廣大，無所不包。」〔註43〕衛元嵩撰著此書之用心，由此可見一斑。

第三節　承襲於《京氏易傳》「八宮卦」之法

　　前文已經闡述《衛氏元包》對《周易》與《歸藏》之關係，但胡一桂最爲重視的是：《衛氏元包》對於《京氏易傳》「八宮卦」之襲用，《周易啓蒙翼傳‧外篇題辭》：「《衛氏元包》用京卦序，而卦辭皆自爲。」〔註44〕強調衛氏援取西漢京房（？～？）之卦序。北宋王堯臣等編纂的《崇文總目》曰：「《元包》十卷，〈太陰〉、〈太陽〉、〈少陰〉、〈少陽〉、〈仲陰〉、〈仲陽〉、〈孟陰〉、〈孟陽〉、〈運著〉、〈說原〉。」〔註45〕再看胡一桂《周易啓蒙翼傳‧衛氏元包》曰：

　　　　以〈坤〉宮八卦爲元包，太陰卷一；〈乾〉宮八卦爲元包，太

　　　陽卷二；次，〈兌〉宮八卦爲少陰；次，〈艮〉宮八卦爲少陽；次，

　　　〈離〉宮八卦爲仲陰；次，〈坎〉宮八卦爲仲陽；次，〈巽〉宮八

　　　卦爲孟陰；次，〈震〉宮八卦爲孟陽，〈運著〉第九，〈說源〉第十，

　　　凡十卷。〔註46〕

〔註41〕〔元〕胡一桂撰：《周易啓蒙翼傳‧外篇‧衛氏元包》葉六十四，頁4118。

〔註42〕〔元〕胡一桂撰：《周易啓蒙翼傳‧外篇‧衛氏元包》葉六十五，頁4119。

〔註43〕〔清〕永瑢、紀昀等纂修：《四庫全書總目‧經部‧易類》卷1，頁63。

〔註44〕〔元〕胡一桂撰：《周易啓蒙翼傳‧外篇‧題辭》葉一，頁4087。

〔註45〕〔宋〕王堯臣等編；〔清〕錢東垣等輯釋：《崇文總目‧易類》，收入王雲五主編：《叢書集成初編》，頁2。

〔註46〕〔元〕胡一桂撰：《周易啓蒙翼傳‧外篇‧衛氏元包》葉六十三，頁4118。

以〈坤〉爲太陰、〈乾〉爲太陽、〈兌〉爲少陰、〈艮〉爲少陽、〈離〉爲仲陰、〈坎〉爲仲陽、〈巽〉爲孟陰、〈震〉爲孟陽，清楚道出《衛氏元包》之體例，每個八卦宮位各有八個卦，共計八八六十四卦。此次第與明朝天一閣刊本、清朝漢魏遺書鈔、黃氏逸書考三部今傳本記載的卦序相同，〔註47〕應當得以確定《衛氏元包》之卦序並未遭到竄改。衛元嵩乃是使用《京氏易傳》之八宮卦變法，以八卦爲第一卦，六爻皆不變，第二卦爲「初爻」一爻變，第三卦爲「第二爻位」再一爻變，第四卦爲「第三爻位」再一爻變，第五卦爲「第四爻位」再一爻變，第六卦爲「第五爻位」再一爻變；第七卦返回「第四爻位」再一爻變；第八卦爲內卦（初爻、第二爻位、第三爻位）全變。若以太陰〈坤〉爲例，第一卦〈坤〉䷁，六爻皆不變；第二卦爲〈坤〉䷁之〈初六〉一爻變，變爲〈復〉䷗；第三卦爲〈復〉䷗之〈六二〉再一爻變，變爲〈臨〉䷒；第四卦爲〈臨〉䷒之〈六三〉再一爻變，變爲〈泰〉䷊；第五卦爲〈泰〉䷊之〈六四〉再一爻變，變爲〈大壯〉䷡；第六卦爲〈大壯〉䷡之〈六五〉再一爻變，變爲〈夬〉䷪；第七卦爲〈大壯〉䷡之〈九四〉再一爻變，變爲〈需〉䷄；第八卦爲〈需〉䷄「內卦」全變，變爲〈比〉䷇。其餘的七個卦，序列俱仿此。張行成《元包數總義》編有〈元包卦次〉，筆者徵引於下：

太陰〈坤〉：〈復〉、〈臨〉、〈泰〉、〈大壯〉、〈夬〉、〈需〉、〈比〉。

太陽〈乾〉：〈姤〉、〈遯〉、〈否〉、〈觀〉、〈剝〉、〈晉〉、〈大有〉。

少陰〈兌〉：〈困〉、〈萃〉、〈咸〉、〈蹇〉、〈謙〉、〈小過〉、〈歸妹〉。

少陽〈艮〉：〈賁〉、〈大畜〉、〈損〉、〈睽〉、〈履〉、〈中孚〉、〈漸〉。

仲陰〈離〉：〈旅〉、〈鼎〉、〈未濟〉、〈蒙〉、〈渙〉、〈訟〉、〈同人〉。

仲陽〈坎〉：〈節〉、〈屯〉、〈既濟〉、〈革〉、〈豐〉、〈明夷〉、〈師〉。

孟陰〈巽〉：〈小畜〉、〈家人〉、〈益〉、〈无妄〉、〈噬嗑〉、〈頤〉、〈蠱〉。

孟陽〈震〉：〈豫〉、〈解〉、〈恆〉、〈升〉、〈井〉、〈大過〉、〈隨〉。

〔註48〕

〔註47〕 此三種版本的《衛氏元包》，皆被收入嚴靈峯編輯：《無求備齋易經集成》第155冊。

〔註48〕 〔宋〕張行成述：《元包數總義‧元包卦次》卷1，頁243～244。

以此對照三國吳陸績（188～219）注解的《京氏易傳》「八宮」卦序：

　　〈乾〉、〈姤〉、〈遯〉、〈否〉、〈觀〉、〈剝〉、〈晉〉、〈大有〉。

　　〈震〉、〈豫〉、〈解〉、〈恆〉、〈升〉、〈井〉、〈大過〉、〈隨〉。

　　〈坎〉、〈節〉、〈屯〉、〈既濟〉、〈革〉、〈豐〉、〈明夷〉、〈師〉。

　　〈艮〉、〈賁〉、〈大畜〉、〈損〉、〈睽〉、〈履〉、〈中孚〉、〈漸〉。

　　〈坤〉、〈復〉、〈臨〉、〈泰〉、〈大壯〉、〈夬〉、〈需〉、〈比〉。

　　〈巽〉、〈小畜〉、〈家人〉、〈益〉、〈无妄〉、〈噬嗑〉、〈頤〉、〈蠱〉。

　　〈離〉、〈旅〉、〈鼎〉、〈未濟〉、〈蒙〉、〈渙〉、〈訟〉、〈同人〉。

　　〈兌〉、〈困〉、〈萃〉、〈咸〉、〈蹇〉、〈謙〉、〈小過〉、〈歸妹〉。

〔註49〕

除了八個「卦首」之順序稍有不同之外，兩者根本如出一轍，足以驗證衛元嵩確實承襲了京房「八宮卦」之卦變方式。在 64 卦的排序上，亦以《京氏易傳》爲準繩。縱使《衛氏元包》摹仿《京氏易傳》之「卦序」，但絕非處處以《京氏易傳》爲圭臬。見宋代林至（？～？）《易裨傳》曰：「後周衛元嵩著《元包》，皆祖房之世變。而異於房者，其法首〈坤〉……。首〈艮〉曰《歸藏易》也，然京氏專取『世應』，《元包》獨論『卦體』而已。」〔註50〕林氏具體辨析出此兩部典籍相異之處：《京氏易傳》之卦辭，大多包含「世」與「應」，〔註51〕須以「八宮卦」、「起月」、「飛伏」、「納甲」等京氏易學獨有的象數條例方能解讀；《衛氏元包》之卦辭，僅須根據「卦體」（筆者案：尤其是「卦象」），便能加以發揮，〔註52〕此當爲《衛氏元包》迥然有別於《京氏易傳》

〔註49〕此序列與胡一桂《周易啓蒙翼傳・外篇》所載錄《京氏易傳》之卦序相同。可分別對照〔三國吳〕陸績撰：《陸績京氏易傳・目錄》卷首，收入嚴靈峯編輯：《無求備齋易經集成》第 177 冊，頁 1～2；〔元〕胡一桂撰：《周易啓蒙翼傳・外篇・京氏易傳》葉九，頁 4091。

〔註50〕〔宋〕林至撰：《易裨傳・外篇・世應文》，收入〔清〕徐乾學等輯；納蘭成德校刊：《通志堂經解》第 3 冊（臺北：大通書局，1970 年 2 月），頁 1458～1459。

〔註51〕《京氏易傳》幾乎每一卦皆有「世」與「應」之語，堪稱爲解卦條例之一，以下略舉三例：〈大有〉：「三公臨世，應上九爲宗廟。」〈升〉：「諸侯在世，元士爲應。」〈豐〉：「陰處至尊爲世，大夫見應。」引自〔三國吳〕陸績撰：《陸績京氏易傳・大有、升、豐》卷上，頁 14、22、35。

〔註52〕從蘇源明《傳》與李江《注》可知《衛氏元包》多處以「卦象」蘊藏其理，

之處。見明代章潢（1527～1608）《圖書編》曰：

> 《衛氏元包》獨首乎〈坤〉。閱其全書，總以八正卦爲主，每
> 卦七變、十四變復原卦。即其立本明變，非不各有條理，但于陰陽
> 剛柔既已紊亂，則大本一差，餘何足觀哉？世之有志易學者，盍于
> 文、孔「先〈乾〉後〈坤〉」之大旨，潛神以洞究其底裏。〔註53〕

批評《衛氏元包》先陰後陽、先少後長之編排，乃是紊亂陰陽之大本，縱使
有其條理，亦不足觀，勉勵後世有志於易學者，應當遵守聖人先〈乾〉後〈坤〉
之大旨。南宋俞文豹（？～？）稱此書爲：「陰陽者流」，〔註54〕不以此書爲
易類，亦是相同之理。又見張行成《元包數總義・原序》曰：「衛先生《元
包》，其法合於《火珠林》。……以八卦爲主，四陰對四陽，所謂：『天地定
位，山澤通氣，雷風相薄，水火不相射。』其於《繫辭》則《說卦》之義也。」
〔註55〕指出《衛氏元包》合乎《火珠林》「四陰」對「四陽」之法，此「陰
陽相對」之法，則是淵源於《周易・說卦傳》。衛元嵩承襲了「八宮卦」之
卦變方式，且大抵仿照《京氏易傳》之「卦序」，但此兩部典籍在卦辭內容
及其詮釋角度方面，實質差異甚大：《京氏易傳》自創「八宮卦」象數體系，
自成一套變化體系；《衛氏元包》則是回歸於《周易》之「卦體」、「卦象」。
倘若直截地認定《衛氏元包》祖於《京氏易傳》，而不再深究、考辨其中之
異同，著實是埋沒，甚至是誤解了此部被金生楊譽爲：「繼揚雄《太玄經》
之後，最爲成功的擬《易》之作。」〔註56〕

以下略舉三例：〈比〉：「規均均，醜蛙蛙。」《傳》曰：「規均均，上有法也。」
《注》曰：「〈坎〉之象」；〈姤〉：「脛之行。」《傳》曰：「脛之行，動其股也。」
《注》曰：「〈乾〉爲首，〈巽〉爲股」；〈兌〉：「諏之謀，詁之訓，諤之許，謠
之謳。」《傳》曰：「諏之謀，先言以詢也；詁之訓，後言以答也；諤之許，
語之決也；謠之謳，歌之悅也。」《注》曰：「皆〈兌〉之象」。引自〔後周〕
衛元嵩撰：《元包經傳・比、姤、兌》，頁21、25、35。

〔註53〕　〔明〕章潢撰：《圖書編・衛氏元包總敍》卷8，收入〔清〕永瑢、紀昀等纂
　　　　修：《景印文淵閣四庫全書》第968冊，頁243。
〔註54〕　〔宋〕俞文豹撰：《吹劍錄外集》，收入〔清〕永瑢、紀昀等纂修：《景印文淵
　　　　閣四庫全書》第865冊，頁495。
〔註55〕　〔宋〕張行成述：《元包數總義・原序》卷首，頁242。
〔註56〕　金生楊著：《漢唐巴蜀易學研究・魏晉南北朝時期的巴蜀易學》（成都：巴蜀
　　　　書社，2007年8月），頁246。

第四節　小結

　　《衛氏元包》十卷，爲北周沙門衛元嵩之術數學著作，此書從唐代流傳到宋末元初這段期間，似乎並未發生文獻脫落、散亂、版本雜沓等問題。張心澂《僞書通考》指稱的眞僞混雜問題，大抵是發生於元、明兩朝，清代以後流傳的《衛氏元包》，已然是五卷本，不同於最初的十卷本。宋末元初易學家胡一桂《周易啓蒙翼傳・外篇》不僅約略闡發《衛氏元包》內容，亦摘錄其中文句，本論文遂藉由此書來探討衛元嵩《衛氏元包》思想淵源。衛元嵩未嘗效仿揚雄《太玄》，自創卜筮符號，並且將陰陽二分系統改易爲三分。《衛氏元包》不僅表面承襲《周易》之卦爻符號，更在卦辭當中大量含藏了「《易》象」；在哲學思想上，更是直接套用《周易》的陰陽二分哲學，大體上是「準《易》」之作。唯有在「卦序」方面，標榜《歸藏》「先陰後陽」及「包藏萬物」之宗旨，故以〈坤〉爲卦首，並以〈太陰〉爲第一章。最後，此書襲取了《京氏易傳》「八宮卦」之序列與架構，卻不再援用其他世應、納甲等象數條例，故知其對《京氏易傳》之引用，僅是取其表面形式，以內在理路而論，依然以《周易》爲宗。

第八章 《周易啓蒙翼傳·周易參同契》 假借《周易》闡明爐火之法

　　《周易參同契》同樣承襲了《周易》陰陽二分法的宇宙模型。胡一桂於《周易啓蒙翼傳·外篇·參同契》開頭曰：「《參同契》者，後漢魏伯陽之所作也，蓋亦本之於《易》撰成。……大槩借《易》以明火候煉丹修養之法。」〔註1〕同樣認定魏伯陽《周易參同契》本之於《周易》。胡一桂以後蜀彭曉《周易參同契眞義》爲底本，分別摘錄《周易參同契》〈上篇〉的「〈乾〉、〈坤〉者，《易》之門戶」一段；〈中篇〉的「朔旦爲〈復〉」一段；〈下篇〉的「先白而後黃」一段；最後附上〈朱文公書《參同契考異》後〉和〈又論《參同》〉兩篇文章，〔註2〕此兩篇依序取自朱熹《周易參同契考異》和《朱子語類》內容。〔註3〕另一方面，筆者將在此節彌補本論文第四章第三節〈《京氏易傳》象數舉例闡微〉未盡之處，針對《周易啓蒙翼傳·外篇·京氏易傳》之〈納甲法〉、〈渾天六位圖〉加以討論，並試圖歸納出魏伯陽對於易學的承襲與革新。根據筆者考究，其中最爲頻繁被魏伯陽運用、轉化的易學理論，應當是「納甲說」、「十二消息卦」、「卦氣」三者，它們的共通點在於：三者皆爲陰陽二氣之發用，見任法融《周易參同契釋義》曰：「《參同契》是借《周易》卦、爻象數之象徵性符號，又以天文律曆圖讖等術語作比喻，其核心內容是以修煉內丹爲主旨、長壽成仙爲目的，其要義是以陰陽二者的配合、進退變

〔註1〕〔元〕胡一桂撰：《周易啓蒙翼傳·外篇·參同契》葉四十二，頁 4107。
〔註2〕〔元〕胡一桂撰：《周易啓蒙翼傳·外篇·龍虎上經》葉四十九－五十，頁 4111。
〔註3〕〔宋〕朱熹撰：《朱子語類·參同契》卷 125，收入〔宋〕朱熹撰；朱傑人、嚴佐之、劉永翔主編：《朱子全書》第 18 冊，頁 3916～3917。

化、闡明修煉的功理及功法。」〔註4〕此處列舉的「納甲說」、「十二消息卦」、「卦氣」悉數涉及陰陽二氣之流變，尤其適用於比喻煉丹之火候，是故屢屢被魏伯陽襲取箇中精義，並且加以改易，成爲一套屬於「丹道」的學說系統。

第一節　由「八卦納甲」開創「月體納甲」

西漢孟喜注解《周易·中孚·六四》的爻辭「月幾望」曰：「既望，十六日也。」〔註5〕陰曆十五日月圓，十六日開始逐漸轉爲月缺，象徵「易氣」由陽氣鼎盛，轉換爲陰氣滋長的過程。再看《京氏易傳》曰：

> 分天地〈乾〉、〈坤〉之象，益之以甲、乙、壬、癸。〈震〉、〈巽〉之象配庚、辛，〈坎〉、〈離〉之象配戊、己，〈艮〉、〈兑〉之象配丙、丁。〔註6〕

《京氏易傳》把《周易》八卦配上十天干：〈乾〉納甲、壬，〈坤〉納乙、癸，〈震〉納庚，〈巽〉納辛，〈坎〉納戊，〈離〉納己，〈艮〉納丙，〈兑〉納丁，並取之比附五行，占說災異，〔註7〕開創出兩漢象數易學著名的「八卦納甲」系統。〔註8〕《周易參同契》不但繼承了《京氏易傳》「八卦納甲」之理論系統，還自行添入月象的週期變化，〔註9〕以此呈現一個月三十天當中，各段期間的煉丹用火流程，見《周易參同契》曰：

> 三日出爲爽，〈震〉受庚西方。八日〈兑〉受丁，上弦平如繩。十五〈乾〉體就，盛滿甲東方。蟾蜍與兔魄，日、月无雙明。蟾蜍眡

〔註4〕任法融著：《周易参同契釋義·總論》（北京：東方出版社，2009年4月），頁7。
〔註5〕今傳本《周易》爻辭作「月幾望」，孟喜作「月既望」。「望日」爲十五，「月既望」爲十六。分別對照〔魏〕王弼、〔晉〕韓康伯注，〔唐〕孔穎達等正義：《周易正義·中孚·六四》卷6，頁134～135；〔清〕黃奭編輯：《黃氏逸書考·孟喜易章句》第1冊（京都：中文出版社，1986年10月），頁29。
〔註6〕〔三國吳〕陸績撰：《陸績京氏易傳》卷下，收入嚴靈峯編輯：《無求備齋易經集成》第177冊，頁107。
〔註7〕屈萬里著：《先秦漢魏易例述評·納甲》卷下，頁121。
〔註8〕此說法一直延續到宋朝，請見北宋朱震定義「納甲」一詞：「納甲，何也？曰：『舉甲以該十日也。』〈乾〉納甲、壬，〈坤〉納乙、癸，〈震〉、〈巽〉納庚、辛，〈坎〉、〈離〉納戊、己，〈艮〉、〈兑〉納丙、丁，皆自下生，聖人仰觀日月之運，配之以〈坎〉、〈離〉之象，而八卦十日之義著矣。」引自〔宋〕朱震撰：《漢上易傳·卦圖·日月》卷下，頁633。
〔註9〕〔清〕黃宗義撰；鄭萬耕點校：《易學象數論·納甲一》卷1，頁34。

卦節，兔魄吐精光。七、八道已訖，屈折低下降。十六轉受統，〈巽〉
辛見平明。〈艮〉直于丙南，下弦二十三。〈坤〉乙三十日，東北喪其
明。節盡相禪與，繼體復生龍。壬、癸配甲、乙，〈乾〉、〈坤〉括始終。
七、八數十五，九、六亦相應。四者合三十，《易》象索滅藏。〔註10〕

〈震〉納庚，月亮日暮時出現於西方庚地，乃是初三月象。〈兌〉納丁，上弦月
日暮時出現於南方丁地，是爲初八月象。〈乾〉納甲、壬，月圓於東方甲地，爲
十五日之月象，故知〈震〉、〈兌〉、〈乾〉主事上半個月份，陽氣由萌芽趨於極
盛，遂以初一到十五爲「陽」。「蟾蜍」爲月精，「兔魄」爲月體，月亮隨著陰陽
氣息消長，故稱「蟾蜍眡卦節」；月球本身不發光，必須反射太陽之光到地球，
陽氣主「吐」，陰氣主「納」，是謂「兔魄吐精光」。〈巽〉納辛，月由圓轉缺，
日旦沉沒於西方辛地，爲十六日月象；〈艮〉納丙，下弦月日旦沉沒於南方丙地，
爲二十三日月象；〈坤〉納乙、癸，月亮隱晦不可見，出於東方乙地，爲三十日
月象，故知〈巽〉、〈艮〉、〈坤〉主事下半個月份，陽氣由鼎盛走向衰退，陰氣
每日逐漸增強，遂以十六日到三十爲「陰」。筆者整理上述項目於下：

表8-1、《周易參同契》月體納甲配置表

	上半月（陽）			下半月（陰）		
日期	初三	初八	十五	十六	二十三	三十
八卦	〈震〉☳	〈兌〉☱	〈乾〉☰	〈巽〉☴	〈艮〉☶	〈坤〉☷
天干	庚	丁	甲、壬	辛	丙	乙、癸
方位	西方	南方	東方	西方	南方	東方

細查《周易參同契》此段引文，似乎未能包攬所有的項目，在八卦方面：未
見〈坎〉、〈離〉；在天干方面：未見戊、己；在方位方面：未見北方，得再參
看《周易參同契》另一段文字：

> 以無制有，器用者空，故推消息，〈坎〉、〈離〉沒亡。……〈坎〉，
> 戊，月精；〈離〉，己，日光。日、月爲《易》，剛、柔相當。土王四
> 季，羅絡始終。……皆稟「中宮」，戊、己之功。〔註11〕

魏伯陽此處說明〈坎〉、〈離〉的作用隱微、不外顯，隨著陰陽消息的變化默
默進行。〈坎〉配上戊，象徵「月精」；〈離〉配上己，象徵「日光」。兩者皆

〔註10〕〔漢〕魏伯陽撰：《參同契正文‧上篇》，收入嚴靈峯編輯：《無求備齋易經集
　　　成》第155冊，頁7～8。
〔註11〕〔漢〕魏伯陽撰：《參同契正文‧上篇》，頁6。

處於「中宮」之位，五行配置爲「土」。《周易啓蒙翼傳‧京氏易傳》曰：「『納甲』本自以月之晦朔、弦望、昏旦、生消而定，而《京氏易傳》以十甲配上八卦，與之脗合。」〔註12〕肯定《京氏易傳》「八卦納甲」與《周易參同契》「月體納甲」之相承關係。胡一桂援引北宋朱震《漢上易傳‧卦圖》曰：

> 虞翻曰：謂日、月懸天，成八卦象。三日暮，〈震〉象，月出庚；八日，〈兌〉象，月見丁；十五日，〈乾〉象，月盈甲、壬；十六日旦，〈巽〉象，月退辛；二十三日，〈艮〉象，月消丙；三十日，〈坤〉象，月滅乙。晦夕朔旦，則〈坎〉象，水流戊；日中，則〈離〉象，火就己，成戊、己。土位，象見於中。西山曰：朔旦，〈震〉始用事，爲日月陰陽交感之初。道家象此，以爲修養之法。〔註13〕

三日爲月生明之時，受到一陽之光，爲〈震〉☳象，月亮於日暮時出現於西方（庚地）；八日爲月上弦之時，受二陽之光，爲〈兌〉☱象，月亮於日暮時出現於南方（丁地）；十五日，爲月盈滿之時，全受日光，爲〈乾〉☰象，月亮於日暮時出現於東方（甲地、壬地）；十六日，開始受到陰氣消退，爲〈巽〉☴象，月亮於日旦時沉沒於西方（辛地）；二十三日，受二陰之氣消退，爲〈艮〉☶象，月亮於日旦時沉沒於南方（丙地）；三十日，全受陰氣，陽氣消亡，爲〈坤〉☷象，月亮於日旦時沉沒於東方（乙、癸地）。於後，陽氣萌生，復生爲〈震〉☳象，周而復始。〈坎〉☵水流於戊，〈離〉☲火就於己，戊、己合於中央，五行爲土，正如南宋眞德秀（1178～1235）所謂：「日月、陰陽交感之初。」以下整理胡一桂間接引述的虞翻「納甲說」，以及《周易啓蒙翼傳‧京氏易傳》附載的「納甲法」圖式：

表 8-2、朱震《漢上易傳》引述之虞翻「納甲說」

初三		初八	十五	十六		二十三	三十
〈震〉☳	〈離〉☲	〈兌〉☱	〈乾〉☰	〈巽〉☴	〈坎〉☵	〈艮〉☶	〈坤〉☷
生明	日	上弦	望	魄生	月	下弦	晦
月出庚	日之正體戊、己合	月見丁	月盈甲壬	月退辛	月之正體戊、己合	月消丙	月沒乙癸

〔註12〕〔元〕胡一桂撰：《周易啓蒙翼傳‧外篇‧京氏易傳》葉十二，頁4092。
〔註13〕引自〔元〕胡一桂撰：《周易啓蒙翼傳‧外篇‧京氏易傳》葉十二，頁4092。《漢上易傳》原文可見於〔宋〕朱震撰：《漢上易傳‧卦圖‧日月》卷下，頁633。

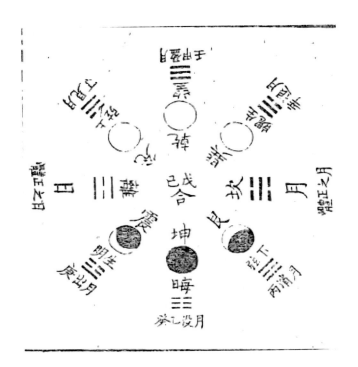

圖 8-1、《周易啟蒙翼傳‧外篇》附載之「月體納甲圖」〔註14〕

　　魏伯陽借用《京氏易傳》的「八卦納甲」，乃是爲了以《周易》卦爻的陰陽符號來比擬修煉丹藥的用火程序，甚至更進一步指出：火候會隨著月亮晦朔、盈虧的狀態而轉移。《周易參同契》藉此具體刻劃出微妙難測的火候變化，並且將「月體的盈虛現象」、「煉丹的用火規則」、「《周易》的陰陽變化」三者相互融通，遂稱爲「月體納甲說」。〔註15〕煉丹者應當從初一朔日開始「進火」，持續增添火候至初八「沐浴」，稍事休息後，再繼續「進火」至十五日，此現象正如同《周易》當中「陽盛陰消」的過程，遂以八卦〈坤〉☷→〈震〉☳→〈兌〉☱→〈乾〉☰作爲比擬；而從十六日開始，則轉爲「退火」，煉丹者必須遞減火候至二十三日「沐浴」，稍事休息後，再繼續「退火」至三十日，正如同《周易》當中「陰盛陽消」的過程，遂以八卦〈乾〉☰→〈巽〉☴→〈艮〉☶→〈坤〉☷作爲比擬。除了使用八卦符號作爲象徵之外，《周易參同契》亦援用〈乾〉之六爻來比喻：

　　　　〈震〉出爲徵，陽氣造端。〈初九〉潛龍，陽以三立，陰以八
　　通，故三日〈震〉動，八日〈兌〉行；〈九二〉見龍，和平有明，三

〔註14〕〔元〕胡一桂撰：《周易啓蒙翼傳‧外篇‧京氏易傳》葉十二，頁 4092。
〔註15〕朱伯崑著：《易學哲學史‧漢唐時期》第 1 卷，頁 261。

五德就，〈乾〉體乃成；〈九三〉夕惕，虧折神符，盛衰漸革，終還
其初，〈巽〉繼其統，固濟操持；〈九四〉或躍，進退道危，〈艮〉主
進止，不得踰時，二十三日，典守弦期；〈九五〉飛龍，天位加喜，
〈六五・坤〉承，結括終始，韞養眾子，世爲類母。〈上九〉亢龍，
戰德于野。〔註16〕

〈乾〉爲純陽之卦，代表「進陽火」。〈乾〉之〈初九〉主初三日，配上〈震〉；
〈九二〉主初八日，配上〈兌〉；〈九三〉主十五日，配上〈乾〉；〈九四〉主
十六日，配上〈巽〉；〈九五〉主二十三日，配上〈艮〉；〈上九〉主三十日，
配上〈坤〉。茲將上述項目整理於下表：

表 8-3、《周易參同契》配置卦畫、月體盈虛、用火規律整理表

	日期	初三	初八	十五	十六	二十三	三十
易氣陰陽變化	配置八卦	〈震〉	〈兌〉	〈乾〉	〈巽〉	〈艮〉	〈坤〉
	乾卦六爻	初九潛龍	九二見龍	九三夕惕	九四或躍	九五飛龍	上九亢龍
	陰陽氣變	陽盛陰消			陰盛陽消		
月體盈虛現象	月體變化	哉生明	上弦	望	哉生魄	下弦	晦
	上下半月	上半月			下半月		
煉丹用火規律	用火進退	進火	沐浴	由進火轉退火	退火	沐浴	由退火轉進火
	火候增減	增添火候			減少火候		

魏伯陽的「月體納甲說」又可細分爲「八卦納甲說」和「六十卦納甲說」，
前面闡述的皆爲「八卦納甲說」。「六十卦納甲說」則是先把《周易》六十四
卦的〈乾〉、〈坤〉、〈坎〉、〈離〉四卦獨立出來，再把一個月的三十日，每日

〔註16〕〔漢〕魏伯陽撰：《參同契正文・下篇》，頁 21。

均分爲「晝」與「夜」，如此分別有「晝」三十、「夜」三十，總計爲六十，最後再依照卦序來配置剩餘的六十卦，《周易參同契》曰：

> 朔旦〈屯〉直事；至暮，〈蒙〉當受，晝夜各一卦，用之依次序。
>
> 〈既〉、〈未〉至昧、爽，終則復更始。日辰爲期度，動靜有早晚。春、
>
> 夏據內體，從子到辰、巳；秋、冬當外用，自午訖戌、亥。〔註17〕

「六十卦納甲說」乃是將每日「晝」、「夜」各配置一卦。初一的「白晝」，先從〈屯〉䷂直事；「夜晚」則爲〈蒙〉䷃用事；初二的白晝輪至〈需〉䷄，入夜轉爲〈訟〉䷅；初三分別爲〈師〉䷆、〈比〉䷇，其後就依照次第排列到三十日的〈既濟〉䷾與〈未濟〉䷿，完成一整個月的歷程。隔月再度重新回歸初一的〈屯〉、〈蒙〉，如此每日均用兩卦，周而復始，循環不已，〈乾〉、〈坤〉、〈坎〉、〈離〉四者則獨立於中央位置。

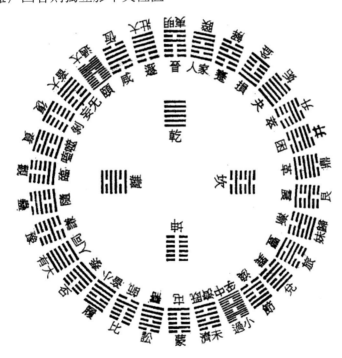

圖 8-2、《周易參同契》六十卦火候圖〔註18〕

魏伯陽更藉著每日直事的兩卦來比喻進火與退火時辰：自子時至巳時爲「晝」，此時應當「進火」，火氣從「內卦初爻」逐步攀升到「外卦上爻」，稱

〔註17〕〔漢〕魏伯陽撰：《參同契正文・上篇》，頁5。
〔註18〕馬濟人撰：《道教與內丹》（臺北：文津出版社，1997年），頁152。

之爲「內體」；自午時至亥時爲「夜」，此時應當「退火」，火氣從「外卦上爻」
逐步下降至「內卦初爻」，故稱「外用」。正如南朝陶弘景（456～536）曰：

> 朝〈屯〉暮〈蒙〉，取其卦畫反對，一順一逆，以象藥火之升
> 降。朝則自下而上，暮則自上而下，每日兩卦，一剛一柔，一表一
> 裏，依次而用，自初二日〈需〉、〈訟〉，至三十日〈既〉、〈未〉，各
> 兩卦值事，至次月之昧、爽，終而復始，又爲朔旦也。〔註19〕

白晝的陽氣上升，卦氣由下而上，故從初爻開始進火，從子時開始，持續進火
六個時辰，恰好爲一卦六爻；夜晚的陽氣下沉，陰氣由上而下，故從上爻開始
退火，從午時開始，持續退火六個時辰，同樣爲一卦六爻。「晝」與「夜」可以
共用同一個卦形，只是陰陽氣息流動的方向顛倒，陶弘景以唐代《周易正義》
「兩兩相耦，非覆即變」〔註20〕的變卦原理來描述用火方向：初一的「〈屯〉 ䷂
與〈蒙〉 ䷃」、初二的「〈需〉 ䷄與〈訟〉 ䷅」、三十日的「〈既濟〉 ䷾與〈未濟〉
䷿」。每日子時，首先從〈屯・初九〉、〈需・初九〉、〈既濟・初九〉開始進火，
陽氣由下方逐漸上升，直到巳時的〈屯・上六〉、〈需・上六〉、〈既濟・上六〉。
至此，轉換爲退火，每日午時，從〈蒙・初六〉、〈訟・初六〉、〈未濟・初六〉
開始退火，陰氣由上方逐漸下降，直到亥時的〈蒙・上九〉、〈訟・上九〉、〈未
濟・上九〉。筆者遂以〈屯〉、〈蒙〉爲例，將火候方向與時辰整理於下：

表 8-4、《周易參同契》進、退火方向與時辰——以〈屯〉、〈蒙〉為例

進火				〈蒙〉	
巳時	上六			初六	午時
辰時	九五			九二	未時
卯時	六四			六三	申時
寅時	六三			六四	酉時
丑時	六二			六五	戌時
子時	初九			上九	亥時
〈屯〉				退火	

〔註19〕 〔清〕仇兆鰲著：《古本周易參同契集註・牝牡四卦章》卷下（上海：華東師
範大學出版社，2013 年 4 月），頁 85。

〔註20〕 〔魏〕王弼、〔晉〕韓康伯注，〔唐〕孔穎達等正義：《周易正義・序卦傳》卷
10，頁 186。

縱使「月體納甲說」區分爲「六十卦納甲」和「八卦納甲」兩種型態，但後人大多已不去分辨此兩者，例如清朝仇兆鰲（1638～1717）《古本周易參同契集註》曰：「逐月澆培之事：築基、溫養，前後皆須用之。朝乃陽升之事，故當進陽火；暮乃陰降之時，故當退陰符。陽取〈震〉、〈兌〉、〈乾〉，陰取〈巽〉、〈艮〉、〈坤〉，引經以入緯，正於此際用之。」〔註21〕表面上似乎只取八卦爲用，其實已經融入「六十卦納甲說」的「日直兩卦」，以及「晝進陽火，夜退陰符」的觀念。在魏伯陽《周易參同契》出現以前，《京氏易傳》的「八卦納甲」只是把《周易》八卦配上十天干，再以此比附五行。魏伯陽則增添了月體週期性的盈、虛變化，甚至將「八卦納甲」擴充爲「六十卦納甲」，使之形成一個更龐大的理論系統，奠定了「納甲說」的基石，後世易學家所指稱的「納甲說」，大抵都無法脫離魏伯陽《周易參同契》創發的「月體納甲說」的範疇。

第二節　將「十二消息卦」轉換爲煉丹火候

「十二消息卦」即是孟喜所提出的「十二辟卦」，又可稱爲「十二值月卦」、「十二月卦」，近人屈萬里曾解釋「十二辟卦」曰：「陽息〈坤〉謂之『息』，陰消〈乾〉謂之『消』。……陽息〈坤〉則由〈復〉☷☳而〈臨〉☷☱、而〈泰〉☷☰、而〈大壯〉☳☰、而〈夬〉☱☰，以至於〈乾〉☰☰。陰消〈乾〉則由〈姤〉☰☴而〈遯〉☰☶、而〈否〉☰☷、而〈觀〉☴☷、而〈剝〉☶☷，以至於〈坤〉☷☷。故消息之卦，凡十有二。」〔註22〕一年當中，陰、陽二氣會相互消長，而「十二消息卦」就是用十二個《易》卦來配上一年裡的十二月份，藉此表示陰、陽流變的情形，見〈表十八〉：

表8-5、「十二消息卦」配置表

	十一月	十二月	一月	二月	三月	四月
陽息	〈復〉☷☳	〈臨〉☷☱	〈泰〉☷☰	〈大壯〉☳☰	〈夬〉☱☰	〈乾〉☰☰
	五月	六月	七月	八月	九月	十月
陰消	〈姤〉☰☴	〈遯〉☰☶	〈否〉☰☷	〈觀〉☴☷	〈剝〉☶☷	〈坤〉☷☷

〔註21〕〔清〕仇兆鰲著：《古本周易參同契集註‧牝牡四卦章》卷下，頁85。
〔註22〕屈萬里著：《先秦漢魏易例述評‧十二消息卦》卷下，頁78～79。

「十二消息卦」爲孟喜「卦氣說」的一環，十一月〈復〉䷗一陽生，而後陽氣滋長，每月增添一個陽爻，直到四月〈乾〉䷀而盈滿；陽氣溢滿後，陰氣開始萌芽，五月〈姤〉䷫一陰生，每月增添一個陰爻，直到十月〈坤〉䷁。王新春解釋「消息」曰：「消息即意味著屈伸，消則屈，息則伸。」〔註23〕說明陽氣屈於陰氣爲「消」，陽氣伸長爲「息」，故〈復〉䷗→〈臨〉䷒→〈泰〉䷊→〈大壯〉䷡→〈夬〉䷪→〈乾〉䷀爲「陽息卦」；〈姤〉䷫→〈遯〉䷠→〈否〉䷋→〈觀〉䷓→〈剝〉䷖→〈坤〉䷁爲「陰消卦」，遂稱作「十二消息卦」。正如同對《京氏易傳》「八卦納甲」的繼承與發揮，魏伯陽同樣也把「十二消息卦」納入丹道系統，藉此比喻一個月或一整年的煉丹火候流程，並且另外配上「十二地支」及「十二律呂」，《周易參同契》曰：

> 朔旦爲〈復〉，陽氣始通，出入無疾，立表微剛，黃鍾建子，兆乃滋彰，播施柔暖，黎烝得常。〈臨〉爐施條，開路生光，光耀漸進，日以益長，丑之大呂，結正低昂。仰之成〈泰〉，剛柔並隆，陰陽交接，小往大來，輻輳於寅，運而趨時。漸歷〈大壯〉，俠列卯門，榆莢墮落，還歸本根，刑德相負，晝夜始分。〈夬〉陰以退，陽升而前，洗濯羽翮，振索宿塵。〈乾〉健盛明，廣被四鄰，陽終於巳，中而相干。〈姤〉始紀緒，履霜最先，井底寒泉，午爲蕤賓，賓服於陰，陰爲主人。〈遯〉世去位，收斂眞精，懷德俟時，棲遲昧冥。〈否〉塞不通，萌者不生，陰信陽詘，沒陽姓名。〈觀〉其權量，察仲秋情。任蓄微稚，老枯復榮，薺麥芽蘗，因冒以生。〈剝〉爛肢體，消滅其形，化氣既竭，亡失至神。道窮則反，歸乎〈坤〉元，恆順地理，承天布宣。〔註24〕

〈復〉䷗一陽生，爲建子之月，陽氣萌發，萬物方動，律爲「黃鍾」；〈臨〉䷒二陽生，爲建丑之月，日以益長，律爲「大呂」；〈泰〉䷊內卦三陽，爲建寅之月，陰陽交接，律爲「太簇」；〈大壯〉䷡二陰四陽，爲建卯之月，介於春

〔註23〕王新春撰：《周易虞氏學・集兩漢象數易學之大成的虞氏易學》（臺北：頂淵文化事業，1999年2月），頁73。

〔註24〕胡一桂對《周易參同契・中篇》的摘錄即爲此段，兩者文字微有差異，多爲胡一桂版本刊刻之謬誤，例如：「黎烝得常」，胡一桂作「黎烝得嘗」；又如：「還歸本根」，胡一桂作「還歸本根」。從文義脈絡顯見多爲胡氏本訛誤。分別參照〔漢〕魏伯陽撰：《參同契正文・下篇》，頁22～23；〔元〕胡一桂撰：《周易啓蒙翼傳・外篇・參同契》葉四十五，頁4109。

分，均分晝、夜，律爲「夾鍾」；〈夬〉☱一陰五陽，爲建辰之月，陽升陰退，律爲「姑洗」；〈乾〉☰純陽用事，爲建巳之月，周遍天地，律爲「中呂」；〈姤〉☴一陰生，爲建午之月，陰氣始萌，律爲「蕤賓」；〈遯〉☶二陰生，爲建未之月，陽氣漸衰，律爲「林鍾」；〈否〉☷三陰在下，爲建申之月，陰、陽不交，律爲「夷則」；〈觀〉☴四陰一陽，爲建酉之月，時當仲秋，律爲「南呂」；〈剝〉☶五陰二陽，爲建戌之月，陰盛陽衰，律爲「無射」；〈坤〉☷爲消息之末，純陰用事，爲建亥之月，律爲「應鍾」。明顯可見魏伯陽對「十二消息卦」的援用，故後蜀彭曉曰：「比喻一年十二月，一日十二辰，運陰陽進退之火符，合〈乾〉、〈坤〉、〈坎〉、〈離〉之精氣，周而復始，妙用無窮。」〔註25〕請見下圖：

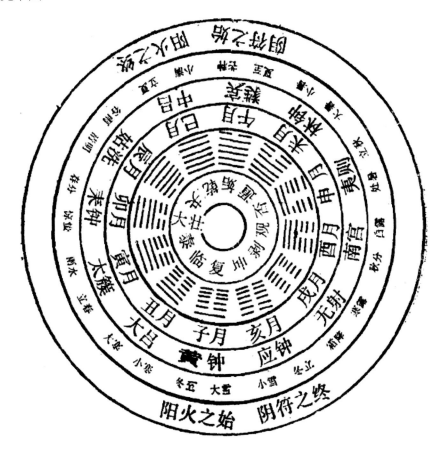

圖 8-3、「十二消息」卦與時辰、律呂、節氣配置圖

〔註25〕〔後蜀〕彭曉著：《周易參同契真義》卷中，頁 93。

如同援引《周易》八卦的陰、陽概念，魏伯陽同樣把「十二消息卦」的「陽
進陰退」現象作爲「進火」的象徵；「陽退陰進」作爲「退火」的象徵。由〈復〉
至〈乾〉（十一月至四月），陽氣漸長，依序「進」一陽火候、二陽火候、三
陽火候、四陽火候（沐浴之候）、五陽火候、六陽火候；由〈姤〉至〈坤〉（五
月至十月）陽氣漸衰，依序「退」一陰符候、二陰符候、三陰符候、四陰符
候（沐浴之候）、五陰符候、六陰符候。〔註26〕若以時辰而言，在內丹著作中
還常以子、丑、寅、卯、辰、巳爲「六陽時」，喻作「進火」之時；又以午、
未、申、酉、戌、亥爲「六陰時」，喻作「退火」之時，而在「進火」與「退
火」的過程中，各有一次「沐浴之候」，即不增進火、不減退火的過渡階段，
請見下圖：

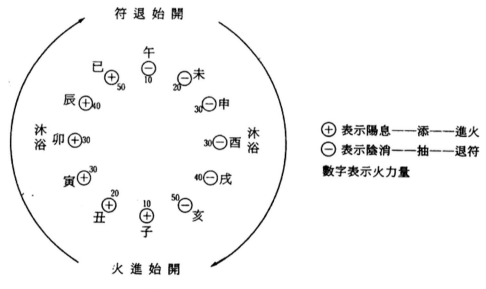

圖 8-4、十二時辰執掌火候示意圖

北宋薛道光（1078～1191）注解《悟眞篇》：「夫運火，自子至巳，六辰爲陽，
象春、夏發生之德也，故爲文火居左，謂之『陽火』也。自午至亥，六辰爲
陰，象秋、冬肅殺之刑也，故爲武火居右，謂之『陰符』。」〔註27〕闡釋自子
時至巳時的「六陽時」，象徵春、夏，萬物欣欣向榮，此時增進之火候，稱爲

〔註26〕 〔宋〕陳顯微撰：《周易參同契解》卷中（鄭州：中洲古籍出版社，1988 年
12 月），頁 277～283。

〔註27〕 〔宋〕薛道光等注解：《悟眞篇三註》，收入蕭天石主編：《道藏精華》第 6 集
之 1（臺北：自由出版社，1989 年 7 月），頁 415。

「陽火」；自午至亥的「六陰時」，象徵秋、冬，存有肅殺之氣，此時減退之火候，稱爲「陰符」。「陽火」當爲「進」，故稱之「進陽火」；「陰符」當爲「退」，故稱之「退陰符」，筆者將「十二消息卦」及其所對應之火候整理於下：

表8-6、《周易參同契》火候執掌與四時、十二消息卦、地支對應表

十一月	十二月	一月	二月	三月	四月	五月	六月	七月	八月	九月	十月
冬		春			夏			秋			冬
子	丑	寅	卯	辰	巳	午	未	申	酉	戌	亥
復	臨	泰	大壯	夬	乾	姤	遯	否	觀	剝	坤
䷗	䷒	䷊	䷡	䷪	䷀	䷫	䷠	䷋	䷓	䷖	䷀
六陽時						六陰時					
一陽火候	二陽火候	三陽火候	四陽火候	五陽火候	六陽火候	一陰符候	二陰符候	三陰符候	四陰符候	五陰符候	六陰符候
進陽火			沐浴		進陽火		退陰符		沐浴		退陰符

透過「十二消息卦」的陰陽消長原理，魏伯陽再一次清楚地描繪煉丹火候的掌握要領，南宋俞琰曰：「天地有晝夜晨昏，人身亦有晝夜晨昏；天地有晦朔弦望，人身亦有晦朔弦望。其間寒暑之推遷，陰陽之代謝，悉與天地胥似，所以丹法以天爲鼎，以地爲爐，以月爲藥之用。而採取必按月之盈虧，以日爲火之候，而動靜必視日之出沒，自始至末，無一不與天地合。」〔註28〕認爲人體本身就是個「鼎爐」，陰陽二氣亦在其中流動，而其消長則與天地自然的規律運行互相契合，北宋張伯端（987～1082）〈西江月〉第九首可謂《周易參同契》這段文字最好的佐證：

> 冬至一陽來服，三旬增一陽爻。月中〈復〉卦溯晨潮，望罷〈乾〉終〈姤〉兆。日又別爲寒暑，陽生〈復〉起中宵。午時〈姤〉象一陰朝，煉藥須知昏曉。〔註29〕

〈復〉卦一陽來，爲「進陽火」之初；〈姤〉卦一陰生，爲「退陰符」之始。進、

〔註28〕〔宋〕俞琰撰：《周易參同契發揮》卷5，收入白雲觀長春眞人編纂：《正統道藏》第34冊（臺北：新文豐出版公司，1977年10月），頁399。

〔註29〕世界書局編輯部：《全宋詞・張伯端》第1冊（臺北：世界書局，1984年3月），頁192。

退火候之初始，宜當謹慎，尤其又以一陽初始的「子時」最爲關鍵，〔註30〕故
修煉者不可不知每月份、每時辰火候的強度，見《周易參同契》曰：「君子居
其室……發號施令，順陰陽節；藏器待時，勿違『卦月』。」〔註31〕此處的「卦
月」便是指稱：〈復〉、〈臨〉、〈泰〉、〈大壯〉、〈夬〉、〈乾〉、〈姤〉、〈遯〉、〈否〉、
〈觀〉、〈剝〉、〈坤〉，魏伯陽把「十二消息卦」的陰陽消長觀念，套用於煉丹
的火候執掌，張廣保〈「周易參同契」的丹道與易道〉曰：

> 我們必須承認魏伯陽選擇的這套解釋模式具有很大的普通
> 性，對描述外丹合煉的火候非常適宜。蓋丹鼎一旦建立，其上鼎象
> 天，下鼎爲地，內中便形成一個人造宇宙系統。只要一旦起火合煉，
> 其中藥物的陰陽變化便與外天地寒暑變化一樣遵循著內在的變化規
> 律。〔註32〕

魏伯陽對於煉丹火候要訣的傳授，確實具有極大貢獻，其以每月漸進的陰、
陽爻符號來象徵進火、退火規律，讓後世修煉者能夠有所脈絡可循，同時也
間接把「十二消息卦」發揚光大，黃惠玲《周易參同契之十二消息卦研究》
指出：

> 魏氏又引十二消息卦，說明人體生命寓於宇宙之中，與宇宙天
> 地之陰陽消息密切相關。……以天地間陰陽二氣消長的規律，爲人
> 類養性立命提供了一個具體可行的方法，因魏氏對陰陽消長的論述
> 與實證，使得「十二消息卦」的地位更加鞏固。〔註33〕

是知《周易參同契》對「十二消息卦」的傳播與保存，具有莫大的助益。而
其不同於對《京氏易傳》「八卦納甲」的擴充，魏伯陽對於「十二消息卦」本
身，並無任何增添或改易，只是單方面援用《周易》的陰陽二氣系統，以及
八卦、六十四卦符號來闡釋丹道火候。

〔註30〕宋代陳顯微曰：「半夜子時，火候起緒也。一陽未生，火候未動，眾陰群居，
　　　　如眾庶無統。及乎火候既動，陽炁始通，播施和暖，薰蒸鼎氣，光明既兆，
　　　　則爲萬化發生之主。是時修煉之士便能默會進火之機，以微剛表準，出入往
　　　　來，收放無疾。自滋以往，漸漸增修，以至純〈乾〉、〈坤〉煉成寶，大凡初
　　　　功尤宜加謹。」引自〔宋〕陳顯微撰：《周易參同契解》卷中，頁277～278。
〔註31〕〔漢〕魏伯陽撰：《參同契正文・下篇》，頁19。
〔註32〕張廣保：〈「周易參同契」的丹道與易道〉，《宗教哲學》總第15期（1998年7
　　　　月），頁125。
〔註33〕黃惠玲撰：《周易參同契之十二消息卦研究・十二消息卦溯源》（高雄：國立
　　　　高雄師範大學國文學系博士論文，2006年），頁62。

第三節　卦氣說的運用與「四正卦」的改易

　　「卦氣」的「卦」乃指《周易》的六十四卦,「氣」則爲陰氣與陽氣。
〔註34〕對於「卦氣說」的定義,林金泉解釋曰:「卦氣說乃天地陰陽二氣在一
年中運行消長所形成之四時、十二月、二十四節氣、七十二候之變化,而假
借陰陽五行爲框架,配合易卦與曆法,所建立而成之指導農業生產、預測氣
候變化、占驗吉凶災異,以作爲人君施政參考,並對後世易學哲學理論產生
啓發意義之象數體系。」〔註35〕指出「卦氣說」是在闡明天地陰陽二氣於一
年當中的消長與演變情形,在「卦氣說」的理論系統中,又以〈震〉☳、〈兌〉
☱、〈離〉☲、〈坎〉☵四個卦爲主,《周易‧說卦傳》記載:「〈震〉,東方也」、
「〈離〉也者,明也,萬物皆相見,南方之卦也」、「〈坎〉者,水也,正北方
之卦」、「〈兌〉,正秋也。」〔註36〕此四者,即爲後世所謂的「四正卦」。基本
上,除了《易傳》之外,《呂氏春秋‧十二紀》、《淮南子‧時則訓》、《禮記‧
月令》和《大戴禮記‧夏小正》等等牽涉到曆法的典籍,多多少少都蘊含「四
正」的概念,〔註37〕可見「四正」思想於先秦、兩漢流行已久,並非是僅在一
時、一地所形成的。西漢孟喜只是加以整合,並把八卦分別配上方位與季節,
擴大「四正」思想範疇:其以〈震〉爲東方,主春季;以〈離〉爲南方,主夏
季;以〈兌〉爲西方,主秋季;以〈坎〉爲北方,主冬季。倘若以六十四卦系
統而言,〈震〉☷、〈離〉☲、〈坎〉☵、〈兌〉☱各有六個爻,四個卦共計二十
四爻,孟喜遂將此二十四爻配置二十四節氣,由十一月的中氣「冬至」開始,
配上〈坎‧初六〉,十二月的節氣「小寒」配上〈坎‧九二〉,〈坎〉結束後依序
爲〈震〉、〈離〉、〈兌〉三卦十八爻,如此配置到十月的節氣「大雪」:〔註38〕

〔註34〕梁韋弦先生定義「卦氣」的「氣」指的是「曆法之二十四之氣」,並說明:用
　　　　易卦配以二十四氣、七十二候併納甲、納支,配以五行,是漢人具體運用於
　　　　占筮的體系,故從嚴謹的定義來講,「卦氣說」這個概念完全是在兩漢時期提
　　　　出的。參閱梁韋弦:〈漢易卦氣學論要〉,《吉林師範大學學報(人文社會科學
　　　　版)》總第5期(2005年10月),頁75。

〔註35〕林金泉:〈卦氣配曆－惠棟《易漢學》卦氣說引曆推步條舉證〉,《興大中文學
　　　　報》總第21期(2007年6月),頁3。

〔註36〕〔魏〕王弼、〔晉〕韓康伯注,〔唐〕孔穎達等正義:《周易正義‧說卦傳》卷
　　　　9,頁184。

〔註37〕文平:〈孟喜卦氣說溯源〉,《湘潭大學學報(哲學社會科學版)》總第33卷第
　　　　6期(2009年11月),頁135。

〔註38〕相關論述可見於陳伯适著:《漢易之風華再現－惠棟易學研究‧惠棟考索孟喜
　　　　與京房《易》說之述評》(臺北:文史哲出版社,2006年2月),頁95～97。

表 8-7、「四正卦」所值二十四節氣

〈坎〉☵	坎‧初六	坎‧九二	坎‧六三	坎‧六四	坎‧九五	坎‧上六
	冬至	小寒	大寒	立春	雨水	驚蟄
〈震〉☳	震‧初九	震‧六二	震‧六三	震‧九四	震‧六五	震‧上六
	春分	清明	穀雨	立夏	小滿	芒種
〈離〉☲	離‧初九	離‧六二	離‧九三	離‧九四	離‧六五	離‧上九
	夏至	小暑	大暑	立秋	處暑	白露
〈兌〉☱	兌‧初九	兌‧九二	兌‧六三	兌‧九四	兌‧九五	兌‧上六
	秋分	寒露	霜降	立冬	小雪	大雪

除了「二十四節氣」系統之外，亦有「七十二候」的系統：其由〈震〉、〈兌〉、〈離〉、〈坎〉「四正卦」以外的六十卦直日。此六十卦，每卦六爻，每爻各自主一日，如此總和爲三百六十日，對應《周易‧繫辭傳》的〈大衍之數章〉：「凡三百有六十當期之日」。〔註39〕倘若再將其配上官位「公」、「辟」、「侯」、「大夫」、「卿」以及十二地支，即爲〈圖十五〉：

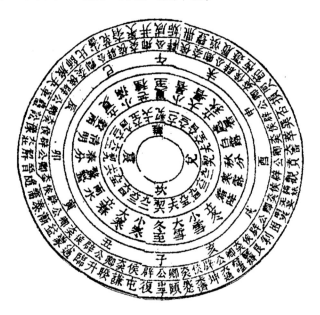

圖 8-5、六日七分圖〔註40〕

〔註39〕〔魏〕王弼、〔晉〕韓康伯注，〔唐〕孔穎達等正義：《周易正義‧繫辭上傳》卷7，頁153。

〔註40〕〔清〕惠棟撰；鄭萬耕點校：《易漢學‧孟長卿易》，收入〔清〕惠棟撰；鄭萬耕點校：《周易述附：易漢學、易例》（北京：中華書局，2010年9月），頁519。

　　不同於〈震〉☳→〈兌〉☱→〈離〉☲→〈坎〉☵的「四正卦」系統，魏伯陽首重的四個卦爲「〈乾〉☰、〈坤〉☷、〈坎〉☵、〈離〉☲」四者，《周易參同契》開宗明義曰：「〈乾〉、〈坤〉者，《易》之門户，眾卦之父母；〈坎〉、〈離〉匡郭，運轂正軸。牝牡四卦，以爲橐籥。覆冒陰陽之道，猶工御者準繩墨，執銜轡，正規矩，隨軌轍。處中以制外，數在律歷紀。月節有五六，經緯奉日使。兼併爲六十，剛柔有表裏。」〔註41〕其以〈乾〉、〈坤〉、〈坎〉、〈離〉爲橐籥，故率先將此四卦獨立出來，再均分其餘六十卦的直日數。雖然魏伯陽把「四正卦」的〈震〉、〈兌〉替換成〈乾〉、〈坤〉，但在《周易參同契》的文本內容中，仍然大幅援用了「卦氣說」的理論依據與學說系統，其對象數易學的繼承，於此可見一隅。至於，魏伯陽爲何會如此注重〈乾〉、〈坤〉、〈坎〉、〈離〉四卦？《周易參同契》曰：

　　　　天地設位，而《易》行乎其中矣。天地者，〈乾〉、〈坤〉之象也；設位者，列陰陽配合之位也。《易》謂〈坎〉、〈離〉，〈坎〉、〈離〉者，〈乾〉、〈坤〉二用。二用無爻位，周流行六虛，往來既不定，上下亦無常。幽潛淪匿，變化於中。包囊萬物，爲道紀綱。〔註42〕

在《周易參同契》的理路下，〈坎〉爲水、爲月，〈離〉爲火、爲日，「日」、「月」合爲「易」。〈坎〉爲〈乾〉之用九；〈離〉爲〈坤〉之用六，周遊於四方，無固定之爻位，正如《朱子語類》所解釋：「二用者，〈用九〉、〈用六〉，九、六亦〈坎〉、〈離〉也。六虛者，即〈乾〉〈坤〉之初、二、三、四、五、上六爻位也。言二用雖無爻位，而常周流乎〈乾〉、〈坤〉六爻之間，猶人之精氣上下周流乎一身而無定所也。」〔註43〕假如以修煉外丹的角度來看：〈坎〉爲水、爲鉛，象徵其鎔化爲液體；〈離〉爲火、爲汞，象徵蒸餾與提煉。再從修煉內丹的角度來看：〈離〉爲心、爲火，〈坎〉爲腎、爲水，修煉的目標爲：驅使「腎水」上升，「心火」下降，二者相交而化爲金丹。晚清杭辛齋曰：

　　　　〈坎〉爲水，〈離〉爲火。水、火，天地之大用，道家謂人生

〔註41〕胡一桂對《周易參同契・上篇》的摘錄即爲此段，兩者文字全無差異。分別參照〔漢〕魏伯陽撰：《參同契正文・上篇》，頁5；〔元〕胡一桂撰：《周易啓蒙翼傳・外篇・參同契》葉四十四～四十五，頁4108～4109。

〔註42〕〔漢〕魏伯陽撰：《參同契正文・上篇》，頁6。

〔註43〕胡一桂《周易啓蒙翼傳・參同契》最末有〈又論參同〉一篇，即是摘錄《朱子語類》此部分之內容。參照〔宋〕朱熹撰：《朱子語類・參同契》卷125，收入〔宋〕朱熹撰；朱傑人、嚴佐之、劉永翔主編：《朱子全書》第18冊，頁3917；〔元〕胡一桂撰：《周易啓蒙翼傳・外篇・龍虎上經》葉五十，頁4111。

之至寶。修道之功，歸結於「取〈坎〉塡〈離〉」。而平時所致力者，
所謂龍、虎升降，二、五交媾，皆不越〈坎〉、〈離〉之功用。〔註44〕

火本炎上，逆之使下；水本潤下，逆之使上，藉由修煉讓火不燥熱、水不卑
溼，如此則兩氣相合，達到溫養之極致。「取〈坎〉☵塡〈離〉☲」乃是指〈坎〉
☵中間的陽氣，移至〈離〉☲中央，使其三個爻畫皆爲陽爻，形成純陽之卦：
〈乾〉☰，此即是「陽神」，是知在《周易參同契》的學說系統當中，〈坎〉、〈離〉
佔有重要地位，爲〈乾〉、〈坤〉之「二用」，陰陽互藏，變動不居。〔註45〕賴
錫三曾深入解釋「〈坎〉、〈離〉二用」的意義：

> 「乾坤」是全陽、全陰之「體」，「坎離」是陰中即陽、陽中即
> 陰的「用」；而「乾坤」的具體象徵性（法象）的說法就是「天地」，
> 「坎離」的法象就是「日月」。……天地乾坤之「體」，若要成爲一
> 個即存有、即活動的活體，它必然要透過陰陽相即的「坎離二用」
> 來呈現。坎離的第一個重要意義在於動態的陰陽辯證，而此陰陽之
> 所以能不斷地成其辯證運動，乃在於：坎是「陰中陽」、離是「陽中
> 陰」。〔註46〕

純陽〈乾〉☰代表天，純陰〈坤〉☷代表地，只是靜態的「體」。若是要使之
運作，則需要讓陰、陽二氣活動，〈坎〉☵爲「陰中陽」，〈離〉☲爲「陽中陰」，
象徵陰、陽氣息之交融，乃是純陽〈乾〉☰和純陰〈坤〉☷之「用」。就此反
觀「四正卦」的〈震〉☳、〈兌〉☱，唯一的陽爻與陰爻，皆不在中央的位置，
無法達到融通天地、調和陰陽的效果。另一方面，《周易參同契》的主旨爲講
述「丹道」，必然當以純陽之〈乾〉和純陰之〈坤〉爲「鼎爐」，但最主要的，
仍然是因爲〈乾〉、〈坤〉、〈坎〉、〈離〉所生成的「體」、「用」關係，足以代
表：煉丹火氣的循環與流動，遂被《周易參同契》比擬爲「橐籥」，規律地主
導陰陽兩氣。〔註47〕不論如何，足見魏伯陽乃是把兩漢卦氣說的「四正卦」：
〈震〉、〈兌〉、〈坎〉、〈離〉，轉換爲宇宙橐籥的「牝牡四卦」：〈乾〉、〈坤〉、〈坎〉、
〈離〉。南宋朱熹曰：

〔註44〕〔清〕杭辛齋撰：《學易筆談・象義一得》卷3，收入嚴靈峯編輯：《無求備齋
易經集成》第137冊（臺北：成文出版社，1976年），頁154～155。
〔註45〕〔漢〕魏伯陽撰：《參同契正文・上篇》，頁6。
〔註46〕賴錫三：〈《周易參同契》的「先天─後天學」與「內養─外煉一體觀」〉，《漢
學研究》第20卷第2期（2002年12月），頁114。
〔註47〕〔漢〕魏伯陽撰：《參同契正文・上篇》，頁5。

　　　　〈乾〉、〈坤〉，以宇內言之，則〈乾〉天在上，〈坤〉地在下，
而陰陽變化，萬物終始，皆在其間。以人身言之，則〈乾〉陽在上，
〈坤〉陰在下，同一身之陰陽萬物，變化終始，皆在其間。此〈乾〉、
〈坤〉所以爲《易》之門戶、眾卦之父母也。凡言《易》者，皆指
陰陽變化而言，在人則所謂金丹大藥者也。……〈乾〉、〈坤〉位乎
上下，而〈坎〉、〈離〉升降於其間，所謂《易》也。先天之位，〈乾〉
南、〈坤〉北、〈離〉東、〈坎〉西是也。〔註48〕

可見《周易參同契》對「先天方位」的排序產生了一定程度的影響，尤其是
〈乾〉、〈坤〉與〈坎〉、〈離〉之間的「體」、「用」思想系統，在「陰陽互動、
互攝」與「取〈乾〉、〈坤〉、〈坎〉、〈離〉爲四正方位」兩個概念上，對周敦
頤（1017～1073）的〈太極圖〉和邵雍的〈先天八卦方位圖〉具有相當程度
的滲入作用，此類議論多可見於元、明、清儒者。〔註49〕清代毛奇齡曰：

　　　　夫「先天」之本《參同》，有明徵矣，朱子、蔡季通亦言之屢
矣。……《參同》之訣，本以〈乾〉、〈坤〉水火爲抽填之秘，而〈坎〉、
〈離〉橫陳，〈乾〉、〈坤〉直列，（陳）摶之所謂「以〈乾〉南〈坤〉
北，〈離〉左〈坎〉右爲〈先天〉」者；而「匡廓」運軸，則以〈坎〉、
〈離〉爲車軸之貫，輪轉上下，〈乾〉之南者有時而北，〈坤〉之北
者有時而南。……實竊《參同》爲〈太極先天〉一圖。〔註50〕

〔註48〕　〔宋〕朱熹撰：《周易參同契考異》，收入〔宋〕朱熹撰：朱傑人、嚴佐之、
　　　　劉永翔主編：《朱子全書》第 13 冊（上海：上海古籍出版社；合肥：安徽教
　　　　育出版社，2002 年 12 月），頁 533。

〔註49〕　《四庫全書總目・《周易爻變義薀》提要：「〈先天〉諸圖，雜以《參同契》
　　　　爐火之說。」可見元代早已提出宋代先天《易》圖涉入丹道，清初顧炎武《日
　　　　知錄》又曰：「希夷之《圖》，康節之《書》，道家之《易》也。」使得此議題
　　　　成爲清朝學者攻駁圖書象數易學之重心。再看黃宗炎《圖學辨惑》：「有宋圖
　　　　書三派，出自陳圖南，以爲養生馭氣之術，託諸《大易》，假借其〈乾〉、〈坤〉、
　　　　水、火之名，自申其說，如《參同契》、《悟眞篇》之類，與《易》之爲道，
　　　　截然无所關合。」在眾多圖式中，又以指責〈太極圖〉和〈先天圖〉摻雜《參
　　　　同契》之說者尤盛。參見〔清〕永瑢、紀昀等纂修：《四庫全書總目・經部・
　　　　易類》卷 4，頁 122；〔清〕顧炎武著：陳垣校注：《日知錄校注・孔子論易》
　　　　卷 1（合肥：安徽大學出版社，2007 年 8 月），頁 52；〔清〕黃宗炎撰：《圖學
　　　　辨惑・原序》，收入孫劍秋編著：《清儒黃宗炎易學著作合輯》（臺北：中華文
　　　　化教育學會，2007 年 4 月），頁 577。

〔註50〕　〔清〕毛奇齡撰，鄭萬耕點校：《毛奇齡易著四種・太極圖說遺議》（北京：
　　　　中華書局，2010 年 1 月），頁 102～103。

毛奇齡認爲〈太極先天〉一圖根本竊取自《周易參同契》的「〈乾〉、〈坤〉二體」與「〈坎〉、〈離〉二用」概念，在在指出圖書易學派的圖式、理論，皆源自丹道學。毛奇齡的論點固然值得商榷，但陳摶所傳授〈無極圖〉的第四階段〈水火匡廓圖〉確實是以「取〈坎〉塡〈離〉」的概念作爲立論依據，請見〈圖十六〉和〈圖十七〉：

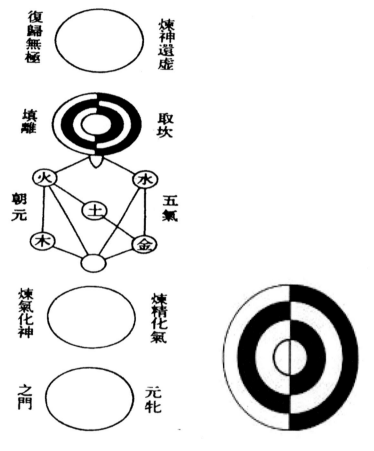

圖 8-6、無極圖〔註 51〕　　　圖 8-7、水火匡廓圖〔註 52〕

再加上〈伏羲八卦方位圖〉（此圖以〈乾〉、〈坤〉、〈坎〉、〈離〉爲四正方位）的出現，恐怕很難否認《周易參同契》與宋代圖書易學之間的承繼性，見〈圖十八〉：

〔註51〕　〔清〕黃宗炎撰：《圖學辯惑・太極圖說辯》，收入〔清〕永瑢、紀昀等纂修：
　　　　《景印文淵閣四庫全書》第 40 冊，頁 750。
〔註52〕　〔清〕毛奇齡撰，鄭萬耕點校：《毛奇齡易著四種・太極圖說遺議》，頁 97。

圖 8-8、伏羲八卦方位圖〔註53〕

第四節　小結

　　總括上述，魏伯陽於《周易參同契》援用了「八卦納甲」、「十二卦氣說」、「四正卦」與卦氣說，藉此比擬煉丹爐火之程序，同時也影響了後世象數易學的發展，以及易學家對「易」的認知，比如胡一桂以「日月爲易」，此觀念不僅源自文字學與《易傳》義理，亦受到《周易參同契》：「『易』謂〈坎〉、〈離〉」之啓發。《周易啓蒙翼傳・外篇》摘錄《周易參同契・上篇》曰：「天地設位，而『易』行乎其中矣。天地者，〈乾〉、〈坤〉之象也；設位者，列陰陽配合之位也。『易』謂〈坎〉、〈離〉，〈坎〉、〈離〉者，〈乾〉、〈坤〉二用。」〔註54〕胡一桂以「〈坎〉、〈離〉爲『易』」，主要表現在對「易」字的定義，見《周易啓蒙翼傳・日月爲易》對「〈坎〉、〈離〉」與《周易》陰陽關係之發揮：

〔註53〕〔宋〕朱熹撰：《周易本義・易圖》卷首，收入〔宋〕朱熹撰；朱傑人、嚴佐之、劉永翔主編：《朱子全書》第 1 冊，頁 20。

〔註54〕〔元〕胡一桂撰：《周易啓蒙翼傳・外篇・參同契》葉四十五，頁 4109。

〈坎〉、〈離〉二象，何以得專「易」之名？……〈坎〉、〈離〉
二卦，當日、月之象，以位之陰陽言：初、二、三爲位之〈離〉，四、
五、上爲位之〈坎〉，六十四卦之位皆〈坎〉、〈離〉，則六十四卦之
位皆日、月之象也。……陰陽之精，互藏其宅也，又況〈離〉雖陰
卦，實生於陽儀，〈坎〉雖陽卦，實生於陰儀，陽中有陰，陰中有陽
也。然則〈離〉日〈坎〉月厥義彰矣。按：蜀彭曉《參同論》云：日者，
陽內含陰象，故日中有鳥。月者，陰內含陽象，故月中有兔。……此姑以其有互藏
其宅之象而及之爾。〔註55〕

胡一桂用「陰中陽」與「陽中陰」的概念，重新詮釋「日、月爲易」之論點，
並指出「易」本身囊括：陰陽彼此交涉、相互潛藏之內涵。不以〈乾〉、〈坤〉，
而是以〈坎〉、〈離〉爲主軸，闡發「易」之陰陽，以及其中精義，可謂另闢
蹊徑，有別於傳統易學家之注解，此皆來自魏伯陽《周易參同契》之啓發。

〔註55〕〔元〕胡一桂撰：《周易啓蒙翼傳・上篇・天地自然之易》葉二－三，頁3979。

第九章 結 論

　　從胡一桂《周易啓蒙翼傳・外篇》收錄的典籍看來，時至宋末元初所流傳的術數典籍，大致上可分爲：二分法（繼承《周易》的陰、陽而來）與三分法（沿襲《太玄》的天、地、人三方而來）。以三分法爲主的《太玄》、《洞極眞經》、《潛虛》、《皇極內篇》，基本上已偏離易學的陰陽體系；以二分法爲主的《易緯》、《焦氏易林》、《京氏易傳》、《郭氏洞林》、《衛氏元包》援用《周易》的符號（卦畫、卦名、卦序）建構出全新的卜筮系統，無論是筮法、占辭、卦序多已不同於《周易》。是知胡一桂特別於《周易啓蒙翼傳》設立〈外篇〉，即是爲了區分「易學」與「非易學」者，並在此著作中詳細探討〈外篇〉典籍，亦是爲了廓清這些〈外篇〉典籍滲入易學之處，以恢復朱熹所提倡的「本義」。爲了達成此目標，處於宋元鼎革之際的胡一桂戮力蒐集 12 部術數類典籍，反而爲後世留下諸多重要的術數類文獻材料，更影響了清朝朱彝尊與四庫館臣等在圖書目錄上的分類，不論是在《經義考》、《四庫全書總目》，多可見胡一桂對《周易啓蒙翼傳・外篇》所載錄典籍之評議。

　　在《周易啓蒙翼傳・外篇》收錄的 12 部典籍中，《易緯》、《焦氏易林》、《京氏易傳》、《周易參同契》、《太玄經》、《皇極經世書》等，都深刻地影響了易學史的發展。《易緯・乾坤鑿度》提供八卦起源說的一種解釋，亦改變了後世儒者對古文字的解讀方式。《周易參同契》中的〈坎〉、〈離〉象徵「陰中陽」、「陽中陰」。此項「陰陽之精，互藏其宅」的觀點，被胡一桂汲取後，將「日、月爲『易』」置於《周易啓蒙翼傳》全書之首，代表著易學的發端。除了擴大與深化陰陽的思想外，宋代圖書象數易學受到上述〈外篇〉術數類典籍影響尤爲深遠。鄭玄注解《易緯》「太一取其數以行九宮」的內容，賦予了

北宋《洛書》圖式出現的文獻依據，助長圖書象數易學派的興起，朱熹將《洛書》置於《周易本義》卷首，胡一桂遵循朱熹易學，同樣把《洛書》置於《周易啓蒙翼傳・上篇》。再者，周敦頤的〈太極圖〉、邵雍的〈先天八卦方位圖〉，也受到魏伯陽《周易參同契》的「陰陽彼此互動、互攝」和「取〈乾〉、〈坤〉、〈坎〉、〈離〉爲四正方位」兩個概念的啓迪。倘若撤除《周易》經傳的符號與陰陽二分系統之外，易學與術數學相互滲入、調合最多的成分，應當爲「卦氣」理論，此亦爲胡一桂用力較深者。胡一桂於《周易啓蒙翼傳・外篇》針對《焦氏易林》的「分卦直日」，《京氏易傳》的「卦氣直日」與「卦氣起〈中孚〉」，《太玄》的「卦氣說」皆做出了評述：認爲「卦氣說」不符合四聖作《易》之大旨，乃是站在廓清易學、恢復易學正統的立場進行抨擊，顯然未必公允。然而，胡一桂也不得不承認：「卦氣說」縱使不屬於《周易》經、傳的一部分，但其在兩漢、魏晉的易學發展史上，確實扮演著重要的角色，不可忽視上述〈外篇〉術數類典籍對象數易學史所造成的影響。

另一方面，在術數學（卜筮類）本身的發展中，《京氏易傳》逐漸取代了《周易》的地位。例如《郭氏洞林》和《衛氏元包》皆大量襲取《京氏易傳》的「八宮卦系統」，以「世應」、「遊魂」、「歸魂」等條例爲說，並且雜揉其他災異怪誕之事，故被胡一桂批評：「流於技藝，而《易》道日以支離卑下矣。」〔註1〕又指稱《郭氏洞林》一書爲「《易》之支流、餘裔，可謂『外之又外』者。」〔註2〕由此可見胡一桂亟欲匡正易學、辨分易學與術數學之決心，是以在依循朱熹的《易學啓蒙》之餘，格外編寫出《周易啓蒙翼傳・外篇》。

〔註1〕 〔元〕胡一桂撰：《周易啓蒙翼傳・中篇・傳授》葉二十二，頁 4017。
〔註2〕 〔元〕胡一桂撰：《周易啓蒙翼傳・外篇・題辭》葉一，頁 4087。

徵引文獻

一、古籍

1. 〔漢〕孔安國傳；〔唐〕孔穎達等正義：《尚書正義》，收入〔清〕阮元校勘：《十三經注疏》（臺北：藝文印書館，2007 年 8 月）。

2. 〔漢〕司馬遷撰：《史記》（北京：中華書局，2010 年 5 月）。

3. 〔漢〕揚雄撰；〔宋〕司馬光集注；劉韶軍點校：《太玄集注》（北京：中華書局，2010 年 3 月）。

4. 〔漢〕揚雄撰；鄭萬耕校釋：《太玄校釋》（北京：中華書局，2014 年 11 月）。

5. 〔漢〕焦延壽撰：《焦氏易林》，收入〔清〕永瑢、紀昀等纂修：《文淵閣四庫全書》第 808 冊（臺北：臺灣商務印書館，1986 年 3 月）。

6. 〔漢〕焦延壽撰：《焦氏易林》（臺北：藝文印書館，2008 年 11 月）。

7. 〔漢〕焦延壽撰：《易林》，收入陸費逵總勘：《四部備要》（臺北：臺灣中華書局，1966 年 3 月）

8. 〔漢〕班固等撰：《東觀漢記》，收入王雲五主編：《叢書集成初編》（北京：中華書局，1985 年）。

9. 〔漢〕班固撰；〔唐〕顏師古注：《漢書》（北京：中華書局，2007 年 10 月）。

10. 〔漢〕許慎撰；〔清〕段玉裁注：《新添古音說文解字注》（臺北：洪葉文化事業，2001 年 10 月）。

11. 〔漢〕鄭玄注：《乾坤鑿度》，收入〔清〕永瑢、紀昀等纂修：《文淵閣四庫全書》第 53 冊（臺北：臺灣商務印書館，1986 年 3 月）。

12. 〔漢〕鄭玄注：《周易乾鑿度》，收入〔清〕永瑢、紀昀等纂修：《文淵閣四庫全書》第 53 冊（臺北：臺灣商務印書館，1986 年 3 月）。

13. 〔漢〕鄭玄注:《易緯稽覽圖》,收入〔清〕永瑢、紀昀等纂修:《文淵閣四庫全書》第 53 冊(臺北:臺灣商務印書館,1986 年 3 月)。

14. 〔漢〕鄭玄注:《易緯辨終備》,收入〔清〕永瑢、紀昀等纂修:《文淵閣四庫全書》第 53 冊(臺北:臺灣商務印書館,1986 年 3 月)。

15. 〔漢〕鄭玄注:《易緯通卦驗》,收入〔清〕永瑢、紀昀等纂修:《文淵閣四庫全書》第 53 冊(臺北:臺灣商務印書館,1986 年 3 月)。

16. 〔漢〕鄭玄注:《易緯乾元序制記》,收入〔清〕永瑢、紀昀等纂修:《文淵閣四庫全書》第 53 冊(臺北:臺灣商務印書館,1986 年 3 月)。

17. 〔漢〕鄭玄注:《易緯是類謀》,收入〔清〕永瑢、紀昀等纂修:《文淵閣四庫全書》第 53 冊(臺北:臺灣商務印書館,1986 年 3 月)。

18. 〔漢〕鄭玄注:《易緯坤靈圖》,收入〔清〕永瑢、紀昀等纂修:《文淵閣四庫全書》第 53 冊(臺北:臺灣商務印書館,1986 年 3 月)。

19. 〔漢〕鄭玄注;〔唐〕賈公彥疏:《周禮注疏》,收入〔清〕阮元刊刻:《十三經注疏》第 3 冊(臺北:藝文印書館,2007 年 8 月)。

20. 〔漢〕鄭玄注;〔唐〕孔穎達等正義:《禮記正義》,收入〔清〕阮元校勘:《十三經注疏》第 5 冊(臺北:藝文印書館,2007 年 8 月)。

21. 〔漢〕魏伯陽撰:《參同契正文》,收入嚴靈峯編輯:《無求備齋易經集成》第 155 冊(臺北:成文出版社,1976 年)。

22. 〔三國吳〕陸績撰:《陸績京氏易傳》,收入嚴靈峯編輯:《無求備齋易經集成》第 177 冊(臺北:成文出版社,1976 年)。

23. 〔魏〕王弼、〔晉〕韓康伯注;〔唐〕孔穎達正義:《周易正義》,收入〔清〕阮元刊刻:《十三經注疏》第 1 冊(臺北:藝文印書館,2007 年 8 月)。

24. 〔魏〕王弼注;樓宇烈校釋:《老子道德經注校釋》(北京:中華書局,2009 年 3 月)。

25. 〔晉〕杜預集解;〔唐〕孔穎達等正義:《春秋左傳注疏》,收入〔清〕阮元校勘:《十三經注疏》(臺北:藝文印書館,2007 年 8 月)。

26. 〔晉〕陳壽撰;〔宋〕裴松之注:《三國志》(北京:中華書局,2007 年 5 月)。

27. 〔晉〕郭璞傳;〔清〕郝懿行箋疏:《山海經箋疏》(臺北:藝文印書館,1974 年 4 月)。

28. 〔晉〕葛洪撰:《神仙傳》,收入〔清〕永瑢、紀昀等纂修:《文淵閣四庫全書》第 1059 冊(臺北:臺灣商務印書館,1986 年 3 月)。

29. 〔南朝宋〕范曄撰;〔唐〕李賢等注:《後漢書》(北京:中華書局,2012 年 12 月)。

30. 〔隋〕王通撰;〔宋〕阮逸注:《中說》(臺北:廣文書局,1975 年 4 月)。

31. 〔唐〕陸德明撰；〔清〕盧文弨校：《經典釋文》（臺北：漢京文化事業，1980 年 2 月）。

32. 〔唐〕陸德明撰；吳承仕疏證，張力偉點校：《經典釋文序錄疏證》（北京：中華書局，2008 年 6 月）。

33. 〔唐〕房玄齡等撰：《晉書》，收入《二十五史》第 9 冊（臺北：藝文印書館，1982 年）。

34. 〔唐〕令狐德棻等撰：《周書》，收入《二十五史》第 17 冊（臺北：藝文印書館，1982 年）。

35. 〔唐〕長孫無忌等撰：《隋書》，收入《二十五史》第 18 冊（臺北：藝文印書館，1982 年）。

35. 〔唐〕李延壽等撰：《北史》，收入《二十五史》第 21 冊（臺北：藝文印書館，1982 年）。

36. 〔唐〕王希明撰：《太乙金鏡式經》，收入〔清〕永瑢、紀昀等纂修：《景印文淵閣四庫全書》第 810 冊（臺北：臺灣商務印書館，1986 年 3 月）。

37. 〔唐〕李鼎祚輯：《周易集解》，收入嚴靈峯編輯：《無求備齋易經集成》第 12 冊（臺北：成文出版社，1976 年）。

38. 〔唐〕不著人撰：《通幽訣》，收入白雲觀長春眞人編纂：《正統道藏》第 32 冊（臺北：新文豐出版公司，1977 年 10 月）。

39. 〔唐〕長生陰眞人註：《周易參同契》，收入白雲觀長春眞人編纂：《正統道藏・映字號》第 34 冊（臺北：新文豐出版公司，1977 年 10 月）。

40. 〔唐〕無名氏註：《周易參同契註》，收入白雲觀長春眞人編纂：《正統道藏・容字號》第 34 冊（臺北：新文豐出版公司，1977 年 10 月）。

41. 〔唐〕無名氏註：《古文龍虎經註疏》，收入白雲觀長春眞人編纂：《正統道藏・映字號》第 34 冊（臺北：新文豐出版公司，1977 年 10 月）

42. 〔唐〕無名氏註：《古文龍虎上經註》，收入白雲觀長春眞人編纂：《正統道藏・映字號》第 34 冊（臺北：新文豐出版公司，1977 年 10 月）

43. 〔後周〕衛元嵩撰：《衛氏元包》，收入嚴靈峯編輯：《無求備齋易經集成》第 155 冊（臺北：成文出版社，1976 年）。

44. 〔後蜀〕彭曉著：《周易參同契眞義》，收入蕭天石主編：《道藏精華》第 13 集之 1（臺北：自由出版社，1989 年 7 月）。

45. 〔宋〕李昉等奉敕撰：《太平廣記》，收入〔清〕永瑢、紀昀等纂修：《景印文淵閣四庫全書》第 1043 冊（臺北：臺灣商務印書館，1986 年 3 月）。

46. 〔宋〕王堯臣等編；〔清〕錢東垣等輯釋：《崇文總目》，收入王雲五主編：《叢書集成初編》（北京：中華書局，1985 年）。

47. 〔宋〕歐陽修著：《居士外集》，收入〔宋〕歐陽修著：《歐陽修全集》第

1 冊（河北：中國書店，1992 年 10 月）。

48. 〔宋〕歐陽修等撰：《新唐書》，收入《二十五史》第 25 冊（臺北：藝文印書館，1982 年）。

49. 〔宋〕邵雍著；郭彧整理：《邵雍集》（北京：中華書局，2014 年 2 月）。

50. 〔宋〕邵雍撰：《皇極經世》，收入白雲觀長春眞人編纂：《正統道藏》第 38、39 冊（臺北：新文豐出版公司，1977 年 10 月）。

51. 〔宋〕邵雍撰：《皇極經世書》，收入永瑢、紀昀等纂修：《文淵閣四庫全書》第 803 冊（臺北：臺灣商務印書館，1986 年 3 月）。

52. 〔宋〕司馬光撰：《潛虛》，收入永瑢、紀昀等纂修：《文淵閣四庫全書》第 803 冊（臺北：臺灣商務印書館，1986 年 3 月）。

53. 〔宋〕程顥、程頤著；王孝魚點校：《二程集》（北京：中華書局，2008 年 7 月）。

54. 〔宋〕黃庭堅撰：《豫章黃先生文集》，收入王雲五主編：《四部叢刊初編》第 54 冊（臺北：臺灣商務印書館，1967 年）。

55. 〔宋〕宋神宗敕令刊刻：《宋中太乙宮碑銘》，收入白雲觀長春眞人編纂：《正統道藏》第 33 冊（臺北：新文豐出版公司，1977 年 10 月）。

56. 〔宋〕陳師道著：《後山談叢》，收入王雲五主編：《叢書集成初編》（北京：中華書局，1985 年）。

57. 〔宋〕邵伯溫撰：《易學辨惑》，收入永瑢、紀昀等纂修：《文淵閣四庫全書》第 9 冊（臺北：臺灣商務印書館，1986 年 3 月）。

58. 〔宋〕晁說之撰：《嵩山文集》，收入臺灣商務印書館編審委員會主編：《四部叢刊續編》（上海：上海書店，1985 年 1 月）。

59. 〔宋〕薛道光等注解：《悟眞篇三註》，收入蕭天石主編：《道藏精華》第 6 集之 1（臺北：自由出版社，1989 年 7 月）。

60. 〔宋〕鄭樵撰：《通志》，收入〔清〕永瑢、紀昀等纂修：《文淵閣四庫全書》第 374 冊（臺北：臺灣商務印書館，1986 年 3 月）。

61. 〔宋〕晁公武撰；孫猛校證：《郡齋讀書志校證》（上海：上海古籍出版社，2005 年 9 月）。

62. 〔宋〕周必大撰、周綸編：《文忠集》，收入〔清〕永瑢、紀昀等纂修：《文淵閣四庫全書》第 1147 冊（臺北：臺灣商務印書館，1986 年 3 月）。

63. 〔宋〕張行成述：《元包數總義》，收入〔清〕永瑢、紀昀等纂修：《文淵閣四庫全書》第 803 冊（臺北：臺灣商務印書館，1986 年 3 月）。

64. 〔宋〕張行成撰：《皇極經世索隱》，收入永瑢、紀昀等纂修：《文淵閣四庫全書》第 804 冊（臺北：臺灣商務印書館，1986 年 3 月）。

65. 〔宋〕王湜撰：《易學》，收入永瑢、紀昀等纂修：《文淵閣四庫全書》第

805 冊（臺北：臺灣商務印書館，1986 年 3 月）。

66. 〔宋〕朱震撰：《漢上易傳》，收入〔清〕徐乾學等輯；納蘭成德校刊：《通志堂經解》第 1 冊（臺北：大通書局，1970 年 2 月）。

67. 〔宋〕李過撰：《西谿易說》，收入〔清〕永瑢、紀昀等纂修：《景印文淵閣四庫全書》第 17 冊（臺北：臺灣商務印書館，1986 年 3 月）。

68. 〔宋〕林至撰：《易裨傳》，收入〔清〕徐乾學等輯；納蘭成德校刊：《通志堂經解》第 3 冊（臺北：大通書局，1970 年 2 月）。

69. 〔宋〕朱熹撰：《朱熹辨偽書語》（臺北：臺灣開明，1969 年 4 月）。

70. 〔宋〕朱熹撰：《周易本義》，收入〔宋〕朱熹撰；朱傑人、嚴佐之、劉永翔主編：《朱子全書》第 1 冊（上海：上海古籍出版社；合肥：安徽教育出版社，2002 年 12 月）。

71. 〔宋〕朱熹撰：《易學啓蒙》，收入〔宋〕朱熹撰；朱傑人、嚴佐之、劉永翔主編：《朱子全書》第 1 冊（上海：上海古籍出版社；合肥：安徽教育出版社，2002 年 12 月）。

72. 〔宋〕朱熹撰：《朱子語類》，收入〔宋〕朱熹撰；朱傑人、嚴佐之、劉永翔主編：《朱子全書》第 16 冊（上海：上海古籍出版社；合肥：安徽教育出版社，2002 年 12 月）。

73. 〔宋〕朱熹撰：《朱子語類》，收入〔宋〕朱熹撰；朱傑人、嚴佐之、劉永翔主編：《朱子全書》第 17 冊（上海：上海古籍出版社；合肥：安徽教育出版社，2002 年 12 月）。

74. 〔宋〕朱熹撰：《朱子語類》，收入〔宋〕朱熹撰；朱傑人、嚴佐之、劉永翔主編：《朱子全書》第 18 冊（上海：上海古籍出版社；合肥：安徽教育出版社，2002 年 12 月）。

75. 〔宋〕朱熹撰：《朱子文集》，收入〔宋〕朱熹撰；朱傑人、嚴佐之、劉永翔主編：《朱子全書》第 23 冊（上海：上海古籍出版社；合肥：安徽教育出版社，2002 年 12 月）。

76. 〔宋〕朱熹撰：《晦庵先生朱文公文集》，收入〔宋〕朱熹撰；朱傑人、嚴佐之、劉永翔主編：《朱子全書》第 24 冊（上海：上海古籍出版社；合肥：安徽教育出版社，2002 年 12 月）。

77. 〔宋〕朱熹撰：《陰符經注》，收入〔宋〕朱熹撰；朱傑人、嚴佐之、劉永翔主編：《朱子全書》第 30 冊（上海：上海古籍出版社；合肥：安徽教育出版社，2002 年 12 月）。

78. 〔宋〕朱熹撰：《周易參同契考異》，收入〔宋〕朱熹撰；朱傑人、嚴佐之、劉永翔主編：《朱子全書》第 30 冊（上海：上海古籍出版社；合肥：安徽教育出版社，2002 年 12 月）。

79. 〔宋〕朱熹撰：《周易參同契考異》，收入〔宋〕朱熹撰；朱傑人、嚴佐

之、劉永翔主編：《朱子全書》第 31 冊（上海：上海古籍出版社；合肥：安徽教育出版社，2002 年 12 月）。

80. 〔宋〕樓鑰撰：《攻媿集》，收入永瑢、紀昀等纂修：《文淵閣四庫全書》第 1153 冊（臺北：臺灣商務印書館，1986 年 3 月）。

81. 〔宋〕蔡沈撰：《洪範皇極內篇》，收入永瑢、紀昀等纂修：《文淵閣四庫全書》第 805 冊（臺北：臺灣商務印書館，1986 年 3 月）。

82. 〔宋〕項安世撰：《項氏家說》，收入〔清〕永瑢、紀昀等纂修：《文淵閣四庫全書》第 706 冊（臺北：臺灣商務印書館，1986 年 3 月）。

83. 〔宋〕羅泌纂、羅苹注；〔明〕喬可傳校：《路史》，收入陸費逵總勘：《四部備要》（臺北：中華書局，1966 年 3 月）。

84. 〔宋〕張栻撰：《南軒先生文集》，收入〔日〕長澤規矩也編：《和刻本漢籍文集》第 5 輯（東京：古典研究會，1978 年 3 月）。

85. 〔宋〕薛季宣撰：《浪語集》，收入王雲五主編：《四庫全書珍本七集》（臺北：臺灣商務印書館，1977 年）。

86. 〔宋〕陸九淵著；鍾哲點校：《陸九淵集》（北京：中華書局，2008 年 9 月）。

87. 〔宋〕程迥撰：《周易古占法》，收入嚴靈峯編輯：《無求備齋易經集成》第 154 冊（臺北：成文出版社，1976 年）。

88. 〔宋〕陳振孫撰：《直齋書錄解題》，收入韋力編：《古書題跋叢刊》第 2 冊（北京：學苑出版社，2009 年 6 月）。

89. 〔宋〕黃震撰：《黃氏日抄》，收入〔清〕永瑢、紀昀等纂修：《文淵閣四庫全書》第 708 冊（臺北：臺灣商務印書館，1986 年 3 月）

90. 〔宋〕王應麟撰：《玉海》（京都：中文出版社，1986 年 10 月）。

91. 〔宋〕俞文豹撰：《吹劍錄外集》，收入〔清〕永瑢、紀昀等纂修：《景印文淵閣四庫全書》第 865 冊（臺北：臺灣商務印書館，1986 年 3 月）。

92. 〔宋〕朱元昇撰：《三易備遺》，收入嚴靈峯編輯：《無求備齋易經集成》第 183 冊（臺北：成文出版社，1976 年）。

93. 〔宋〕丁易東撰：《易象義》，收入〔清〕永瑢、紀昀等纂修：《文淵閣四庫全書》第 21 冊（臺北：臺灣商務印書館，1986 年 3 月）。

94. 〔宋〕俞琰撰：《周易集說》，收入〔清〕永瑢、紀昀等纂修：《文淵閣四庫全書》第 21 冊（臺北：臺灣商務印書館，1986 年 3 月）。

95. 〔宋〕俞琰撰：《易外別傳》，收入蕭天石主編：《道藏精華》第 12 集之 2（臺北：自由出版社，1989 年 7 月）。

96. 〔宋〕俞琰撰：《席上腐談》，收入王雲五主編：《叢書集成初編》（北京：中華書局，1985 年）。

97. 〔宋〕俞琰撰:《讀易舉要》,收入〔清〕永瑢、紀昀等纂修:《文淵閣四庫全書》第 21 冊(臺北:臺灣商務印書館,1986 年 3 月)。

98. 〔宋〕俞琰撰:《周易參同契發揮》,收入白雲觀長春眞人編纂:《正統道藏》第 34 冊(臺北:新文豐出版公司,1977 年 10 月)。

99. 〔宋〕陳顯微撰:《周易參同契解》(鄭州:中洲古籍出版社,1988 年 12 月)。

100. 〔宋〕胡方平撰:《易學啓蒙通釋》,收入〔清〕徐乾學等輯;納蘭成德校刊:《通志堂經解》第 3 冊(臺北:大通書局,1970 年 2 月)。

101. 〔宋〕熊朋來撰:《經説》,收入永瑢、紀昀等纂修:《文淵閣四庫全書》第 184 冊(臺北:臺灣商務印書館,1986 年 3 月)。

102. 〔宋〕不著人撰:《庚道集》,收入白雲觀長春眞人編纂:《正統道藏》第 32 冊(臺北:新文豐出版公司,1977 年 10 月)。

103. 〔元〕馬端臨撰:《文獻通考》(臺北:新興書局,1963 年 10 月)。

104. 〔元〕胡一桂撰:《周易啓蒙翼傳》,收入〔清〕納蘭性德刊刻:《通志堂經解》第 7 冊(臺北:大通書局,1970 年 2 月)。

105. 〔元〕吳澄撰:《月令七十二候集解》,收入藝文印書館編輯:《歲時習俗研究資料彙編》第 8 冊(臺北:藝文印書館,1970 年 12 月)。

106. 〔元〕脫脫等修:《宋史》,收入《二十五史》第 32 冊(臺北:藝文印書館,1982 年)。

107. 〔元〕趙汸撰:《東山存稿》,收入〔清〕永瑢、紀昀等纂修:《文淵閣四庫全書》第 1221 冊(臺北:臺灣商務印書館,1986 年 3 月)。

108. 〔明〕宋濂撰:《元史》(北京:中華書局,1987 年 11 月)。

109. 〔明〕陶宗儀、陶珽編:《説郛三種》(上海:上海古籍出版社,1989 年 1 月)。

110. 〔明〕程敏政輯撰;何慶善、于石點校:《新安文獻志》(合肥:黃山書社,2004 年 12 月)。

111. 〔明〕季本撰:《易學四同別錄》,收入《續修四庫全書》編纂委員會編:《續修四庫全書》第 6 冊(上海:上海古籍出版社,2002 年 3 月)。

112. 〔明〕楊愼撰:《升菴集》,收入〔清〕永瑢、紀昀等纂修:《文淵閣四庫全書》第 1270 冊(臺北:臺灣商務印書館,1986 年 3 月)。

113. 〔明〕朱睦㮮著:《授經圖》,收入王雲五主編:《叢書集成初編》(北京:中華書局,1985 年)。

114. 〔明〕王世貞撰:《讀書後》,收入〔清〕永瑢、紀昀等纂修:《景印文淵閣四庫全書》第 1285 冊(臺北:臺灣商務印書館,1986 年 3 月)。

115. 〔明〕章潢撰:《圖書編》,收入〔清〕永瑢、紀昀等纂修:《景印文淵閣

四庫全書》第 968 冊，（臺北：臺灣商務印書館，1986 年 3 月）。

116. 〔明〕王圻撰：《續文獻通考》，收入文海出版社編輯：《元明史料叢編（第一輯）》（臺北：文海出版社，1984 年 9 月）。

117. 〔明〕胡應麟著：《四部正譌》（臺北：臺灣開明書局，1969 年 4 月）。

118. 〔明〕祁承㸁藏並撰：《澹生堂藏書目》，收入《續修四庫全書》編纂委員會編：《續修四庫全書》第 919 冊（上海：上海古籍出版社，2002 年 3 月）。

119. 〔明〕鍾惺、譚元春輯：《古詩歸》，收入《續修四庫全書》編纂委員會編：《續修四庫全書》第 1589 冊（上海：上海古籍出版社，2002 年 3 月）

120. 〔明〕程瞳撰：《新安學繫錄》，收入《叢書集成三編》之二十《安徽叢書》第二函（臺北：藝文印書館，1971 年）。

121. 〔清〕黃宗羲撰；鄭萬耕點校：《易學象數論》（北京：中華書局，2011 年 1 月）。

122. 〔清〕黃宗羲原著，全祖望補修；陳金生、梁運華點校：《宋元學案》（北京：中華書局，2013 年 3 月）。

123. 〔清〕顧炎武著；陳垣校注：《日知錄校注》（合肥：安徽大學出版社，2007 年 8 月）。

124. 〔清〕黃宗炎撰：《周易尋門餘論》，收入孫劍秋編著：《清儒黃宗炎易學著作合輯》（臺北：中華文化教育學會，2007 年 4 月）。

125. 〔清〕黃宗炎撰：《圖學辨惑》，收入孫劍秋編著：《清儒黃宗炎易學著作合輯》（臺北：中華文化教育學會，2007 年 4 月）。

126. 〔清〕黃宗炎撰：《圖學辯惑》，收入〔清〕永瑢、紀昀等纂修：《景印文淵閣四庫全書》第 40 冊（臺北：臺灣商務印書館，1986 年 3 月）。

127. 〔清〕毛奇齡撰：《仲氏易》，收入嚴靈峯編輯：《無求備齋易經集成》第 78 冊（臺北：成文出版社，1976 年）。

128. 〔清〕毛奇齡撰；鄭萬耕點校：《毛奇齡易著四種》（北京：中華書局，2010 年 1 月）。

129. 〔清〕錢曾著：管庭芬、章鈺校證、余彥焱標點：《讀書敏求記校證》（上海：上海古籍出版社，2007 年 12 月）。

130. 〔清〕朱彝尊原著；許維萍、馮曉庭、江永川點校：《點校補正經義考》第 1 冊（臺北：中央研究院中國文哲研究所，2004 年 12 月）。

131. 〔清〕朱彝尊原作；侯美珍、黃智明、陳恆嵩點校：《點校補正經義考》第 8 冊（臺北：中央研究院中國文哲研究所，2004 年 12 月）。

132. 〔清〕胡渭撰；鄭萬耕點校：《易圖明辨》（北京：中華書局，2008 年 2 月）。

133. 〔清〕李光地著；劉大鈞整理：《周易折中》（成都：巴蜀書社，1998 年 10 月）。

134. 〔清〕姚際恆作；童小鈴彙集：《古今偽書考》，收入林慶彰主編：《姚際恆著作集（五）》（臺北：中央研究院中國文哲研究所，1994 年 6 月）。

135. 〔清〕胡煦著；程林點校：《周易函書附卜法詳考等四種》（北京：中華書局，2013 年 2 月）。

136. 〔清〕惠棟撰；鄭萬耕點校：《周易述附：易漢學、易例》（北京：中華書局，2007 年 9 月）。

137. 〔清〕于敏中、英廉等編：《欽定日下舊聞考》，收入〔清〕永瑢、紀昀等纂修：《文淵閣四庫全書》第 497 冊（臺北：臺灣商務印書館，1986 年 3 月）。

138. 〔清〕于敏中等著：徐德明標點：《天祿琳瑯書目》（上海：上海古籍出版社，2007 年 8 月）。

139. 〔清〕錢大昕撰；呂友仁標校：《潛研堂文集》（上海：上海古籍出版社，1989 年 11 月）。

140. 〔清〕王謨輯：《漢魏遺書鈔》（京都：中文出版社，1976 年 7 月）。

141. 〔清〕章學誠撰；葉瑛校注：《文史通義校注》（北京：中華書局，2014 年 7 月）。

142. 〔清〕董誥等編：《全唐文》（上海：上海古籍出版社，1990 年）。

143. 〔清〕永瑢、紀昀等纂修：《摛藻堂四庫全書薈要目錄》第 1 冊（臺北：世界書局，1988 年 2 月）。

144. 〔清〕永瑢、紀昀等纂修：《四庫全書總目》（臺北：藝文印書館，2004 年 10 月）。

145. 〔清〕周中孚撰：《鄭堂讀書記補逸》，收入韋力編：《古書題跋叢刊》第 11 冊（北京：學苑出版社，2009 年 6 月）。

146. 〔清〕丁晏撰：《易林釋文》（臺北：廣文書局，1994 年 8 月）。

147. 〔清〕瞿鏞編纂：《鐵琴銅劍樓藏書目錄》（上海：上海古籍出版社，2000 年 9 月）。

148. 〔清〕陳澧著：《東塾讀書記》（臺北：臺灣商務印書館，1997 年）。

149. 〔清〕馬國翰輯：《玉函山房輯佚書》（上海：上海古籍出版社，1990 年 12 月）。

150. 〔清〕耿文光著：《萬卷精華樓藏書記》（哈爾濱：黑龍江人民出版社，1992 年 11 月）。

151. 〔清〕丁丙撰：《善本書室藏書志》，收入韋力編：《古書題跋叢刊》第 19 冊（北京：學苑出版社，2009 年 6 月）。

152. 〔清〕張之洞著；范希曾補正；高路明點校：《書目答問補正》（北京：北京燕山出版社，1999 年 5 月）。

153. 〔清〕趙在翰輯；鍾肇鵬、蕭文郁點校：《七緯》（北京：中華書局，2013 年 1 月）。

154. 〔清〕張兆鹿註釋：《蔡子洪範皇極名數》，收入林慶彰等主編：《晚清四部叢刊·第一編》（臺中：文听閣圖書，2010 年 11 月）。

155. 〔清〕王植撰：《皇極經世書解》，收入永瑢、紀昀等纂修：《文淵閣四庫全書》第 805 冊（臺北：臺灣商務印書館，1986 年 3 月）。

156. 〔清〕皮錫瑞著；周予同注釋：《經學歷史》（北京：中華書局，2014 年 6 月）。

157. 〔清〕皮錫瑞著；周春健校注：《經學通論》（北京：華夏出版社，2011 年 4 月）。

158. 〔清〕王樹枏：《費氏古易訂文》（臺北：文史哲出版社，1990 年 11 月）。

159. 〔清〕杭辛齋撰：《易楔》，收入林慶彰主編：《民國時期經學叢書（第二輯）》第 21 冊（臺中：文听閣圖書，2008 年 7 月）。

160. 〔清〕杭辛齋撰：《學易筆談》，收入林慶彰主編：《民國時期經學叢書（第二輯）》第 21 冊（臺中：文听閣圖書，2008 年 7 月）。

161. 〔清〕梁啓超著：《古書眞僞及其年代》（臺北：臺灣中華書局，1969 年 8 月）。

162. 〔清〕徐元誥撰；王樹民、沈長雲點校：《國語集解》（北京：中華書局，2013 年 12 月）。

二、近人論著

1. 馬敍倫著：《讀書小記》（上海：商務印書館，1933 年 9 月）。

2. 彭國棟纂修：《重修清史藝文志》（臺北：臺灣商務印書館，1968 年 6 月）。

3. 屈萬里著：《先秦漢魏易例述評》（臺北：臺灣學生書局，1969 年 4 月）。

4. 張心澂編著：《僞書通考》（臺北：宏業書局，1970 年 6 月）。

5. 尚秉和撰：《焦氏易詁》（臺北：臺灣中華書局，1971 年 10 月）。

6. 陳國符著：《道藏源流攷》（臺北：明文書局，1975 年 3 月）。

7. 世界書局編輯部：《全宋詞》第 1 冊（臺北：世界書局，1984 年 3 月）。

8. 王令樾著：《緯學探原》（臺北：幼獅文化事業，1984 年 4 月）。

9. 彭文勤纂輯：《道藏輯要》第 8 冊（臺北：新文豐出版公司，1986 年 2 月）。

10. 陳國符著：《道藏源流續攷》（臺北：明文書局，1987 年 11 月）。

11. 陳克明著：《司馬光學述》（武漢：湖北人民出版社，1990 年 4 月）。

12. 王明著：《道家和道教思想研究》（北京：中國社會科學出版社，1990 年 8 月）。

13. 李養正著：《道教概說》（北京：中華書局，1990 年 12 月）。

14. 廖名春、康學偉、梁韋弦著：《周易研究史》（長沙：湖南出版社，1991 年 7 月）。

15. 朱伯崑著：《易學哲學史》（臺北：藍燈文化事業，1991 年 9 月）。

16. 鄭萬耕著：《揚雄及其太玄》（臺北：藍燈文化事業，1992 年 9 月）。

17. 孟乃昌著：《《周易參同契》考辨》（上海：上海古籍出版社，1993 年 8 月）。

18. 林忠軍著：《象數易學發展史》第 1 卷（濟南：齊魯書社，1994 年 7 月）。

19. 鍾肇鵬著：《讖緯論略》（臺北：洪葉文化事業，1994 年 9 月）。

20. 徐志銳著：《周易陰陽八卦說解》（臺北：里仁書局，1994 年 12 月）。

21. 鄧球柏譯注：《白話焦氏易林》（長沙：岳麓書社，1996 年）。

22. 劉韶軍著：《太玄校注》（武漢：華中師範大學出版社，1996 年 6 月）。

23. 劉玉建著：《兩漢象數易學研究》（南寧：廣西教育出版社，1996 年 9 月）。

24. 馬濟人撰：《道教與內丹》（臺北：文津出版社，1997 年）。

25. 林忠軍著：《象數易學發展史》第 2 卷（濟南：齊魯書社，1998 年 7 月）。

26. 胡適撰：《胡適文存四集》，收入歐陽哲生編：《胡適文集》第 5 冊（北京：北京大學出版社，1998 年 11 月）。

27. 王新春撰：《周易虞氏學》（臺北：頂淵文化事業，1999 年 2 月）。

28. 雒竹筠遺稿、李新乾編補：《元史藝文志輯本》（北京：北京燕山出版社，1999 年 10 月）。

29. 陳良運：《《焦氏易林》詩學闡釋》（南昌：百花洲文藝出版社，2000 年）。

30. 李修生主編：《全元文》第 13 冊（南京：江蘇古籍出版社，2000 年 5 月）。

31. 王青著：《揚雄評傳》，收入匡亞明主編：《中國思想家評傳叢書》第 23 冊（南京：南京大學出版社，2000 年 12 月）。

32. 李申著：《易圖考》（北京：北京大學出版社，2000 年 12 月）。

33. 蕭漢明、郭東升著：《《周易參同契》研究》（上海：上海文化出版社，2001 年 1 月）。

34. 王利器注疏：《呂氏春秋注疏》（成都：巴蜀書社，2002 年 1 月）。

35. 牟宗三著：《周易的自然哲學與道德函義》，收入牟宗三著：《牟宗三先

生全集》第 1 冊（臺北：聯經出版事業，2003 年 4 月）。

36. 韓自強編著：《阜陽漢簡《周易》研究：附《儒家者言》章題、《春秋事語》章題及相關竹簡》（上海：上海古籍出版社，2004 年 7 月）。

37. 朱開宇著：《科舉社會、地域秩序與宗族發展——宋明間的徽州，1100～1644》（臺北：國立臺灣大學出版委員會，2004 年 8 月）。

38. 艾蘭、邢文編：《新出簡帛研究》（北京：文物出版社，2004 年 12 月）。

39. 周曉光著：《新安理學》（安徽：安徽人民出版社，2005 年 5 月）。

40. 尚秉和著：《周易古筮攷》，收入尚秉和遺稿，張善文校理：《尚氏易學存稿校理》第 1 卷（北京：中國大百科全書出版社，2005 年 6 月）。

41. 尚秉和著：《焦氏易林注》，收入尚秉和遺稿，張善文校理：《尚氏易學存稿校理》第 2 卷（北京：中國大百科全書出版社，2005 年 6 月）。

42. 張善文著：《歷代易家考略》（臺北：頂淵文化事業，2006 年 2 月）。

43. 張善文著：《歷代易學要籍解題》（臺北：頂淵文化事業，2006 年 2 月）。

44. 陳伯适著：《漢易之風華再現—惠棟易學研究》（臺北：文史哲出版社，2006 年 2 月）。

45. 黃忠天編著：《周易程傳註評》（高雄：高雄復文圖書出版社，2006 年 3 月）。

46. 潘雨廷著；張文江整理：《讀易提要》（上海：上海古籍出版社，2006 年 7 月）。

47. 余敦康著：《漢宋易學解讀》（北京：華夏出版社，2006 年 7 月）。

48. 高懷民著：《宋元明易學史》（桂林：廣西師範大學出版社，2007 年 7 月）。

49. 高懷民著：《兩漢易學史》（桂林：廣西師範大學出版社，2007 年 7 月）。

50. 金生楊著：《漢唐巴蜀易學研究》（成都：巴蜀書社，2007 年 8 月）。

51. 徐芹庭著：《易經源流》（北京：中國書店，2008 年 4 月）。

52. 林忠軍主編：《歷代易學名著研究》（濟南：齊魯書社，2008 年 5 月）。

53. 方向東撰：《大戴禮記彙校集解》（北京：中華書局，2008 年 7 月）。

54. 喬家駿著：《《焦氏易林》易學研究》，收入林慶彰主編：《中國學術思想研究輯刊》初編第 2 冊（臺北：花木蘭文化出版社，2008 年 9 月）。

55. 任法融著：《周易參同契釋義》（北京：東方出版社，2009 年 4 月）。

56. 徐芹庭著：《焦氏易林新注》（北京：中國書店，2010 年 1 月）。

57. 賴錫三作：《丹道與易道》（臺北：新文豐出版公司，2010 年 7 月）。

58. 張永堂編著：《術數藝文論叢》（臺北：新文豐出版公司，2010 年 11 月）。

59. 高亨著，王大慶整理：《高亨《周易》九講》（北京：中華書局，2011 年）。

60. 徐芹庭著：《魏晉南北朝四十三家易學》（北京：中國書店，2011 年 2 月）。

61. 劉韶軍著：《揚雄與《太玄》研究》（北京：人民出版社，2011 年 8 月）。

62. 王新春著：《易學與中國哲學》（北京：人民出版社，2012 年 8 月）。

63. 史甄陶著：《家學經學和朱子學──以元代徽州學者胡一桂、胡炳文和陳櫟爲中心》（上海：華東師範大學出版社，2012 年 12 月）。

64. 張雙棣撰：《淮南子校釋》（北京：北京大學出版社，2013 年 1 月）。

65. 張文智著：《孟、焦、京易學新探》（濟南：齊魯書社，2013 年 1 月）。

66. 劉祥光著：《宋代日常生活中的卜算與鬼怪》（臺北：政大出版社，2013 年 3 月）。

67. 馬宗軍著：《《周易參同契》研究》（濟南：齊魯書社，2013 年 10 月）。

68. 程元敏作：《先秦經學史》（臺北：臺灣商務印書館，2013 年 11 月）。

69. 朱桂昌編著：《太初日曆表》（北京：中華書局，2013 年 11 月）。

70. 王亭之著：《周易象數例解》（上海：復旦大學出版社，2014 年 10 月）。

71. 李守力著：《周易密鑰》（蘭州：蘭州大學出版社，2016 年 8 月）

三、期刊論文

1. 宛敏渭：〈二十四氣與七十二候考（續）─七十二候研究〉，《氣象學報》總第 11 卷第 3 期（1935 年），頁 119～131。

2. 沈延國：〈京氏易傳證僞〉，收入章炳麟等著：《中國語文學研究》（臺北：臺灣中華書局，1971 年 3 月），頁 7～18。

3. 曾召南：〈古文龍虎上經〉，《宗教學研究》1983 年第 2 期，頁 31～32。

4. 陳良運：〈漢代《易》學與《焦氏易林》〉，《中州學刊》1998 年第 4 期，頁 63～69。

5. 張廣保：〈「周易參同契」的丹道與易道〉，《宗教哲學》總第 15 期（1998 年 7 月），頁 109～132。

6. 朱玉龍：〈安徽社會科學學術史回顧與思考〉，《江淮論壇》2000 年第 4 期，頁 106～112。

7. 黃一農：〈漢初百年朔閏析究─兼訂《史記》和《漢書》紀日干支訛誤〉，《中央研究院歷史語言研究所集刊》第 72 本第 4 分（2001 年 12 月），頁 753～800。

8. 賴錫三：〈《周易參同契》的「先天─後天學」與「內養─外煉一體觀」〉，《漢學研究》第 20 卷第 2 期（2002 年 12 月），頁 109～140。

9. 李霞：〈論新安理學的形成、演變及其階段性特徵〉，《中國哲學史》2003 年第 1 期（2003 年 7 月），頁 95～102。

10. 欽偉剛：〈南宋初期《參同契》文獻實態的考察（上）〉，《宗教學研究》
2003 年第 4 期（2003 年 7 月），頁 10～15。

11. 湯太祥：〈明帝筮雨用書考〉，《常州工學院學報》第 17 卷 5 期（2004
年 10 月），頁 53～55。

12. .李小成：〈關朗易學考論〉，《周易研究》總第 70 期（2005 年第 2 期），
頁 30～39。

13. 梁韋弦：〈漢易卦氣學論要〉，《吉林師範大學學報（人文社會科學版）》
第 33 卷 5 期（2005 年 10 月），頁 75～79。

14. 鄭吉雄：〈論易道主剛〉，《臺大中文學報》總第 26 期（2007 年 6 月），
頁 89～118。

15. 林金泉：〈卦氣配曆－惠棟《易漢學》卦氣說引曆推步條舉證〉，《興大
中文學報》總第 21 期（2007 年 6 月），頁 191～225。

16. 李秋麗：〈胡一桂易學觀研究〉，《周易研究》2008 年第 4 期（2008 年 7
月），頁 25～30。

17. 黃儒宣：〈阜陽漢簡《周易》卜辭試探〉，《周易研究》2008 年第 5 期（2008
年 10 月），頁 13～17。

18. 郜積意：〈論三卷本《京氏易傳》，兼及京房的六日七分說〉，《中國文哲
研究集刊》第 33 期（2008 年 9 月），頁 205～251。

19. 楊亮：〈從拒絕到認同——以宋元易代之際南方文士立場轉變爲中心〉，
《贛南師範學院學報》2009 年第 4 期（2009 年 7 月），頁 53～57。

20. 文平：〈孟喜卦氣說溯源〉，《湘潭大學學報（哲學社會科學版）》總第 33
卷第 6 期（2009 年 11 月），頁 133～136。

21. 劉銀昌：〈隋前《焦氏易林》的傳播與接受〉，《社會科學家》2009 年第
1 期（2009 年 7 月），頁 133～137。

22. 汪登偉：〈《龍虎經》考〉，《弘道》總第 43 期（2010 年第 2 期）。

23. 李秋麗：〈胡一桂「四聖易象說」探研〉，《周易研究》2010 年第 5 期（2010
年 7 月），頁 67～73。

24. 李秋麗：〈論胡一桂占筮識度下的易象觀〉，《東嶽論叢》第 31 卷 11 期
（2010 年 11 月），頁 128～132。

25. 劉成群：〈元代新安理學的四個「轉向」〉，《漢學研究》第 29 卷第 4 期
（2011 年 12 月），頁 167～200。

26. 張宏斐：〈朱熹先天易學思想探析〉，《普陽學刊》2012 年第 1 期（2012
年 7 月），頁 139～141。

27. 郭芳如：〈朱熹的《周易參同契考異》〉，《哲學與文化》第 39 卷第 5 期
（2012 年 5 月），頁 151～181。

28. 李國來：〈柳存仁《周易參同契》三期衍變說述評〉，《世界宗教文化》2015 年第 3 期，頁 116～120。

29. 魏代富：〈郭璞《洞林》的版本及價值〉，《周易研究》總 134 期（2015 年第 6 期），頁 67～74。

30. 謝輝：〈元儒胡一桂兩注《易本義》考實〉，《周易研究》2016 年第 3 期，頁 51～56。

31. 鄭吉雄：〈《歸藏》平議〉，《文與哲》第 29 期（2016 年 12 月），頁 37～72。

32. 陳詠琳：〈《周易參同契》對兩漢易學的繼承與發用〉，《成大宗教與文化學報》總第 23 期（2016 年 12 月），頁 39～60。

33. 方誠峰：〈司馬光《潛虛》的世界〉，《清華大學學報（哲學社會科學版）》總第 32 卷（2017 年第 1 期），頁 167～182。

34. 張書豪：〈京房《易》災異理論探微〉，《成大中文學報》總第 57 期（2017 年 6 月），頁 1～3＋5～37。

四、會議論文

1. 柳存仁：〈朱熹與《參同契》〉，收錄於中央研究院中國文哲研究所《國際朱子學會議論文集》（1993 年）。

2. 鍾彩鈞：〈胡方平、一桂父子對朱子《易》學的詮釋〉，收錄於楊晉龍主編：《元代經學國際研討會論文集》（臺北：中研院文哲所籌備處，2000 年 10 月），頁 195～236。

3. 陳睿宏（舊名陳伯适）：〈尚秉和對《焦氏易林》詮解之商榷〉，收錄於《第六屆中國經學研究會全國學術研討會論文集》（臺北：輔仁大學中國文學系，2009 年），頁 409～455。

五、學位論文

1. 馬新欽作：《焦氏易林作者版本考》（福建：福建師範大學博士論文，2005 年）。

2. 李秋麗著：《胡一桂易學研究》（山東大學博士學位論文，2006 年）。

3. 黃惠玲撰：《周易參同契之十二消息卦研究》（高雄：國立高雄師範大學國文學系博士論文，2006 年）。

4. 喬家駿撰：《孟喜、焦延壽、京房及其易學研究》（高雄：國立高雄師範大學博士論文，2010 年 7 月）。

5. 何子皿著：《胡一桂易學思想研究》（安徽大學碩士學位論文，2012 年）。